LE RÉCIT ET SA CONSTRUCTION

UNE APPROCHE DE LA PSYCHOLOGIE COGNITIVE

UNIVERSITÉ BLAISE PASCAL
U.F.R. LETTRES ET SCIENCES HUMAINES
SERVICE DE FORMATION CONTINUE
ET DE PRÉPROFESSIONNALISATION
34, Avenue Carnot
63037 CLERMONT-FD Cedex
☎ 04.73.40.63.?5 - Fax 04.73.40.62.77

ACTUALITÉS
PÉDAGOGIQUES ET PSYCHOLOGIQUES

A Sylvie, Karine,
et Armelle.

Michel FAYOL

LE RÉCIT ET SA CONSTRUCTION

UNE APPROCHE DE LA PSYCHOLOGIE COGNITIVE

DELACHAUX ET NIESTLÉ

Si vous désirez être tenu au courant des publications de l'éditeur de cet ouvrage, il vous suffit d'envoyer votre adresse, en mentionnant le pays, aux éditions :

DELACHAUX & NIESTLÉ
Service promotion
79, route d'Oron
CH - 1000 Lausanne 21

Vous recevrez régulièrement, sans engagement de votre part, nos catalogues et une information sur toutes les nouveautés que vous trouverez chez votre libraire.

Réalisation : CB - Carpentier-Bachelet - 4, rue Laferrière, Paris

ISBN 2-603-00554-5

PRÉFACE

Curieux destin scientifique que celui du langage humain !

C'est la prise de conscience de sa matérialité propre qui a rendu possible, il y a quelques trente siècles, l'émergence de la pensée rationnelle occidentale. Aussitôt posée, cette autonomie du langage a cependant été contestée, rognée, oubliée ; l'ordre du monde artistotélicien et ses relais scolastiques lui ont assigné le rôle bien terne de reflet fidèle de la logique du réel et, plus profondément, de l'« état des choses ». Malgré les contestations de la fin du Moyen-âge et les traits de génie de quelques philosophes du siècle des lumières, malgré la mise en place, plus tard, des démarches historiques et comparatives, il restait pour l'essentiel un *objet inconnu*, récalcitrant à force de se mêler intimement au moindre de nos actes, à la moindre de nos pensées.

Enfin Saussure vint, et la première tentative systématique « d'écrire seulement dix lignes ayant le sens commun en matière de faits de langue » (lettre à Meillet du 4 janvier 1894). Tentative de décrire, de délimiter et de définir les unités linguistiques dans le cadre d'un système abstrait et autonome, qui sera certes contesté, mais qui donnera néanmoins naissance à la linguistique générale et scientifique contemporaine. Cette partie de l'histoire des sciences du langage est aujourd'hui bien connue. Celle qui débuta à la même époque avec les formalistes russes l'est beaucoup moins. Eichenbaum, Shklovsky et les autres membres de l'*Opayaz* avaient pour ambition de décrire et d'analyser les œuvres littéraires en *elles-mêmes*, et non comme matériau d'une histoire, d'une sociologie ou d'une psychologie. Inspirés du concept général de *forme*, ils développèrent les notions de rythme, comme élément constructif du poème, et de « plot », comme entité structurale générale par rapport à laquelle chaque unité linguistique particulière trouve sa « motivation ». Le plus connu (même s'il n'est pas le plus important) des travaux de cette école est *La morphologie du conte russe*, de W. Propp, qui constitue aujourd'hui encore une référence de base pour toute approche de la structure sémantique des narrations. Proche parent de l'« objectivisme abstrait » de Saussure, le formalisme russe a été lui aussi combattu, et pour les mêmes raisons. Dès 1925, M. Bakhtine et les membres de son cercle lui ont opposé une approche fondamentalement dialogique et énonciative, et ont récusé les études de textes ne prenant pas en compte les aspects contextuels, idéologiques et socio-historiques du langage.

La linguistique russe du début du siècle (comme le mouvement similaire - quoique moins théorique — de la « Nouvelle Critique » américaine) a donc jeté les bases d'une étude approfondie des types de texte (en particulier des poèmes et des narrations), de leur statut et de leur organisation interne, mais il a fallu attendre les années 60 pour que cet effort soit reconnu et apprécié. Ce délai s'explique, bien sûr, par les conditions de production scientifique en U.R.S.S. pendant la période stalinienne. Les écrits du cercle de Bakthine furent d'abord utilisés comme armes dans la condamnation et la destruction (physique) des formalistes, avant d'être eux-mêmes contestés puis interdits par la « pensée » officielle (déportation de Bakthine) ; notre connaissance des travaux produits dans le cadre de ces deux mouvements est donc difficile, et restera toujours incomplète. Mais les vicissitudes de la recherche scientifique en U.R.S.S. ne suffisent pas à expliquer la stagnation des études de texte au cours de la première moitié du siècle ; en Europe occidentale et aux États-Unis, les chercheurs (et même ceux issus des mouvements russes, come Jakobson ou Troubetzkoi) s'étaient en réalité donné d'autres objets. Dans la foulée du synchronisme saussurien, et dans la logique du « diviser pour régner », ils avaient choisi d'analyser d'abord des unités plus restreintes (signes, syntagmes, propositions, phrases) ; cette perspective sémiologique et phrastique allait se révéler efficace dans la création de nouvelles méthodes de description des unités signifiantes (structuralisme) ainsi que dans la formulation de théories syntaxiques à visée universelle (grammaire générative et transformationnelle et ses prolongements).

Le retour au texte auquel nous assistons aujourd'hui tient à plusieurs phénomènes.

A la ténacité des littéraires tout d'abord, en particulier de l'école parisienne qui, avec Barthes, Greimas, Genette et quelques autres a revalorisé les travaux des formalistes et proposé de nouvelles conceptualisations.

Au hasard de l'évolution des recherches en psychologie de la mémoire ensuite. Depuis sa fondation par Ebbinghaus à la fin du siècle passé, cette discipline s'était surtout intéressée à l'étude du rappel et de la reconnaissance d'un matériel dépourvu de sens, et considéré pour cette raison comme plus « propre » méthodologiquement. Avec la montée des préoccupations écologiques il y a une vingtaine d'années, la centration s'est portée sur les matériaux « naturels » et notamment sur les éléments significatifs : images, mots, phrases et textes. L'étude de ces derniers s'est alors développée rapidement et a mis en évidence l'importance décisive de *schémas* sous-jacents et organisateurs.

Aux lacunes de la linguistique (et de la psycholinguistique) des phrases enfin. Malgré les progrès indiscutables des démarches structuralistes et génératives, il est apparu de plus en plus clairement que le statut et le fonctionnement de certaines unités linguistiques (anaphores, temps du verbe, connecteurs, etc.) ne pouvaient être analysés de manière satisfaisante dans une perspective n'accordant de fait aucun statut à l'organisation interphrastique et aux relations d'interdépendance existant entre cette organisation et les paramètres du contexte. Une linguistique du texte a donc été mise en place pour combler ces lacunes.

Comme on le constate, les démarches d'analyse de texte contemporaines sont issues de préoccupations théoriques, épistémologiques et méthodologiques très différentes, et les tentatives de synthèse se sont longtemps révélées illusoires. Elles deviennent cependant possibles aujourd'hui pour quelques chercheurs qui, bien qu'ayant nécessairement investi un domaine restreint de recherche, ont acquis une connaissance d'ensemble qui leur permet de « faire le point » : d'identifier les démarches les plus prometteuses, de signaler les impasses théoriques ou méthodologiques, et de résumer les acquis principaux en dépassant les querelles d'école ou de chapelle.

Michel Fayol est de ceux-là. Auteur de nombreuses recherches ayant trait à l'acquisition et au fonctionnement des *récits* chez l'enfant, l'adolescent et l'adulte — avec un accent particulier sur les structures temporelles —, il présente dans l'ouvrage qu'on va lire une synthèse particulièrement alerte des modèles théoriques et des données empiriques actuellement disponibles dans le domaine du récit. Avec la simplicité et la concision qui résulte de la parfaite « digestion » d'un champ pourtant complexe.

Pour situer le récit par rapport aux autres types de texte, Michel Fayol se fonde très naturellement sur les travaux des sémioticiens, et résume clairement les travaux des rénovateurs du formalisme russe, notamment en ce qui concerne l'organisation sémantique interne (progression de l'action, statut des participants, thèmes « universels » etc.). Il montre ensuite comment ces études d'un corpus littéraire (contes et romans) ont pu être généralisées aux « récits d'expérience personnelle », c'est-à-dire aux productions orales et banales de tout locuteur. Réalisée d'abord dans un contexte socio-linguistique (travaux de Labov), cette extension du corpus s'est encore accrue, et *le texte* est devenu, dans les études de Van Dijk notamment, un objet de *linguistique générale* (Chapitres I et II).

A la filière littéraire-linguistique succède, dans les chapitres III à V, la filière psychologique. Les travaux-princeps sur la mémorisation des textes et l'émergence de la notion de schéma ; l'examen de la validité psychologique de cette notion, et la mise en évidence des modalités de traitement du récit par le « sujet épistémique » ; les apports de la simulation et de l'« intelligence artificielle » quant aux procédures effectives utilisées (rôle des inférences) et l'analyse des rapports entre organisation textuelle et organisation psychologique générale (autres activités finalisées et structuration extralangagière des connaissances).

Après un chapitre très dense sur *l'acquisition du récit* (VI), qui souligne la précocité de la mise en place de l'organisation narrative canonique, ainsi que la variété de problèmes que pose la formulation d'une théorie de l'acquisition, Michel Fayol rassemble les données qui conduisent aujourd'hui à la contestation de la notion — sans doute simpliste — de schéma narratif, notamment dans le cadre des processus mnésiques (Chapitre VII).

Les deux derniers chapitres sont clairement tournés vers l'avenir. Sous l'appellation de « problèmes de mise en texte », Michel Fayol analyse les procédures d'utilisation par les sujets des unités linguistiques spécifiquement textuelles (celles qui font qu'un texte est autre chose qu'un « tas de phrases ») ; il montre notamment que l'on peut distinguer un traitement d'unités linguistiques destinées à assurer la continuïté thématique et la cohésion du texte et un traitement centré sur les unités assurant la progression narrative (connecteurs, temps verbaux, etc.). Dans sa synthèse finale (Chapitre IX), il rassemble les éléments qui préparent à la formulation d'un modèle interactif de la compréhension des récits, avant de jeter les bases d'un modèle psychologique de production de texte articulé sur les notions de *gestion* et d'*ancrage* de l'activité narrative.

L'ouvrage que nous propose Michel Fayol est important. Non seulement par ses vertus de simplicité et d'efficacité dans la synthèse, mais surtout par sa pertinence eu égard à l'époque-charnière qui est celle de la science des textes aujourd'hui. Sous les apparences d'un parcours « neutralisé » dans le champ des disciplines concernées, l'auteur nous conduit en réalité insensiblement à l'évidence de l'ancrage du phénomène textuel dans la *psychologie*.

Le texte constitue en effet la manifestation concrète majeure de l'activité (ou de la conduite) langagière. A ce titre, il est donc l'un des objets privilégiés de la psychologie du langage. Maintenant que, comme nous le montre l'auteur, « le terrain est un peu déblayé », le temps est venu de formuler de nouvelles questions et d'entrer dans une seconde phase de recherche.

— L'activité langagière opère indiscutablement sur des paramètres contextuels et les unités linguistiques appréhendables en surface du texte sont la trace de ces « opérations ».

Quels sont ces paramètres contextuels ? Comment décrire ces opérations ? Par quels mécanismes ces opérations psychologiques se concrétisent-elles en catégories sémantico-syntaxiques d'une langue naturelle ?

— L'organisation d'un texte se constitue en interaction avec le contexte. Si les paramètres du contexte se modifient, dans quelle mesure les unités linguistiques et la structure même du texte se modifient-ils ? Existe-t-il *psychologiquement* des types de textes comme types de comportements langagiers ?

— L'enfant acquiert relativement rapidement une certaine « compétence textuelle ». Comment ? Et surtout quel statut donner aux nombreuses différences qui subsistent entre texte d'enfant et texte d'adulte ? Sont-elles la conséquence de différences au niveau des opérations sous-jacentes, ou de différences dans les paradigmes d'unités linguistiques servant à « exprimer » ces mêmes opérations ?

Ces problèmes affleurent dans le décours des derniers chapitres et sont explicités, avec quelques autres, dans les deux pages conclusives. Il nous reste à espérer que les écrits à-venir de Michel Fayol et des quelques auteurs qui partagent ses options aboutissent rapidement à la formulation de nouvelles réponses et de nouvelles synthèses.

Jean-Paul BRONCKART

CHAPITRE I
DÉFINIR LE RÉCIT

Il serait tout à la fois injuste et impossible d'aborder l'étude psychologique des activités liées au récit sans consulter en premier lieu les travaux qu'ont menés, sur ce thème, les analystes littéraires. De fait, même si leur perspective diffère de la nôtre, ils se sont efforcés de définir le récit en l'opposant à d'autres formes textuelles et en étudiant son organisation interne. Or, comme on le constatera bien souvent dans les chapitres suivants, les recherches plus récentes, menées par des psychologues, retrouvent — sous d'autres appellations — des phénomènes et des catégories isolés depuis longtemps mais dans un tout autre esprit. En revanche, certains aspects de la narration, pourtant soulignés par les approches littéraires, n'ont pas encore été pris en compte par les chercheurs en psychologie. Un exposé rapide des données recueillies par Barthes, Bremond, Genette et Greimas nous paraît donc parfaitement justifié (1).

I — L'APPROCHE SÉMIOTIQUE

Le récit est un « objet mondain », présent dans toutes les cultures et apparemment bien délimité. Chacun d'entre nous sait intuitivement de quoi il s'agit. Pourtant, cette simplicité se révèle trompeuse. Pour donner prise à l'analyse, le récit doit être constitué comme « *objet* » et, donc, construit en le situant à l'intérieur d'un ou plusieurs paradigmes. Pour y parvenir, deux voies sont possibles, qui ne s'excluent d'ailleurs pas mutuellement. La première consiste à opposer le récit à d'autres formes discursives. La seconde procède par analyse de l'organisation interne, dont on pose a priori qu'elle comporte des caractéristiques précises susceptibles de différencier le récit d'autres productions textuelles.

1.1. Les « frontières » du récit

Genette (1966), à qui nous empruntons ce sous-titre, s'est efforcé de délimiter le récit en le situant relativement au discours et à la decription. Voyons en quoi il se distingue de cette dernière. Il renvoie, selon l'auteur, à « des représentations d'actions et d'événements » alors que celle-ci concerne essentiellement des « représentations d'objets ou de personnages ». Cette opposition, assez évidente en première analyse, n'en nécessite pas moins des nuances. En effet, l'utilisation de critères ayant trait aux « contenus » (événements, personnages...) aboutit à mettre en évidence une zone de recouvrement : si, à la limite, une description totalement exempte de narration se révèle « pensable », l'inverse ne s'avère pas.

Certes, la narration met en scène essentiellement des procès dont elle accentue les aspects temporel et dramatique. Par contraste, la description traite les faits « comme des spectacles » ; elle en suspend le déroulement et les étale dans le temps et l'espace.

Mais, à l'évidence, malgré le caractère intuitivement satisfaisant de ces distinctions, leur application à l'analyse et à la catégorisation apparaît délicate et laisse place à une grande marge d'incertitude.

L'opposition récit/discours semble, elle, plus simple à caractériser. De fait, ce dernier apparaît comme « le mode « naturel » du langage » (Genette, ibid.) dont celui-là ne constitue qu'un type particulier, défini par un certain nombre de conditions restrictives : non emploi du Je ; non utilisation du présent ; etc. La comparaison révèle que c'est essentiellement l'*autonomie* par rapport à la situation d'énonciation qui permet de distinguer les deux. Mais, là encore, il convient de nuancer quelque peu.

Considérer le récit comme compréhensible en soi, sans référence autre, revient à n'envisager que des produits du type conte, roman... précisément élaborés de manière à constituer des entités autonomes (et encore, au sein d'une culture donnée !). En revanche, les narrations dites conversationnelles (Quasthoff et Nikolaus, 1982 ; Labov, 1972 ; Labov et Waletzky, 1967) n'ont pas cette caractéristique, ou tout au moins, pas complètement.

Il n'est sans doute pas inutile, si l'on souhaite avoir une vision un peu plus claire des problèmes, d'introduire en priorité une distinction majeure, empruntée à la rhétorique classique, et dont nous verrons qu'elle contribue à obliger à une reformulation de certaines questions. Tout récit comporte au moins deux aspects qui doivent impérativement faire l'objet d'une approche différente. D'une part, il fait référence à une « histoire » (ou inventio) qui correspond à une représentation cognitive, incluant des événements et états, relativement indépendante de la mise en texte, c'est-à-dire du langagier. D'autre part, il implique, comme toute manifestation discursive, une énonciation, un (ou plusieurs) acte de parole par lequel l'auteur se situe par rapport à un « destinataire » (Prince, 1973 a et b) dans un cadre interlocutif et, cela, même lorsque la trame narrative est celle d'un conte. Ce second aspect se manifeste principalement par le biais de la « dispositio » : manière dont les choses sont formulées, agencement des propositions, etc. (Caron, 1983).

Le récit — produit fini — peut donc s'analyser selon deux points de vue complémentaires. Tout d'abord, le *narré* entendu ici comme renvoyant à la représentation cognitive des événements et états et de leurs enchaînements. Ensuite, la *narration* qui a trait aux opérations de prise en charge par un locuteur et qui fait ainsi référence à une dynamique. On aura reconnu ici une opposition, désormais bien connue au niveau de la linguistique des phrases : celle qui distingue entre énoncé (produit élaboré), représentation sémantico-cognitive, et énonciation (Culioli, 1976 ; Desclés, 1975, 1976).

Ces oppositions ont d'importantes conséquences. En effet, si l'on cherche à situer, les unes par rapport aux autres, des manifestations discursives aussi proches et, en même temps, aussi diverses que le récit, le rapport et la description procédurale (mode d'emploi, recette, etc.), il apparaît immédiatement que les différences ne concernent sans doute pas la représentation cognitive des événements — à thème constant évidemment — mais la manière dont le locuteur *construit* pour autrui son message en fonction d'un certain nombre de paramètres (Grize, 1976).

Nous retrouverons ce problème lorsque nous traiterons des grammaires du récit (cf. chapitre IV) mais il était important de le signaler d'emblée.

Il résulte de la remarque précédente que le récit doit nécessairement s'envisager comme une manifestation discursive au sens fort du terme (Kristeva, 1975 ; Metz, 1975), même si certaines de ses caractéristiques — la (relative) autonomie entre autres — tendent à le faire traiter autrement. A n'étudier que les contes ou les productions littéraires, dans lesquels sont souvent effacées les marques d'énonciation, on court le risque de n'aborder que la représentation cognitive. C'est en particulier ce qu'on observe lorsque le récit se trouve défini à partir de ses caractéristiques propres, de son organisation interne.

1.2. L'organisation interne du récit

Lorsqu'on ne cherche plus à opposer le récit à d'autres formes discursives mais à le définir positivement par des caractéristiques sensées lui être propres, on est nécessairement conduit à considérer comme fondamentale la notion d'intrigue, laquelle « se fonde sur le changement » (Ducrot et Todorov, 1972, p. 382). Cela signifie que le narré renvoie toujours au passage d'un état initial à un autre final par le biais d'une transformation. De plus, le déroulement des faits s'étale dans le temps.

Dés lors, on peut admettre comme définition du récit celle proposée par Labov (ibid.) : « méthode de récapitulation de l'expérience passée consistant à faire correspondre à une suite d'événements (supposés) réels une suite identique de propositions verbales » (p. 295), à condition de bien préciser un certain nombre de points.

Tout d'abord, l'expérience passée — lorsqu'elle existe — constitue le domaine du réel physique auquel nous sommes quotidiennement confrontés. Dans cet univers, se déroulent des faits infiniment nombreux dont seuls certains nous paraissent dignes d'être relatés. Et, lorsque nous les racontons, nous ne nous bornons pas à réémettre un message précédemment enregistré.

En effet, le narré, bien qu'il évoque des situations, événements et personnages, ne se confond nullement avec la réalité. Cela se manifeste particulièrement — mais pas seulement — dans le traitement du temps et de la chronologie. Prenons quelques exemples. Lorsque deux personnages se trouvent mis en scène, l'auteur se voit dans l'obligation — du fait du caractère séquentiel du langage — d'opérer un continuel va-et-vient de l'un à l'autre : il transforme la concomitance en succession. Autre illustration, nous savons tous que le récit prend d'importantes libertés avec la durée. S'il conserve généralement les relations d'ordre, il ne respecte aucunement la métrique du temps. Deux cents pages d'un roman relateront chez l'un la vie entière d'un personnage (voire d'une famille) et chez un autre quelques heures d'un événement marquant.

En somme, le narré est une *abstraction* (Todorov, 1966), une construction du locuteur qui élabore, à partir de faits, réels ou imaginaires, une représentation cognitive. Celle-ci ne conserve qu'un certain nombre d'éléments du « vécu », en élimine d'autres et, surtout, leur affecte des poids différents : tel personnage occupera un rôle central, tel événement se trouvera « dilaté » alors que tel autre sera à peine mentionné, etc.

Cela étant, il n'en reste pas moins que le récit présente un certain nombre de caractéristiques propres. Celles-ci ont donné lieu à de nombreuses études dans lesquelles on peut distinguer deux grands courants. Le premier s'attache essentiellement aux aspects séquentiels alors que le second met surtout l'accent sur les oppositions entre états initial et final.

1.2.1. L'analyse séquentielle

Propp (1928) est, sans conteste, l'initiateur de ce courant. Analysant les contes russes, il remarque qu'ils attribuent les mêmes actions aux choses, aux animaux et aux êtres humains. Il en infère l'existence sous-jacente d'une organisation abstraite très générale qu'il s'efforce de mettre en évidence. Pour cela, il procède, avant la lettre, à une analyse distributionnelle pour dépasser le pointillisme inhérent à l'étude des seuls personnages.

Propp se centre sur la notion de *fonction*, présentée comme « action d'un personnage définie du point de vue de sa signification dans le déroulement de l'intrigue » (ibid., p. 31). Cela lui permet d'isoler une série de classes paradigmatiques du type de celles ci-dessous (ibid., p. 22-23).

dragon		fille
vent	enlève	sœur
diable	vampirise	fiancée
sorcier		mère

On voit ici que de nombreuses entités différentes peuvent effectuer (dragon, vent...) ou subir (fille, sœur...) une même fonction ; cela donne des contes très divers.

Ces fonctions se révèlent être en nombre limité (trente et une selon Propp) et leur succession dans les contes apparaît très stéréotypée (cf. tableau I). C'est ainsi que Larivaille (1974), s'inspirant de Brémond (1966, 1970 a et b, 1973), considère que tout processus se déroule en trois phases :

— une fonction qui « ouvre la possibilité du processus » (conduite à tenir ou événement à prévoir)

— une fonction qui réalise cette virtualité (conduite ou événement)

— une fonction qui clôt le processus (résultat atteint).

Dans cette perspective, le conte serait une macroséquence qui, au cours de cinq séquences successives, privilégierait, dans chacune, une fonction et une seule aux dépens des autres. On aurait ainsi une organisation du type de celle décrite au tableau II.

TABLEAU I

Liste des trente et une fonctions isolées par Propp (d'après Simonsen, 1981)

SECTION PRÉPARATOIRE

α Prologue qui définit la situation initiale (ce n'est pas encore une fonction).

β Un des membres d'une famille est absent du foyer (désignation abrégée de cette fonction : Absence).

γ Une interdiction est adressée au héros (Interdiction).

δ L'interdiction est violée (Transgression).

ε Le méchant cherche à se renseigner (Demande de renseignement).

ξ Le méchant reçoit l'information relative à sa future victime (Renseignement obtenu).

η Le méchant tente de tromper sa victime pour s'emparer de lui ou de ses biens (Duperie)

θ La victime tombe dans le panneau et par là aide involontairement son ennemi (Complicité involontaire).

ACTION

A	Le méchant cause un dommage à un membre de la famille (Méfait).
B	On apprend l'infortune survenue. Le héros est prié ou commandé de la réparer (Appel ou Envoi au secours).
C	Le héros accepte ou décide de redresser le tort causé (Entreprise réparatrice).
D	Le héros quitte la maison (Départ).
	Le héros est soumis à une épreuve préparatoire à la réception d'un auxiliaire magique (Première fonction du donateur).
E	Le héros réagit aux actions du futur donateur (Réaction du héros).
F	Un auxiliaire magique est mis à la disposition du héros (Transmission).
G	Le héros arrive aux abords de l'objet de sa recherche (Transfert d'un royaume dans un autre).
H	Le héros et le méchant s'affrontent dans une bataille en règle (Lutte).
J	Le héros reçoit une marque ou un stigmate (Marque).
I	Le méchant est vaincu (Victoire).
K	Le méfait est réparé (Réparation).
	Retour du héros.
Pr	Le héros est poursuivi (Poursuite).
Rs	Le héros est secouru (Secours).
O	Le héros incognito gagne une autre contrée ou rentre chez lui (Arrivée incognito).
L	Un faux héros prétend être l'auteur de l'exploit (Imposture).
M	Une tâche difficile est proposée au héros (Tâche difficile).
N	La tâche difficile est accomplie par le héros (Accomplissement).
Q	Le héros est reconnu (Reconnaissance).
Ex	Le faux héros ou le méchant est démasqué (Découverte).
T	Le héros reçoit une nouvelle apparence (Transfiguration).
U	Le faux héros ou le méchant est puni (Châtiment).
W	Le héros se marie et/ou monte sur le trône (Mariage).

TABLEAU II

Fonctions privilégiées par chacune des séquences
(d'après Larivaille, 1974)

Séquences élémentaires	*Fonctions privilégiées*
État initial	Méfait accompli ou manque
Provocation (mise à l'épreuve du héros)	Épreuve qualifiante proposée au héros
(Ré)action du héros	Prouesse du héros
Sanction	Salut du héros
État final	Apothéose

Dès lors, l'analyse fait apparaître que « les contes nouveaux ne sont jamais que des combinaisons ou des modifications de contes anciens » (Propp, ibid., p. 138). La liberté du créateur s'avère donc — quant à la forme — extrêmement limitée. C'est que, comme le note Brémond (1966) les types narratifs correspondent aux aspects les plus généraux du comportement humain. Les fonctions renvoient à des catégories universelles. Et il semble en aller de même de leur organisation séquentielle très stéréotypée.

Quant aux enchaînements de séquences, il n'en existe qu'un nombre très limité : l'organisation bout à bout (l'une succède à l'autre), l'enclave (la première se trouve temporairement interrompue par la seconde pour reprendre ensuite), l'accolement (les deux se déroulent parallèlement par va-et-vient continuel de l'une à l'autre).

D'analyse en analyse, l'étude des contes a ainsi abouti à ce que Bremond (1973) dénomme non sans raison « une grammaire du raconté ». Cela signifie que les divers auteurs sont parvenus à isoler des catégories relativement abstraites, bien délimitées et en petit nombre, puis à élaborer une combinatoire assortie de règles de restriction. Cette orientation, très proche à certains égards de celle retenue plus tard par les psychologues cognitivistes, permet de construire tout un éventail de trames narratives « vides » qu'il suffirait, pour raconter, d'instancier à l'aide de personnages plus ou moins étoffés et tenant les rôles d'agent, de patient, etc.

La méthode utilisée par les analystes littéraires apparaît à la fois très efficace et tout à fait susceptible d'être appliquée à des productions narratrices d'origines très diverses. Ainsi Colby (1973) s'inspirant lui aussi de Propp, a pu mener une étude très fine des contes esquimaux en isolant des catégories élémentaires (les « eidons ») et leurs règles d'agencement. Dans la même perspective, Knapp (1976) s'est efforcée d'établir une typologie des relations entre événements (« moves »).

En procédant par abstractions successives, les analystes littéraires ont peu à peu construit un prototype abstrait de récit, une sorte de schéma canonique. Ce faisant, ils s'en sont tenus aux aspects les plus généraux — et peut-être universels — en risquant de perdre de vue ce qui fait la spécificité d'une narration particulière, produite par un locuteur dans une situation donnée.

De ce constat provient sans doute le changement de perspective noté chez Barthes. Celui-ci commence en 1953 — dans « Le degré zéro de l'écriture » — et poursuit encore en 1966 — dans « Introduction à l'analyse structurale des récits » — une série de travaux dans lesquels il adopte un point de vue similaire à celui des auteurs antérieurement cités. Comme ceux-ci — et aux vocables près — il note le caractère très ritualisé des récits ; ils se composent de « fonctions » — celles cardinales étant les plus importantes — qui « inaugurent ou concluent une incertitude » (1966) et qui s'articulent chronologiquement et logiquement ; de « catalyses » — fonctions de moindre importance qui ménagent des « zones de repos » ; d'« indices » « renvoyant à un caractère ; à un sentiment, à une atmosphère ».

Selon Barthes, des règles d'agencement différentes s'appliquent à ces trois entités. Les « indices » se composent librement entre eux alors que les « catalyses » se trouvent subordonnées aux « fonctions cardinales » dont les combinaisons sont très limitées. Par ailleurs, ces dernières constituent l'essence de la diégèse (la trame principale) et permettent le résumé. En somme, alors que le récit se donne, en première analyse, comme une séquence orale ou écrite linéaire, l'analyse révèle une organisation certes séquentielle mais *hiérarchisée*. Celle-ci apparaît d'ailleurs indépendante du support (film, bande dessinée, écrit, oral...) et facilement traduisible d'une langue à une autre.

Mais, dès 1973, Barthes allait changer de perspective. Soulignant les dangers d'une approche trop générale — qui avait pourtant été la sienne — il allait, pour éviter la normalisation des productions et le statisme, mettre l'accent sur la différence des textes en les situant comme écart. De là une modification dans la méthode d'approche : analyser non plus un corpus mais un seul texte ; viser non la structure mais la structuration ; tenter de retrouver le « pluriel du texte », c'est-à-dire l'entrecroisement des « codes », des « champs associatifs ».

Aux différences de vocabulaire près, les divers auteurs cités s'accordent, nous semble-t-il, sur l'essentiel. Pour eux, le récit est une séquence organisée d'événements comportant des catégories relativement bien définies et des règles d'agencement. Une hiérarchie se dégage, qui permet le résumé mais conserve néanmoins la chronologie. Enfin, le narré apparaît comme une abstraction renvoyant non au réel mais à une représentation qui en constitue une reconstruction. En somme, il se révèle possible de définir le récit par des caractéristiques positives tenant à sa structure, encore que, comme nous l'avons souligné, celle-ci ne permette pas de le différencier clairement du rapport.

Il reste cependant deux problèmes essentiels. Le premier concerne l'unité thématique — toujours posée à priori par les analystes — dont on saisit mal et l'origine et le lien avec l'organisation. Le second a trait à une question naïve mais redoutable : pourquoi un récit donné s'amorce-t-il là où il commence, pourquoi pas avant... ou après ? (la même question valant pour la fin). Ces problèmes, l'approche structurale ne permet guère de les résoudre. Ils exigent la prise en compte d'un autre niveau d'abord, plus abstrait.

1.2.2. L'opposition début-fin

Reprenons l'assertion de Ducrot et Todorov (ibid.) : « Toute intrigue se fonde sur le changement ».

En première analyse, tout récit se donne comme une entité globale — il forme un tout — composée d'une suite d'énoncés concaténés. Il s'agit là de son aspect syntagmatique le plus superficiel, à savoir la mise en séquence de phrases. Or, celles-ci ne sont pas quelconques et ne se suivent pas aléatoirement. Mais comment rendre compte de ce phénomène ?

Il faut, pour cela, faire appel à une théorie susceptible de considérer le problème à un niveau relativement global. Et c'est précisément l'intérêt que présentent les thèses de Greimas (1966 a et b, 1973). Selon lui, « la seule façon d'aborder, à l'heure actuelle, le problème de la signification consiste à affirmer l'existence de discontinuités, sur le plan de la perception, et celle d'écarts différentiels, créateurs de signification, sans se préoccuper de la nature des différences perçues » (Greimas, 1966, a, p. 18). Cela implique deux choses : la saisie simultanée d'au moins deux termes et l'aperception de la relation qui les lie.

Une telle conception, dont certains aspects se révèlent relativement proches des thèmes de la sémantique psychologique (Le Ny, 1979) permet d'aborder le récit sous un angle nouveau. Il apparaît en effet essentiellement comme un discours traitant de transformations, c'est-à-dire d'« *inversions de contenus* » (Greimas, 1966 b), de modifications de caractéristiques prédicatives.

Ainsi, la perspective séquentielle qui traite le récit comme une suite d'énoncés du type sujet-prédicat doit être complétée par un second niveau d'analyse qui considère les changements affectant les prédicats. Cela concerne bien sûr les éléments subissant des modifications lors des événements successifs mais, surtout, car cela conditionne l'univers thématique, les entités mises en jeu dans les situations initiale et finale.

En d'autres termes, le récit serait perçu comme formant un tout du fait de la possibilité de percevoir, par delà le déroulement séquentiel, une (ou des) opposition de signification intemporelle. Dès lors, la narration consisterait en un « écartement de fonctions » (Greimas, 1966 a, p. 206) : éloignement, par le biais de l'adjonction d'énoncés, de « contenus sémiques » relevant du même champ de signification.

La démarche analytique consiste alors, comme chez Barthes (1953), à définir en extension les états initial et final pour les relier par une chaîne de transformations modifiant chacune un ou plusieurs prédicats. Mais, déterminer ce qui change nécessite de repérer préalablement des invariants. Ceux-ci sont constitués, comme chez Propp, par « la distribution unique des rôles » (1966 a, p. 173) qui permet de dégager six grandes catégories d'« actants » (par opposition à acteur qui renvoie à un récit particulier) :

— sujet (A1) : celui qui dénie, recherche, quête....
— objet (A2) : le recherché, objet du désir
— destinateur (A3) : celui qui envoie l'objet
— destinataire (A4) : celui à qui est destiné l'objet
— adjuvant (A5) : celui qui aide à la recherche
— opposant (A6) : celui qui s'oppose en créant des obstacles.

Ces actants se voient associer des prédicats catégorisables en fonctions (de l'ordre du faire noté F) et qualifications (de l'ordre de l'être noté Q). Dès lors, tout message appartient à l'une des deux classes F/A/ ou Q/A/ où F = fonction, Q = qualification, A = Agent. Peuvent s'y ajouter des « modalités » (aimer, sembler, vouloir) et des « aspects ». Il devient ainsi possible de formaliser les énoncés successifs et les transformations qui les affectent au fur et à mesure du déroulement.

L'apport essentiel de Greimas réside dans l'introduction de trois notions quelque peu négligées par d'autres : celle d'isotopie, que l'on peut rapprocher de l'*intégration* plus empirique ; celle de transformations successives affectant les prédicats ; celle d'oppositions macrotextuelles permettant de dépasser l'abord séquentiel du fait qu'elles concernent des unités plus larges.

Cela dit, l'opérationalisation des concepts élaborés par Greimas ne va pas de soi. L'existence « d'inversions de contenu » permettant d'opposer les états initial et final d'un récit constitue sans doute une condition nécessaire à l'acceptabilité du narré. En leur absence, celui-ci est subjectivement ressenti comme non clos, comme ne formant pas une totalité. Mais cela ne suffit sans doute pas, comme le montrent certaines recherches empiriques.

II. — L'APPROCHE EMPIRIQUE

Il existe très peu de travaux menés dans une perspective empirique et visant à tenter de définir le récit. Toutefois, on peut retenir un certain nombre de constats de bon sens sur lesquels s'accorde tout un chacun.

Tout d'abord, chacun sait que le même fait — événement réel — sera considéré, selon les interlocuteurs, comme digne ou non d'être raconté à un auditeur-lecteur donné. Il existe donc, à un certain moment de la conduite de récit, une évaluation par l'auteur du référent, du récepteur potentiel et de leurs interrelations. Tel physicien, surpris par la découverte d'une particule nouvelle, ne jugera pas utile de relater ce fait à sa concierge — alors qu'il pourra lui faire part d'un récent accident de la circulation — mais procédera à une narration longue et détaillée de ce fait à un de ses collègues.

Autre aspect, le même « fait » donnera lieu à des paraphrases différentes selon le destinataire, sa connaissance préalable du référent et le temps dont il dispose pour écouter. Cela signifie qu'un locuteur donné se révèle capable de passer sans difficulté de l'« annonce de nouvelle » la plus lapidaire (Bachman, Duro - Courdesses et Simonin, 1977) au récit le plus circonstancié. Il pourra soit se limiter à « Hier, j'ai eu un accident » soit développer : « Hier, j'allais faire les courses comme d'habitude... je marchais tranquillement tu vois... je regardais les gosses qui jouaient et pis tout d'un coup j'entends un grand boum et je me retrouve par terre. C'était un type en vélo qui avait foncé dans le trottoir et qui m'avait renversé... on n'a pas eu de mal mais alors t'aurais vu le vélo... »

Enfin, dernier point, l'auditeur (ou le lecteur), une fois le récit terminé, sera, lui aussi, parfaitement apte à raconter à son tour l'aventure survenue au premier auteur. Là encore, il pourra soit la résumer spontanément (extraire le thème) et formuler une « annonce de nouvelle » (tu sais, Jean, il s'est fait renverser par un vélo) soit, au contraire, paraphraser plus ou moins longuement en fonction de son auditeur. Ajoutons qu'à long terme, le souvenir des événements marquants subsiste (Lieury, Richier et Weeger, 1979), dont la trame pourra être reconstruite en vue d'une narration ultérieure.

En d'autres termes, il ressort que chaque adulte peut, apparemment sans difficulté

a) raconter à autrui un événement en le détaillant plus ou moiins sans que soit perdu le « focus » (sommet relatif de l'histoire)

b) paraphraser plus ou moins longuement la même histoire en fonction des circonstances de l'interlocution

c) extraire le thème d'un passage pour le résumer.

Ces caractéristiques s'appliquent à toutes les productions narratives sans exception : nouvelle, roman... Malheureusement, elles n'ont guère, sauf le résumé, attiré les chercheurs si l'on excepte Bartlett (1932) et ceux qui ont repris ses travaux (cf. chapitre III).

On ne dispose donc pas encore de critères empiriques recueillis auprès de sujets tout-venant quant aux « frontières du récit ». On sait cependant que des adultes auxquels on propose divers types de textes plus ou moins proches du schéma narratif canonique retiennent comme récits ceux qui, d'une part, ont une organisation interne conforme à celle mise en évidence par les analystes littéraires et, qui, d'autre part, « accrochent » le lecteur de par leur intérêt.

Ainsi Coirier (1982) demande à des sujets, enfants de sixième (dix-douze ans) et de terminale (dix-sept à vingt ans), de juger si une série de critères s'avèrent « toujours/souvent/rarement/jamais » en ce qui concerne les textes en général et les récits. Quarante-cinq critères, élaborés par un groupe d'étudiants, sont retenus (cf. tableau III), certains « obligatoires » (ceux 4, 12, 24, 26, 30 et 45 de la liste), certains « naïfs ou non nécessaires » (ceux 17, 29...), d'autres enfin « textuels » (ceux 9, 44, etc.).

L'auteur observe, de la sixième à la seconde, le « développement d'une représentation du récit différentielle par rapport au texte ». Mais elle reste diffuse dans la mesure où de nombreux éléments non nécessaires subsistent. Ceux-ci tendent à disparaître en classe terminale, les élèves de ce niveau ne retenant plus que les seuls critères « obligatoires ».

Une analyse factorielle menée à partir des réponses obtenues auprès des élèves de seconde et terminale permet de dégager deux axes principaux. Le premier (23, 27 % de l'inertie) met en évidence l'importance de la « dimension émotive » du récit (« les actions des personnages provoquent une émotion » ; « il y a du suspense »...) alors que le second (16,88 % de l'inertie) tend à opposer l'ouverture et la clôture du récit (« ça se termine bien » ; « il existe un dénouement »...).

L'acceptabilité du récit paraît donc dépendre, pour des sujets relativement cultivés, de conditions extérieures à celui-ci — pertinence ou intérêts des événements relatés — et de caractéristiques internes liées à son organisation — opposition ouverture/clôture par exemple. Ces deux dernières caractéristiques semblent donner au récit sa dimension de « totalité » (cf. ce chapitre sous 1.2.2.) en ce qu'elles contrastent deux états, initial et final, par le biais d'une transformation (2).

Fayol (1980) a repris ce problème en cherchant à vérifier que l'absence d'opposition début/fin dans des textes amènerait des adultes à leur refuser le statut de récits. De petites histoires sont construites (cf. tableau IV), qui, soit ne recèlent pas de contraste entre états initial et final (texte 1 et, à moindre degré texte 6), soit en comportent un, celui-ci pouvant être banal (textes 2 et 4 : événements ordinaires emboîtés entre deux « frontières » : partir/revenir/) ou relié à un événement imprévu impliquant des liaisons causales (textes 3 et 5).

Les sujets doivent dire si chacun des textes présentés correspond ou non (« pas tout à fait » ou « pas du tout ») à l'idée qu'ils se font de ce qu'est « une histoire bien construite et complète ».

TABLEAU III

Liste des critères proposés au jugement des sujets
(d'après Coirier, 1982)

1	Il y a des relations logiques entre les phrases
2	On peut lui donner un titre
3	On peut deviner la fin
4	Il y a une intrigue
5	Les phrases sont correctes grammaticalement
6	Le titre permet de savoir de quoi ça parle
7	C'est sans intérêt si on sait la fin d'avance
8	Il y a du suspense
9	Les pronoms désignent des éléments connus du lecteur
10	On s'en souvient facilement
11	Il y a des dialogues
12	Il y a des personnages
13	Il se passe des choses réelles
14	Ça commence par des formules stéréotypées
15	Les actions décrites se suivent dans le temps
16	On parle de choses inconnues
17	Il existe des éléments merveilleux
18	On le lit parce qu'on est obligé
19	Il y a des paragraphes distincts

20 Les personnages principaux sont justes et bons
21 Il est important de connaître l'auteur
22 Les verbes sont conjugués au présent
23 Il y a plusieurs épisodes
24 Il y a un héros
25 Il y a une introduction
26 Il se passe quelque chose d'imprévu
27 Les verbes sont conjugués au passé
28 On a plaisir à le lire
29 Ça se termine bien
30 Il existe un dénouement
31 On y emploie des mots particuliers, inhabituels
32 Il y a une conclusion ou une fin
33 On peut comprendre ce qui est dit sans information préalable
34 On décrit les sentiments des personnages
35 C'est composé de chapitres
36 On y emploie des mots comme : brusquement, soudain, tout à coup
37 Il y a un plan
38 Le temps et le lieu sont précisés
39 On le lit pour se distraire
40 La longueur est limitée
41 Les phrases sont liées entre elles
42 C'est tiré d'un ensemble plus vaste
43 Les événements sont liés entre eux et concernent les mêmes personnages
44 On peut faire un résumé
45 Les actions des personnages provoquent une émotion

Les textes 1 et 6 se voient majoritairement rejetés alors que ceux 3 et 5 se trouvent presque systématiquement acceptés. Pour 2 et 4 les jugements se distribuent de manière plus complexe : les sujets les plus diplômés et, parmi eux, surtout ceux de sexe masculin traitent ces deux textes comme « ne correspondant pas tout à fait » à leur conception du récit. En revanche, les adultes non titulaires du baccalauréat et de sexe féminin tendent à les considérer comme assimilables à 3 et 5. Les justifications recueillies après jugement révèlent que le refus de 1 et 6 tient, conformément aux hypothèses, à l'absence d'opposition entre états initial et final. Celle-ci, lorsqu'elle est seule prise en compte, aboutit à un regroupement de 2, 3, 4 et 5 du fait que, comme le disent les sujets, « il y a un thème » et on perçoit le début et la fin. En revanche, lorsqu'un second critère intervient, il s'agit toujours de celui impliquant une liaison causale. Ceux qui y recourent estiment en conséquence que seuls 3 et 5 ont effectivement le statut de récits.

Ces deux recherches empiriques tendent donc à monter que l'« inversion de contenu » ou, si on préfère, l'opposition entre états initial et final, constitue, au niveau formel, le critère essentiel d'acceptabilité des récits. En son absence, les suites de phrases sont perçues comme ne formant pas une unité et comme appelant une suite. Toutefois, cela ne suffit pas aux yeux de certains sujets qui estiment nécessaire la présence d'une liaison « causale » (au sens le plus large de ce terme) rendant intéressante l'histoire.

Ces approches empiriques n'apportent donc guère d'éléments nouveaux. Leurs résultats confirment au moins en partie la « validité psychologique » des caractéristiques isolées par les analystes littéraires sans réellement parvenir à les préciser, sinon en révélant des différences très marquées dans les évaluations. Par ailleurs, la nature des tâches, essentiellement métalinguistique, ne permet pas de conclure quant à la représentation du récit mise en œuvre dans les activités de production ou de compréhension. L'abord de cette question exige d'autres instruments et d'autres méthodes.

TABLEAU IV

Textes proposés aux adultes pour étudier l'impact de l'opposition début/fin sur l'acceptabilité des récits (d'après Fayol, 1980)

1) Paul avait très envie de construire une cabane dans un bois. Un matin, il a pris ses outils et il est parti. Il a marché longtemps. Il a cueilli des fleurs. Il a regardé des oiseaux.

2) Un petit lapin a quitté sa maman. Il est allé dans la forêt. Il a sauté dans l'herbe, Il a croqué des carottes. Ensuite, il a suivi un chemin et il est arrivé près de sa maman.

3) Alain avait de l'argent dans sa tirelire. Un matin, avec son ballon, il a cassé une vitre. Pour la payer, il a vidé sa tirelire et donné ses pièces. Maintenant il n'a plus d'argent.

4) Papa est sorti ce matin de la maison. Il a travaillé toute la journée. Ensuite, il a pris sa voiture et il est allé dans un garage pour acheter de l'essence puis il est revenu à la maison.

5) Annie voulait des bonbons. Ils étaient sur le buffet. Elle est montée sur un tabouret. Le tabouret a glissé. Annie est tombée. Elle s'est écorché les genoux. Elle n'a pas eu de bonbons.

6) Un chien avait très faim. Quelqu'un lui a donné un os. Le chien n'a plus faim. Il marche dans le jardin. Il flaire les herbes. Il regarde une voiture passer dans la rue.

III. — CONCLUSION

Les quelques analyses littéraires et empiriques recensées dans ce chapitre mettent l'accent sur les deux grands types de problèmes que rencontre l'étude du récit. Tout d'abord, celui-ci constitue une forme particulière de texte ou de forme discursive qu'il convient de situer par opposition aux autres. Cela peut se faire soit en considérant les « contenus » et leur organisation soit en s'attachant aux caractéristiques formelles. Ainsi, dans cette dernière perspective, Bain, Bronckart et Schneuwly (1983) ont mis en évidence des différences très nettes dans la distribution de marques linguistiques (pronoms, temps verbaux...) en contrastant des discours en situation (DS) avec des discours théoriques (DT) et des narrations (N). Ce genre de recherche n'a toutefois pas encore abordé la question des différences entre narration, rapport et description procédurale.

Le second problème posé par l'étude du récit a trait à ses caractéristiques propres et, en quelque sorte, internes. Certes celles-ci se définissent toujours en partie par opposition à celles d'autres formes de discours mais on peut légitimement les considérer en elles-mêmes, en posant a priori qu'elles existent. Il convient alors de rechercher leur organisation. C'est bien dans cette voie que s'inscrivent les travaux de Propp, Barthes, Bremond et Greimas. Les recherches de régularités ont, comme il a été souligné dans ce chapitre, abouti à mettre en évidence une structure abstraire très contraignante comportant des entités — les fonctions — et des règles de combinaison. Tout récit apparaît alors comme doté d'une armature rigide. Mais celle-ci ne suffit pas à assurer le caractère de totalité, de cohérence globale. D'où le recours à la notion d'opposition entre états initial et final.

Ces deux problèmes ont été posés par les analystes littéraires dans une perspective concernant le texte narratif lui-même. Il en va de même pour l'approche linguistique développée au chapitre suivant. Les psychologues, eux, ont formulé, les mêmes questions, en privilégiant toutefois nettement celle relative à l'organisation interne du récit, mais en les envisageant selon un autre point de vue, celui de la « validité psychologique » des phénomènes détectés : le sujet comprend-il ou produit-il des récits en se conformant à la structure narrative ? Utilise-t-il et comment les marques linguistiques selon des règles semblables à celles inventoriées chez les auteurs littéraires ?...

Les problèmes et les réponses qu'on a essayé de leur trouver à partir de recherches expérimentales ont entraîné à la fois une série d'approfondissements théoriques, un foisonnement de modèles et la mise au point de techniques d'investigation mieux adaptées à la perspective d'abord psychologique que les analyses de corpus. Pourtant, à bien des égards, celles-ci restent aujourd'hui encore indispensables et fécondes.

NOTES DU CHAPITRE I

(1) Dans sa réponse récente à l'article de Wilensky (1983), Sperber (1983) note que, dans le domaine du récit, la psychologie cognitive n'a fait que reprendre certaines idées de sens commun ou reformuler des notions issues de vingt-quatre siècles d'analyses littéraires !

(2) En fait, ces deux conditions d'acceptabilité du récit ne relèvent pas du même niveau d'analyse. L'organisation interne renvoie à la structure cognitive ou stylistique ; c'est l'aspect qui, jusqu'alors, a le plus retenu l'attention. L'intérêt, la pertinence des événements ont à voir avec des variables relevant de l'aspect communicatif du récit et, donc, des contraintes psycho-sociales qui pèsent sur lui. Ce point de vue — que nous rediscutons au chapitre IX — n'a impulsé qu'un nombre restreint de travaux ; mais il semble, depuis peu, intéresser les psychologues et spécialistes en intelligence artificielle (cf. Brewer, 1983 ; Britton, 1983 ; Carr, 1983 ; Hidi, Baird et Hilddyard, 1982 ; Kintsch 1980 ; Lehnert, 1983 ; Stein, 1983).

CHAPITRE II
L'APPROCHE LINGUISTIQUE

L'approche linguistique, comme celle littéraire, se préoccupe essentiellement de mettre en évidence l'organisation interne des informations à l'intérieur des récits. Il n'y a donc pas solution de continuité entre les deux mais, plus simplement, différence de méthode et extension de l'analyse aux productions non littéraires.

Le nombre de travaux disponibles demeure très restreint mais il couvre un champ relativement bien délimité. On trouve en effet, d'une part, une série de recherche empiriques mettant en œuvre les méthodes propres à la linguistique pour découvrir la structuration des récits d'expérience personnelle. Il existe aussi, d'autre part, des tentatives plus théoriques visant à poser les problèmes de manière plus générale. C'est dire que les données autorisent un va-et-vient fécond entre observable et conceptualisation (1).

I — LE RÉCIT D'EXPÉRIENCE PERSONNELLE

Les études ci-après rapportées concernent toutes le langage familier. Labov (1972) et Labov et Waletzky (1967) se sont livrés à la plus vaste étude connue de la langue vernaculaire des noirs américains, cela dans une perspective socio-linguistique. Cela les a amenés à recueillir plusieurs centaines de récits émis en *situation* et portant sur des thèmes ayant une forte résonance affective pour les narrateurs (danger de mort, bataille...). Les productions ainsi obtenues s'insèrent donc dans un cadre discursif : elles s'adressent à au moins un interlocuteur présent et elles exigent, en conséquence, la mise en œuvre de procédures systématiques d'évaluation du narré (faire valoir le caractère intéressant des faits relatés) et de l'auditeur (suit-il la progression ? « participe »-t-il émotionnellement ?). Les traces de ces phénomènes apparaissent dans la narration sans appartenir pour autant à l'intrigue. De là la nécessité pour les isoler, de recourir à des méthodes précises fondées sur des critères reconductibles.

L'application de ces méthodes à un corpus très large a abouti à la mise en évidence d'une organisation interne propre au récit et valable pour tout locuteur. Celle-ci s'appuie sur la présence d'au moins deux propositions successives temporellement ordonnées ; leur inversion entraînant un bouleversement des relations inter-événementielles. Ainsi, des trois phrases suivantes,

(1) Paul m'a frappé et je suis tombé
(2) Paul jouait et riait
(3) Paul a dormi et il a rêvé

seule (1) constitue un récit minimal puisque les deux propositions qu'elle recèle s'articulent par une liaison du type « p1 *puis* p2 » (Il s'agit ici de ce que Labov dénomme un « récit minimal »).

TABLEAU V

Découpage et détermination des déplacements possibles pour les phrases d'un récit oral transcrit (d'après Labov et Waletzky, 1967)

Code	Récit découpé en phrases	Déplacements
a	Yeh j'étais dans les Boy-Scouts à ce moment	a - a
b	et nous faisions un parcours de cinquante mètres	a - s
c	en courant	a - s
d	mais nous étions à la jetée, délimitée	a - s
e	et ainsi nous faisions le parcours de cinquante mètres	a - s
f	il y avait à peu près huit ou neuf d'entre nous, vous savez qui descendaient et revenaient	a - s
g	et, descendant pour la première fois, j'attrapai des crampes	a - g
h	et je commençai à hurler « au secours »	h
i	mais les copains ne me croyaient pas, vous savez,	i - j
j	ils pensaient que j'essayais simplement de rattraper parce que je continuais ou que je ralentissais	i - j
k	ainsi tous continuèrent d'avancer	k - l
l	ils me laissèrent	k - l
m	et ainsi je commençai à descendre	m - p
n	le chef scout était là-haut	a - s
o	il me regardait	i - r
p	mais il ne fit plus attention à moi	i - r
q	et sans raison du tout ce fut un autre type, qui s'était juste approché à ce moment	q
r	il sauta	r
s	et m'agrippa	s

L'histoire commence par six propositions libres
— g est la première proposition narrative
— h, m, q, r et s sont des propositions narratives
— i et j ; k et l sont des propositions coordonnées
— n est une proposition libre
— o et p sont des propositions restreintes

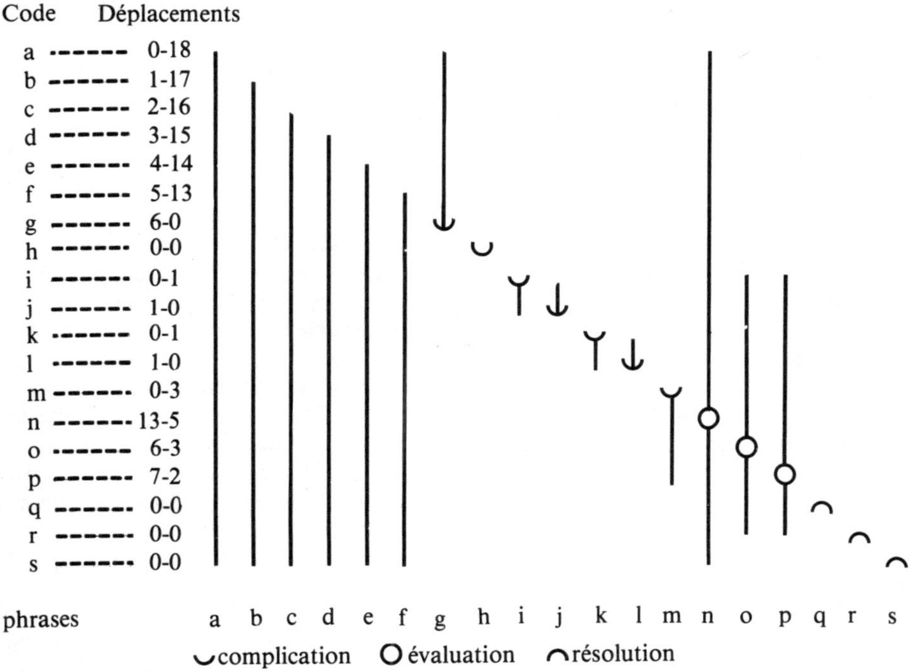

Schématisation par lignes verticales des déplacements possibles pour chacune des propositions du récit présenté au Tableau V. Les lettres (colonnes de gauche) renvoient aux phrases du Tableau V. Les deux nombres renvoient, le premier, au nombre de déplacements possibles vers le haut (0, 1, 2, 3 … n phrases) et le second au nombre de déplacements possibles vers le bas (0, 1 … n phrases) (d'après Labov et Waletzky, 1967).

Figure 1

Mais, en règle générale, les productions recueillies se révèlent beaucoup plus longues. Il faut donc disposer d'une méthode fiable pour déceler les « propositions narratives », c'est-à-dire celles temporellement ordonnées qui constituent le « squelette » du récit (ce qui correspond à la diégèse). A cet effet, il suffit de systématiser le principe selon lequel les éléments fondamentaux du récit ne peuvent, sans modification de sens, subir de changement de position (relative). Ceci amène à distinguer entre différentes catégories de propositions :

a) celles « libres », susceptibles de se déplacer à l'intérieur du récit sans entraîner de bouleversement sémantique

b) celles « fixes », dans la mesure où la jonction temporelle (Pi puis Pj) interdit leur mouvement

Par exemple, dans (4)

(4) 1 Le chat veillait depuis plusieurs heures
2 Il attendait sa proie
3 Soudain la souris sortit
4 Il bondit
5 Et, d'un coup de patte, il la tua

les propositions 1 et 2 sont « libres » — elles peuvent, sans changer notablement le sens du passage, occuper d'autres emplacements — alors que celles 3, 4 et 5 sont « fixes ».

Une analyse plus fine met en évidence deux autres types de propositions.

c) celles « restreintes », qui peuvent se déplacer comme les « libres » mais dans certaines limites seulement

d) celles « coordonnées », qui ont le même ensemble de déplacement. Nous fournissons au tableau V un exemple — traduit de Labov et Waletzky (ibid.) — qui illustre l'application de la méthode du « test de déplacement » et qui permet d'aboutir à un diagramme résumant les emplacements potentiels de chaque proposition. (Figure 1).

Après application de la procédure ci-dessus décrite, il devient possible de regrouper en tête les propositions « libres » puis d'ordonner celles « fixes » en insérant toujours le plus haut possible celles « restreintes ». Alors apparaissent les parties du récit (2) :

— l'orientation (ou cadre) : composée d'un ensemble de propositions libres qui informent quant aux personnages, lieux, moment et situation de départ

— la complication qui introduit une rupture dans le déroulement « normal » des faits

— l'évaluation qui révèle l'attitude du narrateur vis-à-vis de sa production en accentuant certains aspects plutôt que d'autres

— la résolution qui marque l'achèvement des événements

— le « coda », formule terminale optionnelle, qui ramène à la perspective du moment de la parole.

Ces grandes délimitations ont des frontières qui se révèlent floues, beaucoup plus que ne le laissent penser les catégories isolées par les auteurs. En particulier, et Labov et Waletzky ne manquent pas de le souligner, il est parfois très difficile de savoir à quel moment une histoire se termine vraiment. Toutefois cet inconvénient reste mineur dans la perspective adoptée : étudier comment s'y prend le sujet tout-venant pour relater une expérience qu'il a lui-même vécue.

Or, les très nombreux récits analysés montrent que l'organisation mise en évidence a indubitablement une très grande pertinence descriptive. Elle rend compte de la plupart des productions. Et elle s'applique tout aussi bien aux contes et histoires de la tradition orale. En cela elle révèle — et telle était l'intention des auteurs — que les noirs américains s'avèrent tout aussi aptes à élaborer des narrations complexes que des sujets plus cultivés.

Les résultats obtenus par Labov et Waletzky tendent donc à confirmer la thèse déjà soutenue par les analystes littéraires ; thèse selon laquelle le récit comporterait une organisation interne bien spécifique. Celle-ci serait inhérente au texte lui-même et concernerait la structure des informations fournies. Il est en effet assez facile de mettre en relation, au moins au niveau des concepts manipulés sous des vocables souvent très différents, les catégories isolées par Barthes, Bremond et Propp avec celles utilisées par Labov.

Toutefois un problème subsiste. Comme les analystes littéraires, Labov, de par la méthode qu'il utilise, étudie surtout le narré, c'est-à-dire l'organisation de la représentation des événements. Une étape supplémentaire se révèle nécessaire pour aborder la narration, i.e. les opérations mises en œuvre par le sujet pour relater. C'est dans cette voie que s'oriente Labov (1972) même s'il ne l'aborde que succinctement.

Il note par exemple que la plupart des récits fournis par les sujets s'amorcent au moyen d'« une ou deux propositions qui résument toute l'histoire » (ibid., p. 299) avant de passer à la relation détaillée des faits. Il remarque aussi que « l'orientation » — essentiellement composée de propositions « libres » à l'imparfait qui situent les personnages, lieu et moment de l'événement — loin d'apparaître systématiquement en début de production, occupe souvent d'autres sites plus « stratégiques ». Il constate enfin que la « chute » — partie terminale — ne relève pas, à proprement parler de la trame narrative mais sert à la fois à indiquer au partenaire la fin du récit (clôture) et à ramener la perspective au moment de la parole (par opposition à celui de l'événement).

En somme, Labov ne se borne pas à une analyse du narré et de son organisation plutôt rigide. Il s'attache aussi à étudier les procédures linguistiques mises en œuvre pour la *narration*, c'est-à-dire pour structurer un matériau en fonction d'un interlocuteur et d'une situation d'énonciation. Cela le conduit à prendre en considération des marques de surface et leur fonctionnement. Par exemple, il montre que la syntaxe narrative (des phrases) est simple, beaucoup plus que celle rencontrée dans le discours quotidien. Sa complexification a alors clairement une valeur de mise en relief liée à l'évaluation par l'auteur de certains faits qu'il juge importants : « l'écart en matière de simplicité syntaxique (...) a toujours pour conséquence d'ajouter de la force à l'évaluation » (ibid., p. 316).

D'autres chercheurs, peu nombreux, ont repris ce mode d'approche des phénomènes narratifs. Ainsi en va-t-il de Bachman, Duro-Courdesses et Simonin (1977) qui ont analysé en détail la narration effectuée par un préadolescent de douze ans, face à ses camarades d'une classe de transition, après qu'il ait eu des démêlés avec la police. Eux aussi soulignent l'importance des éléments d'évaluation qui servent à justifier aux yeux de l'audience le caractère intéressant de l'événement relaté et qui, pour cela, interrompent le déroulement de la trame narrative. Ces « moments » qui indiquent la raison d'être du récit se marquent par le recours à des mimiques, onomatopées, accentuations, syntaxe déviante...

L'étude la plus exhaustive menée dans cette perspective émane sans conteste du travail de Fillol et Mouchon (1977) qui, à partir d'un seul récit oral recueilli en situation de communication scolaire, se sont efforcés de mettre en relation la morphologie de la production (l'organisation du narré) avec le fonctionnement de certaines marques de surface : les déterminants, les temps verbaux, les pauses et le débit. Nous donnons ci-après le texte rapporté par les auteurs et le tableau de convergences qu'ils ont établi après analyse. (Tableaux VI et VII).

Ainsi, grâce à l'approche linguistique, l'étude du récit est passée graduellement de la mise en évidence de l'organisation du narré à l'analyse de la narration, c'est-à-dire des procédures langagières utilisées par le narrateur pour structurer la surface textuelle. Cette évolution vers une perspective énonciative est récente. Elle concerne encore un nombre très restreint de travaux (cf. par exemple Schiffrin, 1981 ; Weinrich, 1964) sur lesquels nous aurons à revenir. Mais, surtout, elle n'a guère donné lieu à élaboration théorique, si ce n'est dans les recherches de Dijk.

TABLEAU VI

Texte oral recueilli par Fillol et Mouchon (1977)
A gauche la subdivision en « parties ».
Les traits obliques indiquent les séparations

Morphologie du récit	
état initial	alors cet événement s'est passé y a quatre ou cinq ans dans une dans un petit village euh du côté de c'est qui se trouvait dans la Corrèze exactement euh un cheval qui appartenait à à une ferme à un monsieur euh était dans un enclos///
1er détonateur	et ce cheval a pris peur à cause d'un chien qui aboyait///
action : (le cheval puis la voiture est présentée)	euh alors euh ce cheval donc il il ayant pris peur euh passa par-dessus la balustrade et se mit à courir euh il courut pendant un assez long moment et il arriva sur une route euh surplombée par un talus ce cheval étant sur ce talus euh il saute sur la route et se met à galoper euh il galope pendant à peu près pendant une dizaine de minutes et une voiture une 4 L exactement euh arrivait à une vitesse qui n'était pas grande à cause de la petitesse de la route et de et des virages cette voiture donc arrive euh arrive dans un virage///
2e détonateur	euh n'ayant pas vu dans le le cheval///
action (la voiture puis voiture + cheval)	euh elle ne ralentit pas elle accélère après la sortie du virage et tout à coup le chauffeur se rend compte qu'il y a une énorme masse devant son pare-brise euh en un clin d'œil le cheval percute la voiture euh rentre dans la voiture pour ainsi dire
sanction	le chauffeur a été tué sur le coup et la voiture est restée au milieu de la route complètement écrasée euh on a retiré le cadavre du chauffeur qui était pour ainsi dire méconnaissable la jument qui devait être aussi qui était aussi méconnaissable découpée par les morceaux de de fer/// et///
état final	euh tout ceci s'est terminé euh dramatiquement euh le propriétaire du cheval ayant sûrement une forte somme à payer il est passé en jugement il a eu une fortose à payer pour le conducteur lui n'ayant euh aucune ressource et étant mort euh on n'a plus reparlé de lui mais enfin le propriétaire lui il a quand même payé et puis suffisamment.

TABLEAU VII

Tableau des convergences entre parties du récit et diverses marques de surface (d'après Fillol et Mouchon, 1977)

Morphologie du récit	Déterminants	Verbes : Temps	Pauses	Débit
État initial	démonstratif indéfinis définis	passé composé présent imparfait	était dans un enclos///	décélération de 42 % au moment des hésitations
Détonateur	indéfinis démonstratif	passé composé imparfait	séquence comprise entre 2 pauses longues/// ... ///	décélération de 20 % : 1er détonateur
1er actant Action 2e actant	démonstratif puis cheval (désigné par des pronoms) démonstratif puis voiture (désignée par des pronoms)	participe série de passés simples participe série de présents	le détonateur pour le 2e actant : /// n'ayant pas vu dans le le cheval///	décélération de 20 % : 2e détonateur
Sanction	série de définis	série de passés composés série d'imparfaits	les morceaux de fer/// et///	
État final	série de définis	série de passés composés	et///... fin du récit	décélération de 23 %

II — VERS UNE THÉORIE DE LA NARRATION

Comme nous venons de le voir, les travaux des linguistes rejoignent dans leurs conclusions ceux des analystes littéraires. Pour les uns comme pour les autres le récit renvoie à une organisation morphologique extrêmement simple et rigide en ce qui concerne la structure du narré : on retrouve toujours les mêmes parties constitutives et le même mode d'enchaînement.Ce niveau très général et abstrait, dont nous pensons qu'il relève de la représentation cognitive, constitue ce que Dijk (1972) dénomme la *macro-structure textuelle*.

Celle-ci se composerait de propositions — au sens logique du terme — comportant chacune un prédicat à n places et n arguments (cf. Anderson, 1975 ; Dubois-Charlier, 1975 ; Fillmore, 1975 ; Galmiche, 1975). A cette partie nucléaire s'en ajouterait une modale spécifiant les aspects globaux : prise en charge, quantification... La macro-structure apparaît comme le niveau le plus élevé de description du narré et elle permet de rendre compte tant du résumé le plus bref que de la paraphrase la plus détaillée. Ainsi, d'après Kintsch et Dijk (1975),

PASSE (MARIER (JEANNE, JEAN)

peut servir de base aussi bien à la phrase

Jeanne a épousé Jean

qu'à l'histoire complète (?) de leur mariage.

Mais, cette description sémantique « profonde » ne suffit pas. Elle ne concerne en effet qu'un niveau de représentation relativement abstrait qui concerne le thème relaté mais non encore la réalisation langagière. Celle-ci passe nécessairement par une mise en phrases concaténées et entretenant entre elles des relations.

Or, à chaque phrase peut également être assignée, d'une part, une forme de surface et, d'autre part, une structure profonde syntaxique (Chomsky, 1957) et/ou sémantique (Fillmore, ibid. ; Galmiche, ibid.). Cela signifie que la description s'effectue à l'aide des mêmes notions que celles utilisées pour aborder la macro-structure textuelle, ce qui présente un intérêt évident pour l'unicité de la théorie.

On a donc désormais une macro-structure textuelle abstraite décrivant l'événement référé à un niveau sémantique et une analyse phrastique. Il reste cependant, entre les deux, à intercaler une étape intermédiaire, celle rendant compte des relations interphrastiques : la *micro-structure textuelle*. Dès lors, l'articulation des divers niveaux est la suivante :

MACRO-STRUCTURE TEXTUELLE	MICRO-STRUCTURE TEXTUELLE Phrases et leurs relations	
	STRUCTURE PROFONDE PHRASTIQUE	STRUCTURE SUPERFICIELLE PHRASTIQUE

La description du niveau macro-structurel ne soulève pas de problème majeur. Il est même possible d'en fournir un modèle formalisé. Ainsi Dijk (1973) propose de définir la structure narrative comme « un ensemble E, dont les éléments sont appelés événements, et une opération binaire *Préc.*, appelée précéder, sur cet ensemble ». En combinant cette opération et son inverse « *Suivre* » avec, d'une part, des prédicats (procès, actions, états) et, d'autre part, des actants (agent, patient ...), on aboutit à une amorce de formalisation dont l'intérêt semble, pour l'heure, limité dans la mesure où elle aboutit, selon les propres termes de Dijk, à « reformuler (...) d'une manière systématique et explicite ce qu'on savait déjà ».

La description phrastique, bien que possible à partir de perspectives théoriques diverses, n'apparaît pas non plus très problématique. On peut en effet admettre, avec Bronckart (1983), que les « cas » isolés par la grammaire de Fillmore — agent, patient, objet, bénéficiaire, etc. — renvoient à une représentation cognitive qui se trouve ensuite « filtrée » par la sémantique propre aux diverses langues. Il s'agit d'entités qui correspondent sans doute à des catégories universelles. Il est donc légitime d'en fournir une description prélinguistique sous forme de prédicats et d'arguments. Dans cette perspective

FRAPPER (JEAN, PAUL)

pourra donner lieu à des réalisations superficielles très diverses ; par exemple

Jean a frappé Paul
Paul a été frappé par Jean
C'est Jean qui a frappé Paul
Celui qui a été frappé par Jean, c'est Paul
Jean l'a frappé
etc.

La question est évidemment de savoir si le même événement se trouve rapporté de la même manière —i.e. avec la même forme superficielle — selon qu'il se situe dans une narration ou qu'il se voit élaboré comme énoncé isolé.

Un certain nombre de données sur lesquelles nous reviendrons (cf. chapitre VIII) tendent à montrer que non. Il faut donc en conclure que, à structure profonde constante, la forme superficielle n'est pas indépendante de la macro-structure textuelle. Or, ce domaine apparaît relativement peu exploré. En revanche, Dijk a bien vu que l'étude de la micro-structure textuelle devait prendre en considération des phénomènes de surface bien connus des linguistiques.

Citons-en brièvement quelques-uns. L'emploi des articles définis ou indéfinis obéit, au niveau textuel, à des règles précises qui contribuent à assurer la cohésion du produit (à distinguer de la cohérence profonde qui concerne le niveau sémantique ou celui de la représentation cognitive). Schématiquement, on peut dire que toute entité nouvellement introduite l'est par le biais d'un indéfini (« *un* homme entra... »). Ultérieurement, l'auteur s'y réfère — sauf exceptions qu'il serait ici trop long de discuter — soit par le biais de déterminants définis « cet/l'/homme portait un chapeau noir... ») soit par des pronoms (« il commanda/celui-ci...). Ce phénomène, attesté depuis longtemps par les linguistes, a fait l'objet de récentes recherches de la part des psychologues, dont nous verrons qu'elles confirment le mode de fonctionnement de ces marques.

Mais les relations interphrastiques ne s'arrêtent pas là. En effet, on ne peut se limiter, au niveau textuel, aux seules relations entre deux phrases successives ou aux moyens mis en œuvre pour assurer la cohésion. Il existe aussi des articulations entre groupes de propositions, les épisodes par exemple ou des parties de ceux-ci. Dans un récit, l'organisation des marques de surface dépend non seulement du déjà dit (cf. le cas des déterminants et des pronoms) mais aussi de ce qui va être dit ultérieurement. C'est ainsi que les temps verbaux, certains connecteurs et la ponctuation (Fayol, 1981) contribuent à délimiter les grandes divisions du texte (oral ou écrit). Leur fonctionnement est encore mal connu mais des travaux récents s'attachent à étudier leurs rôles.

On voit donc que si les niveaux de la macro-structure textuelle et de la structure superficielle phrastique ne posent pas, en l'état actuel de nos connaissances, de trop épineux problèmes, les questions apparaissent lorsqu'on tente de les articuler théoriquement. En effet, s'accorder quant au statut des entités de la représentation cognitive mise en jeu ne suffit pas (agent, patient, objet...). Admettre que les parties successives s'organisent selon des relations d'ordre et/ou de causalité ne permet pas non plus de faire face à toutes les questions.

Tout récit a — normalement — une certaine unité. Celle-ci renvoie à une cohérence propre au narré qui se manifeste par des marques traduisant la cohésion intra-textuelle au niveau de la narration. Mais cela ne suffit pas. Il faut aussi un indispensable apport d'informations nouvelles (Slatka, 1975) en l'absence desquelles la production ne présenterait pas d'intérêt pour l'auditeur-lecteur. Cette dynamique exige à la fois le maintien de l'unité thématique et une progression. Cette dernière existe bien évidemment au niveau des événements référés eux-mêmes mais elle apparaît aussi dans la surface textuelle par le biais du recours à certains marqueurs (soudain, par exemple).

Or, les théories actuellement disponibles ont quelque peine à passer de l'abord macrostructurel à celui micro-textuel. Quant au premier, l'accord est large entre les divers courants danalyse. Il en va de même en ce qui concerne le second. Ce qui pose problème, c'est le passage ce celui-là à celui-ci.

III — CONCLUSION

Pour les analystes littéraires comme pour les linguistes, tout récit implique l'élaboration d'une organisation relativement stéréotypée et abstraite dont on peut sans doute considérer qu'elle renvoie — même si on la qualifie de sémantique (différences dans l'acception du terme sémantique) — à une représentation cognitive des événements et de leurs relations. Elle aurait en conséquence un caractère universel dans sa forme mais non dans ses contenus. Toutefois, cette macro-structure — si l'on accepte la dénomination de Dijk — n'est pas aussi simple qu'il y paraît. En effet, elle permettrait, selon les auteurs, de générer soit un énoncé unique (une annonce de nouvelle) soit une narration détaillée comportant cadre (ou exposition), complication, évaluation, résolution, soit un résumé plus ou moins long.

On peut donc concevoir non pas un mais au moins deux niveaux : l'un, la « macrostructure », correspondrait à l'événement « focus » sélectionné par l'auteur et permettrait sa formulation en une phrase ; le second, la « superstructure », mettrait en jeu une « dilatation » des faits en parties du type de celles décrites par Labov et Waletzky.

Pour prendre un exemple simple, on aurait

MACROSTRUCTURE : (événement focus)	FRAPPER (Agent : JEAN, Patient : PAUL)			
SUPERSTRUCTURE :	CADRE	COMPLICATION	RÉSOLUTION	FIN
(organisation narrative de base)	DANS LA COUR (JEAN, PAUL)	BOUSCULER (PAUL, JEAN)	FRAPPER (JEAN, PAUL)	AVOIR MAL (PAUL)

ceci, ne préjugeant en rien de la mise en texte qui peut prendre différents aspects, par exemple

— Jean et Paul étaient dans la cour. Paul a bousculé Jean qui l'a frappé. Paul avait mal.

— Paul avait mal. Alors qu'il était dans la cour avec Jean, celui-ci l'a frappé parce qu'il l'avait bousculé.

... etc.... qui constituent des paraphrases différentes d'une même représentation abstraite.

Mais produire un récit — ou le comprendre — c'est aussi assurer un équilibre entre des exigences complémentaires et peut-être même, parfois, contradictoires. Ainsi faut-il maintenir la cohésion entre des propositions successives dont l'accumulation risque de faire perdre son unité au narré et, dans le même temps, introduire une progression dans les informations pour susciter et maintenir l'intérêt. Cela ne peut simplement (?) se faire en recourant aux items lexicaux. Interviennent aussi divers types de marques de surface — articles, pronoms, connecteurs, formes verbales, etc. — autorisant la continuité thématique, la focalisation...

Dès lors qu'on aborde ces questions, les problèmes n'ont plus trait au narré et à son organisation mais à la *narration*, c'est-à-dire aux opérations mentales et moyens mis en œuvre par le locuteur pour mettre en mots son discours, pour parvenir à un compromis acceptable entre les exigences diverses d'une tâche complexe. Et celle-ci se complique encore si l'on considère en plus les contraintes pragmatiques : évaluation du l'interlocuteur, introduction d'informations pertinentes non encore formulées, évaluation du narré lui-même...

Des opérations effectuées par le sujet dans la « gestion » de ce discours complexe qu'est le récit nous ne percevons que les « traces » (Culioli, 1976) dans le produit fini : le récit. Détecter ces « traces » — articles, pronoms, etc. — et leur donner un sens exige un important travail de théorisation et de travail empirique. Amorcé depuis quelques années, sous l'impulsion de Benveniste (1959, 1965, 1970), il se poursuit activement. Mais il faudra sans doute plusieurs années pour qu'un problème comme celui posé par le passage de la macrostructure textuelle à la microstructure phrastique reçoive une solution satisfaisante.

NOTES DU CHAPITRE II

(1) Certains s'étonneront peut-être de voir exposés les travaux de Labov dans un chapitre consacré à l'approche linguistique. Cela ne signifie nullement que nous assimilons Labov à un linguiste. Simplement, la *méthode d'analyse* qu'il met en œuvre, inspirée de la méthode distributionnelle, est indubitablement linguistique.

(2) On trouvera une discussion approfondie de la question des « parties » du récit dans l'ouvrage d'Adam (1981, p. 308 et suivantes).

CHAPITRE III

L'APPROCHE EMPIRIQUE EN PSYCHOLOGIE

C'est en 1932 que Bartlett publie « Remembering », un ouvrage dans lequel il critique les méthodes utilisées par ses contemporains pour étudier la mémoire. Il estime en particulier que les listes de syllabes dépourvues de sens auxquelles recourt Ebbinghaus pour ses expériences provoquent chez les sujets un foisonnement d'associations bien plus variables d'un individu à l'autre que celles induites par les mots du langage (p. 3). Il se propose donc de mener des investigations concernant les conditions et fonctions de la rémémoration à partir de matériaux « naturels » : dessins, images et... récits.

Certes, un expérimentaliste peut, à juste raison, contester les procédures utilisées par Bartlett. Celui-ci ne contrôle pas très soigneusement les conditions de recueils des données. Mais l'intérêt de son travail — largement méconnu pendant quarante ans — réside dans l'introduction d'un nouveau « paradigme scientifique » : l'étude de la notion de *schéma* ; une notion qui allait faire fortune au cours des années soixante-dix.

I — LES TRAVAUX DE BARTLETT

Bartlett s'intéresse beaucoup plus aux aspects psycho-sociaux de la mémoire qu'aux problèmes actuellement considérés comme relevant de la psychologie cognitive. Cela explique en partie les méthodes qu'il utilise et qui ont été employées ultérieurement pour l'étude expérimentale des rumeurs.

Il recourt essentiellement à deux procédures. Dans la première, il fournit à un sujet isolé un récit — « la guerre des fantômes » — et lui demande de le lire deux fois. Cela fait, il sollicite un rappel après un délai de quinze minutes et d'autres à des intervalles de temps plus ou moins variables et espacés selon les individus (huit jours, trois mois...). Il pense ainsi pouvoir découvrir les modifications systématiquement apportées à un matériau dont la remémoration s'effectue parfois bien longtemps après exposition au stimulus.

La seconde procédure met également en jeu des rappels répétés mais avec transmission du récit d'un individu à un autre. Le but est évidemment l'étude des transformations apportées systématiquement à un texte originel lors de communications successives. Les résultats obtenus nous intéressent ici moins que les données recueillies avec la première méthode. Aussi nous en tiendrons-nous à l'exposé succinct des tendances que Bartlett estimait avoir décelées grâce à elle.

L'histoire présentée comporte des caractéristiques assez particulières ayant déterminé son choix par Bartlett. Tout d'abord, elle relate des événements se déroulant dans un environnement culturel et social très différent de celui des sujets soumis aux épreuves de rappel ; ceci, selon Bartlett, afin d'étudier comment une histoire se transmet d'un groupe social à un autre. Ensuite, les divers incidents décrits n'entretiennent pas, entre eux, de relations très étroites ; cette absence de connexions fortes pouvant donner lieu à des phénomènes de réorganisation. Par ailleurs, le caractère dramatique de certains faits les rend susceptibles d'évoquer chez les sujets des images très vives. Enfin, le récit s'achève par un élément surnaturel — « quelque chose de noir s'échappe de la bouche du « héros » » — donc l'interprétation intéresse Bartlett.

Nous présentons ci-après l'histoire — traduite de l'anglais — utilisée par Bartlett ainsi que le rappel fourni par l'un des sujets après un délai de quatre mois (Tableaux VIII et IX). On constate que le récit original a subi d'importantes transformations. Ainsi est-il beaucoup plus bref. Le sujet déclare n'avoir aucune idée du titre pourtant à forte valeur évocatrice. Des parties entières se voient non rapportées. Bien entendu, il ne s'agit là que d'un exemple parmi d'autres.

TABLEAU VIII

La guerre des fantômes, texte initial
(traduit d'après Bartlett, p. 65)

Une nuit, deux jeunes hommes d'Egulac descendirent à la rivière pour chasser le phoque et lorsqu'ils furent en train, tout devint brumeux et tranquille. Puis, ils entendirent des cris de guerre, et ils pensèrent « C'est peut-être une bataille ». Ils s'enfuirent de sur le rivage et se cachèrent derrière une souche. Alors des canoës arrivèrent ils entendirent le bruit des pagaies et virent un canoé venir vers eux. Il y avait cinq hommes à l'intérieur et ils dirent :

« Que croyez-vous ? Nous voudrions vous emmener. Nous remontons la rivière pour aller faire la guerre aux gens ».

Un des jeunes hommes dit « je n'ai pas de flèches ».

Il y en a dans le canoé », dirent-ils.

« Je n'irai pas, je pourrais être tué. Ma famille ne sait pas où je suis allé. Mais toi — dit-il en se tournant vers l'autre — tu peux aller avec eux ».

Ainsi l'un des deux partit tandis que l'autre rentrait chez lui.

Et les guerriers remontèrent la rivière jusqu'à une ville de l'autre côté de Kalama. Les gens descendirent à la rivière, et ils commencèrent à se battre ; beaucoup furent tués. Mais, à un moment, le jeune homme entendit un des guerriers dire « Vite, rentrons : cet Indien a été touché ». Alors il pensa « Oh ! ce sont des fantômes ». Il ne se sentait pas mal mais les autres disaient qu'il avait été atteint.

Alors les canoés repartirent pour Egulac, le jeune homme regagna sa maison par le rivage et fit un feu. Et il racontait à tout le monde, disant : « Voyez ! J'ai accompagné les fantômes et nous sommes allés nous battre. Beaucoup de nos compagnons ont été tués, et beaucoup de ceux qui nous attaquaient ont été tués. Ils ont dit que j'étais touché et je ne me suis pas senti mal ».

Il raconta tout puis il devint calme. Au lever du soleil, il tomba. Quelque chose de noir s'échappa de sa bouche. Son visage se crispa. Les gens se redressèrent en criant.

Il était mort.

TABLEAU IX

Rappel après quatre mois
(traduit d'après Bartlett, p. 70)

« Je n'ai aucune idée du titre

Il y avait deux hommes dans un bateau, pêchant vers une île. Quand ils s'approchèrent de l'île, des indigènes vinrent vers eux en courant, ils les informèrent qu'une bataille se déroulait sur l'île et ils les invitèrent à se joindre à eux. L'un dit à l'autre « Tu peux mieux y aller. Moi je ne peux pas parce que ma famille m'attend et elle ne sait pas ce qui m'est arrivé. Mais, toi, personne ne t'attend ». Ainsi, l'un accompagna les indigènes tandis que l'autre rentrait.

Là, il y a une partie dont je ne me souviens pas. Ce que je ne sais pas, c'est comment l'homme est allé à la bataille. De toute manière, n'importe comment, l'homme était au milieu de la bataille et fut blessé. Les indigènes tentèrent de persuader l'homme de rentrer mais il assura qu'il n'avait pas été blessé.

J'ai dans l'idée que son combat lui valut l'admiration des indigènes.

L'homme blessé finit par sombrer dans l'inconscience. Il fut évacué de la bataille par les indigènes.

Puis, je pense que c'est comme ça, les indigènes décrivent ce qui est arrivé et ils semblent s'être imaginé avoir vu un fantôme sortir de sa bouche. Vraiment, c'était une sorte de matérialisation de son souffle. Je sais que cette phrase n'était pas dans l'histoire, mais c'est l'idée que j'ai. Enfin l'homme mourut à l'aube du jour suivant ».

Bartlett s'est efforcé, à partir de l'analyse du corpus recueilli, de découvrir les grandes catégories de modifications apportées par les sujets au texte de départ. Selon lui, on observerait les phénomènes suivants, valables pour les huit histoires utilisées :

a) La forme littérale se trouve profondément affectée lors des rappels et n'est pratiquement jamais redonnée. Bien que les sujets y réagissent lors de l'audition ou de la lecture, le style de la narration n'est pas conservé en reproduction. Il en va en général de même des noms propres et des « détails » (mais comment les définir ?)

b) En revanche, la trame générale se perpétue et même tend à se stéréotyper très fortement lors des reproductions successives fréquentes. Lorsque celles-ci le sont moins et que le délai s'accroît, on relève des simplifications, des suppressions.

c) La reconstruction de la forme littérale, l'élimination des « détails » et l'organisation du matériau autour d'une trame générale aboutissent à des élaborations. Celles-ci se manifestent plus particulièrement par deux grands types de phénomènes.

c-1) L'assimilation active, par le sujet, des informations fournies à ses propres « connaissances ». Lors de l'audition ou de la lecture, et ultérieurement, l'individu essaie de mettre en relation les éléments du stimulus avec ses attentes. Ainsi, à partir de certains faits saillants du texte, il procède à une réorganisation en introduisant des liens non présents dans le récit originel.

c-2) La rationalisation qui vise à rendre le matériau acceptable, compréhensible et bien structuré en gommant les détails et les données difficiles à intégrer. Il en résulte une cohérence croissante des rappels : la trame se trouve dépouillée de tous les éléments non directement reliés à elle et elle fait de plus l'objet d'une réorganisation tendant à renforcer les liaisons logiques et/ou causales (1).

Deux exemples illustrent ces tendances générales.

Pour un certain nombre de sujets, il semble y avoir une contradiction entre l'atmosphère introduite au début du récit — une nuit calme et brumeuse — et le caractère violent des événements relatés : bataille, mort du « héros », ... En résultent des modifications importantes dans les rappels : soit le « cadre » se trouve complètement éliminé soit il se voit mis en accord relatif avec les faits. Dans ce dernier cas, les sujets le décrivent comme « moite », « avec bruine » voire « froid » et « avec un épais brouillard ». On a donc là un « gommage » de détails suivi, chez certains, d'une introduction d'informations nouvelles (intrusions) compatibles avec l'ambiance générale. De là l'accroissement de la cohérence.

Le second exemple a trait aux relations entre parties du récit. Comme le souligne Bartlett, celles-ci se révèlent plutôt lâches dans la mesure où aucune marque de surface ne les précise. Or, les sujets tendent à combler ces manques en introduisant, tout à fait inconsciemment, des connexions ou des justifications des comportements. Ainsi :

— « l'un (des deux jeunes hommes) dit qu'il n'irait pas *puisque* sa famille ne savait pas où il était »

— « (...) quand il rentra chez lui le jeune homme alluma un feu *probablement pour préparer son petit-déjeuner* ».

Là encore, on assiste à des ajouts d'éléments augmentant la cohérence interne des faits et/ou mettant ceux-ci en accord avec « la connaissance du monde » des sujets.

L'ensemble de ces phénomènes peut s'interpréter en considérant que, dès le début du traitement des récits, les sujets procèdent à partir d'une organisation très générale qui domine d'emblée le texte et persiste au cours des remémorations successives : le « schéma ». Certes, Bartlett n'aime guère ce terme (« I strongly dislike the term schema », ibid., p. 200-201) à qui il reproche son caractère vague et sommaire (« sketchy »). Pourtant, il se résigne à l'utiliser en le définissant comme « une organisation active de réactions passées, ou d'expériences passées, qui doivent toujours être supposées intervenir dans une quelconque réponse organique bien adaptée » (ibid., p. 201). Dans tout comportement régulier, une réponse particulière n'est possible que dans la mesure où elle se trouve reliée à celles similaires, constituant ainsi une totalité.

Cette notion de « schéma » recouvre en fait deux grandes catégories de faits malheureusement assez difficiles à dissocier. D'une part, ce qui relève d'une organisation générale inhérente au récit et commune à tous les individus (au « sujet épistémique » si l'on adopte une terminologie piagétienne). D'autre part, ce qui a trait à l'expérience passée d'une personne particulière et qui détermine la sélection de certains éléments saillants et les intrusions thématiques idiosyncrasiques.

Or, ces deux aspects n'ont pas fait l'objet du même nombre d'investigations. Comme nous le verrons dans les chapitres suivants, c'est surtout le premier qui a retenu l'attention des chercheurs. Mais, avant de traiter en détail ce point, il convient de se demander ce que sont devenues les autres dimensions décrites par Bartlett. En effet, celui-ci — nous l'avons souligné — utilise des méthodes qui, pour faire appel à des expériences, ne contrôlent pas strictement certaines variables. Aussi la plupart des idées émises n'ont-elles que le statut d'hypothèses ingénieuses. D'où leur reprise récente dans un souci de validation expérimentale plus strict.

II — LES INTRUSIONS THÉMATIQUES ET L'IMAGERIE

Rappelons que, selon Bartlett, un récit donné se trouve activement assimilé au « schéma » constitué par l'expérience passée d'un sujet. Dès lors, les informations fournies par le texte subiraient un « filtrage » à l'entrée puis feraient l'objet d'une réorganisation globale en fonction des connaissances déjà disponibles et d'une recherche de cohérence. On aurait un processus du type de celui représenté à la figure 2.

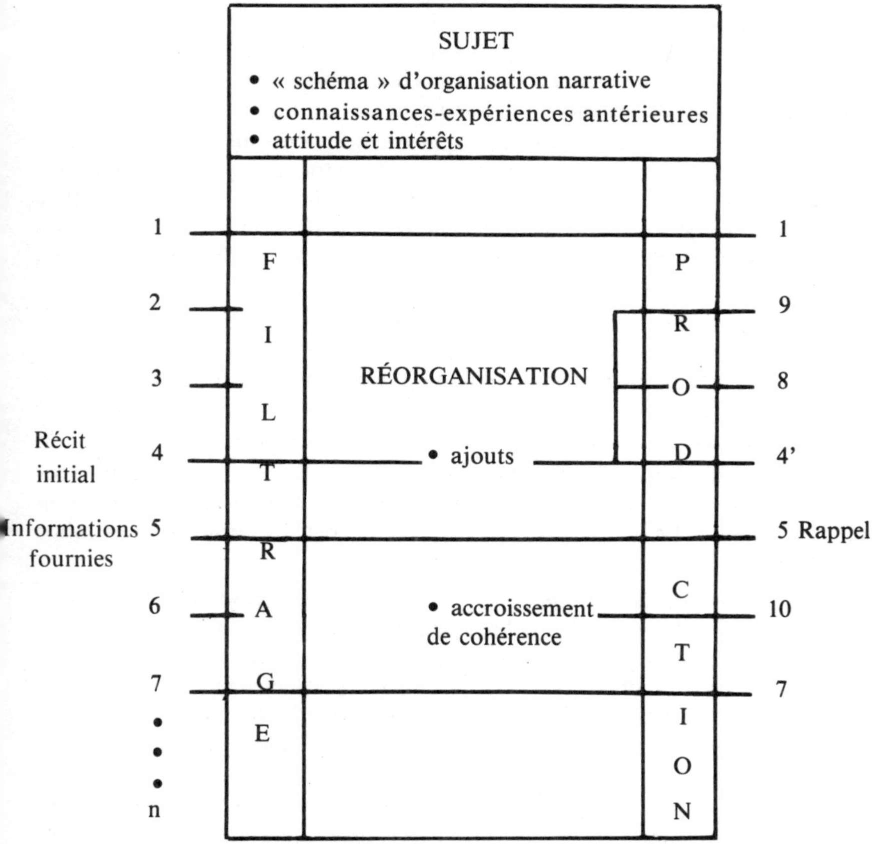

Admettons qu'on puisse représenter un récit par une suite d'informations notées de 1 à n. Lors de la réception, le sujet effectue un premier filtrage de celles-ci : 2, 3 et 6 ne sont d'emblée pas retenues. N'« entrent » donc que 1, 4, 5 et 7. Certaines — ici 4 — reçoivent des ajouts en fonction de la connaissance antérieure et toutes font l'objet d'une réorganisation. On trouve donc, en production, lors du rappel, des informations conformes à l'original (1, 5 et 7), d'autres complètement nouvelles (8, 9 et 10), d'autres enfin modifiées (4'). Évidemment ce schéma ne rend pas compte de l'organisation (réordonnancement des données, liaisons causales...) (2)

Figure 2

Si ce modèle a une « validité psychologique » (3), on devrait observer de manière systématique des confusions entre les informations effectivement fournies et celles relevant des connaissances antérieures du sujet, celui-ci se trouvant dans l'impossibilité de distinguer entre les deux. En résulteraient ce qu'on appelle des « fausses reconnaissances ».

C'est ce qu'ont voulu vérifier Sulin et Dooling (1974). Ils considèrent que, si le rappel nécessite une reconstruction, alors les intrusions thématiques verront croître leur probabilité d'occurrence avec l'augmentation du délai audition-remémoration et en fonction de la familiarité du sujet avec le thème. Ils construisent donc deux paragraphes (A et B) en tout point semblables à cela près que le nom du personnage principal change. En A, il s'agit d'un « héros » inconnu et en B de Hitler pour lequel les étudiants disposent d'informations préalablement à l'expérience.

Les sujets se partagent en deux groupes : après lecture, le premier subit immédiatement une épreuve de reconnaissance auquel le second ne répondra qu'une semaine plus tard. La tâche consiste à attribuer à huit phrases une note de 1 à 5 selon le degré estimé d'identité avec l'original. Les expérimentateurs introduisent dans cet ensemble un énoncé non présent dans les textes de départ mais ayant une très forte relation avec le thème : « Il haïssait les juifs et les persécutait ».

Conformément aux hypothèses, les auteurs trouvent que la connaissance préalable du thème affecte considérablement les jugements portés par les sujets. Les fausses reconnaissances s'avèrent particulièrement nombreuses pour le passage concernant Hitler — personnage bien connu — et cela d'autant plus qu'une durée plus longue s'écoule entre la présentation du texte et l'épreuve mettant en jeu la recognition.

Plus récemment (Landis, 1982) le même phénomène a été mis en évidence chez des enfants de sept et dix ans avec, évidemment, un personnage adapté à leurs connaissances opposé à un autre fictif. Là encore ce que savent préalablement les sujets influe nettement sur la fréquence des fausses reconnaissances.

Les deux expériences ci-dessus rapportées, ainsi que d'autres (Dooling et Christiaansen, 1977 ; Kintsch, Kominsky, Streby, Mc Koon et Keenan, 1975), montrent donc que la remémoration fait intervenir des reconstructions. Celles-ci s'effectuent par réorganisation d'éléments propres au récit initial et de données préalablement disponibles. En somme, le modèle présenté figure 2 semble parfaitement rendre compte des faits. Nous verrons, en conclusion de ce chapitre, que les choses sont moins simples.

Il reste évidemment à savoir comment sont sélectionnées les informations d'entrée. Selon Bartlett, le « schéma » interviendrait déjà à ce niveau sans qu'il précise de quelle manière. Il remarque simplement que les différents énoncés constitutifs du récit ont une « saillance » variable. Ce constat peut recevoir deux grandes catégories d'interprétation : certains éléments ressortent particulièrement pour tous les sujets ou bien seulement pour quelques-uns. Comme pour l'étude de l'organisation, c'est le premier point de vue qui a jusqu'alors donné lieu à des recherches.

Le facteur le plus fréquemment invoqué pour rendre compte de la saillance différentielle des informations est le degré d'imagerie spontanément associé par les sujets à certains énoncés (Denis, 1979).

Villiers (1974) a vérifié l'impact de cette variable sur le rappel de texte. Après avoir fait coter les diverses propositions d'un récit en fonction de leur capacité à induire des images, il demande à un autre groupe de sujets de se remémorer ce récit. Il note une forte corrélation entre le degré d'imagerie et la fréquence des rappels, confirmant ainsi au moins en partie l'une des thèses de Bartlett.

Mais, le degré d'imagerie associé aux énoncés ne suffit pas à rendre compte du rappel différentiel des propositions. Intervient aussi leur caractère thématique, c'est-à-dire leur plus ou moins étroite relation avec ce qu'on peut considérer comme le thème d'un récit : la macrostructure (cf. chapitre précédent). Cela signifie que les divers éléments d'une histoire donnée ne se situent pas tous sur le même plan. Au contraire, une certaine hiérarchie se dégage. Mais comment la mettre en évidence ?

III — LA HIÉRARCHIE DES PROPOSITIONS NARRATIVES

Lorsqu'on compare les rappels fournis par un certain nombre de sujets adultes avec le texte qui leur a été proposé, on observe que quelques propositions se trouvent systématiquement redonnées par tous et que quelques autres donnent lieu à un « oubli » général, celles qui restent se situant en position intermédiaire. Pour rendre compte de ce fait, divers chercheurs ont émis l'hypothèse selon laquelle les éléments d'un récit seraient d'autant mieux retenus qu'ils occupent une position dominante par rapport au thème.

Malheureusement, personne ne sait autrement qu'intuitivement déterminer le thème d'un passage. Tout au plus peut-on constater que les gens s'accordent, face à des récits simples, quant à leurs intuitions relatives à celui-ci. Il faut donc renoncer à une procédure déductive pour découvrir ce dernier et recourir à des méthodes empiriques et inductives.

Ainsi, Johnson (1970) établit une méthode — qualifiée d'objective — pour segmenter les récits en éléments et pour hiérarchiser ceux-ci. Reprenant « la guerre des fantômes », Johnson demande, dans un premier temps, à des juges (étudiants) de diviser le texte de départ en unités en fonction des pauses qu'ils estiment permettre de reprendre souffle, d'accentuer certains éléments et de faciliter la compréhension.

Il obtient ainsi une segmentation du récit en soixante-six unités. Les frontières se situent dans trente cas entre phrases et dans trente-cinq dans les phrases. Les divisions obtenues paraissent très fiables puisque la corrélation avec celles recueillies auprès d'un second groupe de cinquante juges atteint .93.

Au cours d'une seconde phase, il fournit à trois groupes de sujets le récit scindé en unités et leur demande respectivement d'éliminer les trois quarts, la moitié et un quart de celles-ci. Il obtient ainsi un ensemble d'éléments narratifs hiérarchisés en niveaux de onze unités chacun.

La troisième phase consiste à soumettre quatre groupes différents de sujets à une épreuve de rappel après lecture. Le délai entre les deux varie : quinze minutes, sept, vingt-et-un et soixante-trois jours. Il suffit alors de comparer les éléments redonnés à leur position hiérarchique précédemment obtenue. Les résultats apparaissent à la figure 3.

Les données recueillies avec « la guerre des fantômes » mais aussi avec d'autres récits montrent que, quels que soient les délais entre lecture et épreuve de remémoration, la fréquence de rappel des unités corrèle toujours fortement avec leur niveau d'importance

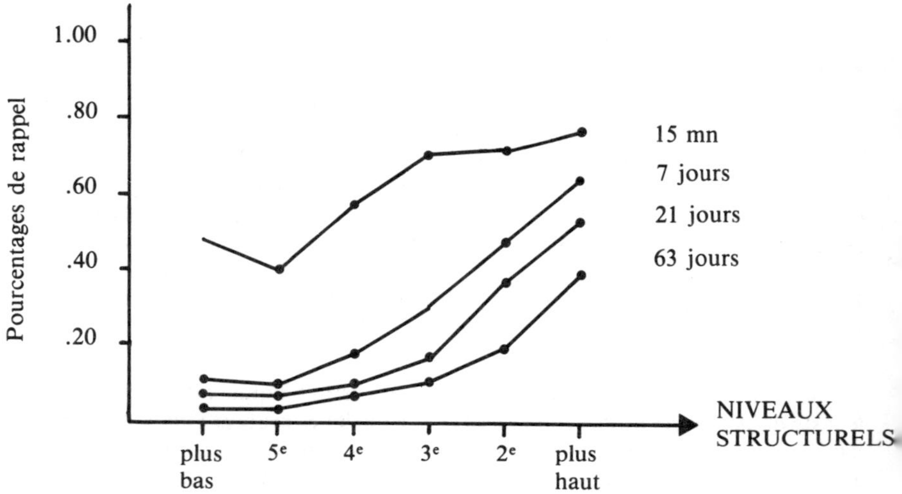

Figure 3

Pourcentages de rappel des « unités linguistiques » en fonction de leur importance structurale et du délai (d'après Johnson, 1970)

évalué par les juges. De là la grande similitude des patrons obtenus après quinze minutes, sept jours, etc. (absence d'interaction entre délai et niveau structural).

Meyer (1977 a et b) a retrouvé les mêmes phénomènes en distinguant seulement trois niveaux d'information (haut, moyen, bas). Il a toutefois noté que les éléments haut placés dans la hiérarchie ne donnaient pas tous lieu à un fréquent rappel. Inversement, des unités apparemment de détail (nombres, noms propres...) se trouvaient bien plus souvent redonnées que ne l'aurait laissé supposer leur position structurale. Enfin, les relations entre parties de haut niveau jouent un rôle important dans la remémoration : celles de type causal se révèlent beaucoup plus efficaces que d'autres (juxtaposition, coordination).

Il semble donc parfaitement clair, comme le souligne Meyer, que, lorsque des individus lisent ou écoutent le même passage en prose, quelques-unes des idées qui y sont exprimées se trouvent rappelées par presque tous alors que les autres ne se voient redonnées que par très peu de sujets. Le rappel apparaît donc très différent de celui qu'on obtiendrait si les phrases n'entretenaient aucune relation entre elles. En particulier, les phénomènes liés à la primauté et à la récence des informations interviennent beaucoup moins que dans le classique rappel sériel (cf. Lieury, 1981, p. 40 à 47 et p. 93-94). La position hiérarchique des éléments, empiriquement déterminée, paraît le facteur essentiel conditionnant le rappel. Toutefois, cela s'avère surtout pour les informations de haut niveau. Pour les autres, le « contenu » spécifique des unités apparaît fondamental bien que plus difficile à cerner.

On peut donc conclure que les trames narratives s'organisent de manière hiérarchique de telle sorte que certains de leurs éléments paraissent porteurs des informations essentielles du passage considéré. Deux problèmes surgissent alors.

Premier problème, la structure hiérarchique supposée inhérente au récit lui-même peut-elle être déterminée autrement qu'à l'aide du recours à des juges ? Cette question est tout à fait fondamentale, surtout depuis que Waters (1983) a montré, sur des textes descriptifs il est vrai, que le choix des éléments superordonnés (vs subordonnés) par les sujets adultes dépendait très fortement de la consigne fournie par l'expérimentateur (souligner ce qui est important par rapport au thème vs souligner ce qui permet de distinguer le passage concerné d'autres traitant du même thème). Il faudrait donc disposer d'un « modèle » du récit qui autorise des segmentations et une hiérarchisation moins intuitives.

Second problème, plus spécifiquement du ressort des psychologues, il convient de se demander comment procèdent les sujets pour affecter des poids différents — qui se manifestent dans la hiérarchie des jugements et des rappels — aux informations contenues dans le texte. Cette question diffère sensiblement de la précédente qui a trait, elle, à la structure propre au récit mais non nécessairement à celle imposée par le lecteur-auditeur lors de la compréhension. Il peut, bien entendu, y avoir congruence entre les deux mais il n'en va pas toujours ainsi comme nous le verrons.

IV — CONCLUSION

L'abord empirique des récits par les psychologues date des travaux de Bartlett. Ceux-ci relèvent plus de l'étude de cas que de l'expérimentation avec contrôle strict des variables. Néanmoins, la plupart des idées émises à partir des résultats obtenus ont fait l'objet de vérifications qui tendent à confirmer le bien-fondé des conclusions de Bartlett.

Il semble bien que les informations disponibles dans un récit fassent d'emblée l'objet d'une *sélection*, d'un filtrage, en fonction de la connaissance préalable du sujet. Il faut entendre par là son savoir factuel (Hitler est bien connu par exemple) mais aussi sans doute son expérience antérieure des trames narratives qui lui permet d'introduire une certaine hiérarchie entre les énoncés.

Une fois cette sélection opérée, les informations se trouvent à nouveau réduites par un processus d'*abstraction*. Celui-ci aboutit à la préservation de la signification générale — la macrostructure — et à l'élimination graduelle, d'autant plus accusée que le délai lecture/audition-rappel augmente, de la forme superficielle (syntaxe, items lexicaux). Jarvella (1971) a montré que ce phénomène se manifestait déjà lors de la lecture-audition : lorsqu'on interrompt l'une ou l'autre, le sujet ne peut fournir de rappel littéral que pour la dernière phrase ou proposition lue ou entendue ; celles précédentes font l'objet d'une reformulation ne conservant que la signification. L'abstraction, croissante avec le temps, explique élégamment le parallélisme des courbes de rappels à délais variables (cf. figure 3).

Les informations sélectionnées et abstraites subissent également une *réorganisation*. Celle-ci se manifeste de deux manières. D'une part, les sujets tendent, en rappel, à combler les « manques » (ajouts de connexions ; inférences diverses ; Clark, 1977 ; Warren, Nicholas et Trabasso, 1980 ; Paris, 1975) en fonction des intentions perçues et des tendances générales (concrétiser, simplifier...). Ils vont au-delà de ce qui leur est donné littéralement, introduisant parfois des éléments déjà connus d'eux mais non présents dans le texte ; de là les intrusions thématiques et les confusions. D'autre part, on observe une nette tendance à la totalisation, à l'intégration des diverses informations dans un ensemble cohérent.

Ainsi, le rappel des récits, comme celui des données textuelles en général, paraît bien lié à l'existence chez les sujets d'une organisation préexistante, de connaissances antérieures et d'attitudes par rapport au narré lui-même (ce domaine est relativement mal connu). Il n'est pas non plus à l'abri d'interférences avec des éléments non inclus dans la version originale mais pouvant lui être associés (Loftus, 1975) (4).

La notion de « schéma », comme organisation totalisante, paraît donc, malgré le caractère vague de sa définition et le champ très large qu'elle couvre, avoir indubitablement une grande pertinence pour rendre compte des phénomènes liés au rappel des récits. En fait, il faudrait nuancer quelque peu cette affirmation. Mais pour l'heure, il semble plus fructueux de s'en tenir là et de soulever deux questions :

— Quel est le statut du « schéma » ?

— Peut-on en fournir un modèle moins dépendant de chaque récit particulier (c'est-à-dire non ad hoc) ?

Nous commencerons par développer les réponses de cette seconde question avant d'aborder la première.

NOTES DU CHAPITRE III

(1) Beaugrande et Miller (1980) retrouvent un phénomène du même type. Ils en concluent que « People seem to have as top-level goals the maintenance of connectivity and coherence in a story world, and will add to or modify the presented material consistently where these criteria require it ». Toutefois, les faits correspondants restent relativement mal étudiés, cela en raison des difficultés que l'on rencontre à établir des critères fiables et reconductibles de cotation.

(2) On sait aujourd'hui, grâce en partie aux travaux de Yekovich et Thorndyke (1981), que le modèle procédural » présenté à la figure 2 ne reflète pas les phénomènes qui se déroulent effectivement. En particulier, il ne semble pas y avoir de filtrage des informations lors de l'encodage initial (cf. chapitre IX, première partie, pour un exposé plus complet).

(3) Mandler et Goodman (1982) ont, avec quelques raison, proposé de préférer l'expression « validité psychologique » — qui « refers to the extent to which story constituents influence processing, *regardless of the ability to bring such knowledge to awareness* » (souligné par nous, N.D.A.) — à celle « réalité psychologique » — qui, elle, renvoie plus ou moins explicitement à une certaine « prise de conscience ».

(4) L'impact de la connaissance antérieure et de son organisation sur la mémorisation de données empiriques constitue un phénomène bien avéré et qui dépasse très largement le domaine du récit. Par exemple, Groot (1965) montre que la mémorisation de configurations d'un échiquier varie selon que les sujets sont naïfs ou expérimentés (aux échecs) et selon que les pièces sont agencées ou non de manière significative. La disponibilité (non nécessairement consciente) de la structure influe également dans le cas de types discursifs autres que le récit ; la description par exemple (Taylor et Samuels, 1983).

CHAPITRE IV

LE « SCHÉMA » NARRATIF

Les analyses littéraires et linguistiques (chapitre I et II) s'accordent pour reconnaître et mettre en évidence une organisation relativement générale et stéréotypée sous-jacente à tous les récits. Celle-ci concerne le produit lui-même, c'est-à-dire la structure interne du texte, et non nécessairement le traitement effectué par le sujet psychologique. Or, nous venons de voir (chapitre III) que les travaux de Bartlett et ceux qui ont été menés dans la même perspective conduisent à une conclusion fort proche. Il semble bien que l'adulte tout venant utilise, pour rappeler des récits, une organisation d'éléments hiérarchisés dont les caractéristiques dominantes seraient communes à tout un chacun. Mais, les recherches empiriques menées selon ce point de vue ont essentiellement eu recours à des analyses au coup par coup dont la généralisation pose problème.

Les tentatives que nous allons rapporter maintenant visent toutes à élaborer un modèle abstrait du récit comportant des catégories et des règles d'acengement ; modèle qui, dans un premier temps s'appliquait essentiellement au produit récit. C'est seulement à une période récente que les auteurs se sont posé le problème de la « validité psychologique » des modèles ainsi construits.

I — UN OU DES « SCHÉMAS »

De 1977 à 1983, on a assisté à un développement très important des travaux expérimentaux concernant le récit. La plupart comportent des « modèles » de l'organisation sous-jacente inférée sensée guider la compréhension et le rappel des histoires (l'application à la production paraît plus problématique). Par delà l'utilisation de vocables différents, les descriptions proposées présentent entre elles de très grandes similitudes quant aux entités supposées intervenir et aux fonctions dévolues au « schéma ».

A quoi peut bien servir un « schéma » ? Comme nous l'avons déjà signalé, il est possible de décrire les régularités rencontrées dans les récits en termes de règles formelles plus ou moins inspirées de la théorie chomskyenne (Chomsky, 1957). On aboutit alors à une « grammaire d'histoire » (story grammar) dont nous fournissons plus loin un exemple (cf. p. 000). Mais cela ne permet pas d'affirmer que le sujet (épistémique) y recourt pour élaborer et comprendre les narrations. De là une seconde étape : la mise en évidence d'un « schéma » d'histoire (story schema).

Celui-ci serait sensé rendre compte de l'organisation implicite des récits au niveau des structures mentales. Il exprimerait les régularités rencontrées dans les rappels d'histoires et dans le traitement de celles-ci. Il prendrait la forme d'un ensemble limité de catégories abstraites liées entre elles par des relations précises et, elles aussi, en nombre restreint.

Cette structure aurait une « validité psychologique » en ce sens qu'elle permettrait de rendre compte des comportements observés en rappel et traitement. Elle opérerait en générant, face à un matériau narratif, un certain nombre d'attentes successives. Ainsi, après une complication, le sujet tablerait sur la survenue prochaine d'une résolution, et ainsi de suite. Cela suppose l'existence, au niveau cognitif, d'un ensemble restreint de catégories « vides » articulées en un ordre canonique unique et instanciées au fur et à mesure de la prise d'information dans la surface textuelle.

Le mécanisme ci-dessus décrit renvoie à ce qu'on dénomme, en psychologie, un traitement descendant ou dirigé par concept (concept-driven) opérant du haut (structure cognitive abstraite) vers le bas (informations disponibles au niveau des stimulus) par remplissage (ou instanciation) de places (« slots ») (Lindsay et Norman, 1977). En règle générale, il ne suffit pas, seul, à rendre compte des phénomènes. On lui associe donc une composante complémentaire : le traitement ascendant ou dirigé par données (data driven) qui, partant des informations présentes dans le texte (oral ou écrit), élabore, petit à petit, une représentation.

Ces deux modes de traitement sont considérés comme fonctionnant en interaction continuelle. Toutefois, selon la nature de la tâche et la connaissance du sujet, l'un des deux peut dominer. Or, le caractère relativement stéréotypé des récits traditionnels a amené les chercheurs à privilégier très nettement la composante dirigée par concept. C'est seulement très récemment qu'ils ont commencé à considérer la prise d'informations au niveau superficiel.

En conséquence, tous les modèles que nous allons présenter se préoccupent avant toute chose de la description de structures abstraites composées de « places » remplies automatiquement au fur et à mesure de la lecture-audition ou de la production (en rappel).

1.1. Le « schéma » de Mandler

Pour Mandler et ses épigones (Johnson et Mandler, 1980 ; Mandler, 1978, 1982 ; Mandler et de Forest, 1979 ; Mandler et Goodman, 1982 ; Mandler et Johnson, 1977 ; Mandler, Scribner, Cole et de Forest, 1980), la structure sous-jacente au récit s'organise autour de l'*épisode*. Celui-ci se définit comme comportant un « début », un « développement » et une « fin » pouvant chacun se décomposer en :

— Réaction complexe (C.R.) intégrant éventuellement une Réaction simple (SR ; être surpris par exemple) et/ou un but (B ; souhaiter s'évader par exemple qui constitue un état interne).

— Voie vers le but (« goal path » ; GP) incluant une tentative (T) et un résultat (R).

Ces entités abstraites s'actualisent sous forme d'événements notés V ou d'états (« E » ; états physiques ou internes notés « EI »).

Lorsqu'un récit recèle plusieurs épisodes, ceux-ci s'organisent en une structure événementielle accolée au cadre qui n'en fait pas partie et dont le statut n'est pas très clair.

Les diverses catégories internes à un épisode s'articulent entre elles par la relation « cause » (exemple : réaction simple cause but ; tentative cause résultat ; etc.). En revanche, les liaisons inter-épisodes sont plus variées : concomitance, succession (puis) ou causalité.

Il apparaît alors possible d'établir une « histoire dérivationnelle » abstraite et très générale, inspirée de la grammaire générative (Ruwet, 1968), valable pour tout récit. C'est ce que font Mandler et Johnson (ibid.). Par ailleurs, celle-ci peut se trouver reprise sous forme d'une représentation arborescente rendant compte des propositions d'un récit et de leurs relations. Nous donnons ci-après — tableau X et figure 4 — l'ensemble des règles de réécriture et un exemple associé à une histoire particulière : « L'âne ».

Cette première « grammaire de récit » (cf. aussi Thorndyke, 1977) présentait un certain nombre de lacunes. Plus précisément, il semblait possible de parvenir à des étiquetages plus pertinents concernant les catégories et, surtout, les relations entre celles-ci. De là le modèle élaboré par Stein et Glenn (1979).

1.2. Le « schéma » de Stein et Glenn

Stein et Glenn conservent la plupart des catégories de leurs prédecesseurs et en donnent une représentation arborescente emboîtée, récursive à droite. On y retrouve le caractère central de l'épisode et l'opposition entre celui-ci (ou plusieurs) et le cadre qui introduit le(s) personnage(s) principal(aux) ainsi que la situation sociale et environnementale.

L'épisode lui-même comporte six catégories parmi lesquelles :

— un déclencheur (initiating event) — événement extérieur ou interne au héros ou bien action — qui amène

— une réponse interne caractérisant un état du personnage principal (état affectif, but, savoir...) se traduisant par un déséquilibre psychologique qui motive

— un plan d'abord interne — stratégie mentalement élaborée pour modifier la situation — puis mis en application par le biais de

— une tentative-action(s) effectivement mise(s) à exécution — qui entraîne(nt)

— une (ou plusieurs) conséquence(s) directe(s) ainsi que

— une (ou plusieurs) réaction(s) affective(s) et/ou cognitive(s) avec éventuellement, passage à l'acte.

L'exemple fourni à la figure 5 illustre l'organisation sous-jacente d'un récit — « Melvin, la souris maigre » — telle que la conçoivent Stein et Glenn (ibid.).

On voit que le « schéma » retenu ne diffère pas fondamentalement de celui de Mandler et Johnson précédemment exposé. Les catégories restent sensiblement les mêmes. En revanche, les relations ertre celles-ci se trouvent nettement précisées. Les auteurs distinguent en particulier entre

— Permettre, qui établit simplement des préconditions nécessaires au déroulement des faits.

— Initier, qui déclenche une réponse ou une réaction chez un sujet animé.

— Motiver, qui concerne des opérations psychologiques internes à un personnage.

— Entraîner, qui a trait à une relation causale observable dans l'environnement (causalité de sens commun).

Notons que l'adjonction de ces éléments au « schéma » de Mandler et Johnson ne modifierait pas la forme de celui-ci.

Il reste que l'une des difficultés que rencontrent Mandler et Johnson et Stein et Glenn concerne l'applicabilité de leurs modèles à des récits à plusieurs personnages. En effet, tous les exemples utilisés recèlent un « héros » dont le point de vue s'impose (le récit est construit selon *sa* perspective), les actions d'autrui apparaissant comme secondaires. Mais il n'en va pas toujours ainsi et, dans ce sens, il faut recourir à une organisation plus complexe.

1.3. Les chaînes événementielles de Warren, Nicholas et Trabasso

Les récits relatent des événements et des états qui entretiennent entre eux des relations peu nombreuses : concomitances, succession,. causalité. Il est donc possible de

TABLEAU X

Règles de réécriture relatives à une histoire quelconque

Fable ► histoire + morale
Histoire ► cadre + structure événementielle

Cadre ► $\left\{\begin{array}{l}\text{état (et événement)}\\ \text{événement}\end{array}\right.$

État ► état (et état)

Événement ► événement ($\left\{\begin{array}{l}\text{et}\\ \text{puis}\\ \text{cause}\end{array}\right\}$ événement)^{n}) ((et état)^{n})

Structure événementielle ► épisode ((puis épisode)^{n})
Épisode ► début cause développement cause fin

Début ► $\left\{\begin{array}{l}\text{événement}\\ \text{épisode}\end{array}\right\}$

Développement ► $\left\{\begin{array}{l}\text{simple réaction cause action}\\ \text{réaction complexe cause orientation vers le but}\\ \text{(« goal path »)}\end{array}\right\}$

Simple réaction ► événement interne ((cause événement interne)^{n})
Action ► événement
Réaction complexe ► simple réaction cause but
But ► état interne

Orientation vers le but ► $\left\{\begin{array}{l}\text{tentative cause résultat}\\ \text{orientation vers le but (cause orientation vers but)}^{n}\text{)}\end{array}\right\}$

Tentative ► événement

Résultat ► $\left\{\begin{array}{l}\text{événement}\\ \text{épisode}\end{array}\right\}$

Fin ► $\left\{\begin{array}{l}\text{événement (et emphase)}\\ \text{emphase}\\ \text{épisode}\end{array}\right\}$

Emphase ► état

L'âne

1 Il était une fois un vieux fermier
2 qui possédait un âne très têtu
3 Un matin, le fermier voulut mettre l'âne dans la grange
4 En premier, il le poussa
5 mais l'âne ne bougea pas
6 Puis il le tira
7 mais l'âne n'avança pas plus
8 Le fermier pensa que l'âne, effrayé, entrerait dans la grange
9 Aussi demanda-t-il au chien d'aboyer en direction de l'âne
10 mais le vilain animal refusa
11 Puis le fermier pensa qu'il obtiendrait du chien qu'il aboie
12 s'il demandait au chat de l'égratigner
13 Le chat, coopératif, accepta
14 Immédiatement, le chien aboya
15 ce qui effraya l'âne
16 qui bondit dans la grange

Les numéros des phrases correspondent à ceux utilisés dans l'arborescence ci-dessous.

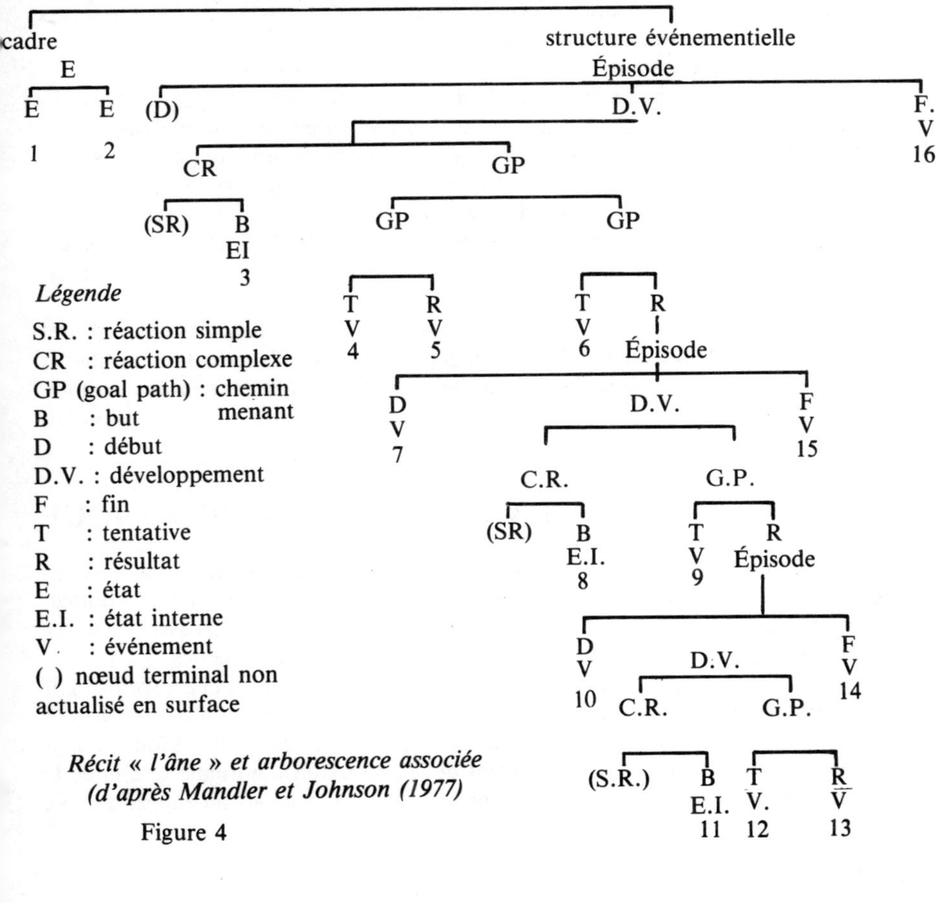

Légende

S.R. : réaction simple
CR : réaction complexe
GP (goal path) : chemin menant
B : but
D : début
D.V. : développement
F : fin
T : tentative
R : résultat
E : état
E.I. : état interne
V : événement
( ) nœud terminal non actualisé en surface

Récit « l'âne » et arborescence associée (d'après Mandler et Johnson (1977)

Figure 4

décrire le narré comme une concaténation de faits et de liaisons. Il faut toutefois effectuer préalablement un certain nombre de distinctions.

Un ÉTAT renvoie à une condition objective, une façon d'être, ayant trait au monde physique ou à la situation physique d'un personnage. Il préexiste ou suit l'action de ce dernier (exemples — d'après Warren et al. — « C'était un vendredi après-midi » ; « Le chien courait vite » ; « Jean respirait fort »).

Un ÉVÉNEMENT décrit un changement d'état perçu objectivement par le personnage dont le point de vue est adopté dans le récit car il ne le contrôle pas.

Une ACTION est un mouvement externe volontaire, contrôlé par le protagoniste.

Une COGNITION correspond à un acte mental volontaire souvent indiqué par un item lexical du type : penser, se souvenir, imaginer.

Une MANIFESTATION (display) traduit un mouvement interne involontaire du protagoniste (sursauter par exemple).

Une IMPULSION est un état interne involontaire du héros et prend la forme d'intuitions, de croyances, de sentiments, etc. (devenir furieux ; se sentir bien ; ...).

Un BUT, volontaire ou non, évoque une condition que le « héros » vise à atteindre et qui peut apparaître « marquée » par certains items lexicaux comme : vouloir, désirer, espérer...

Ces catégories aboutissent donc à classer des différents types d'activités physiques ou mentales dans des ensembles abstraits relativement bien délimités encore que toujours discutables. Se pose alors le problème de leurs interrelations.

Warren et al. distinguent six grands types de connexions : assez proches de ceux utilisés par les auteurs précédemment cités. On aurait selon eux les cas suivants :

La MOTIVATION (M) activité psychologique volontaire qui s'oppose à CAUSE PSYCHOLOGIQUE ($C\Psi$) involontaire (cf. le contraste entre décider et s'affoler). La CAUSE PHYSIQUE (C) met en jeu des mécanismes externes entre objets ou autres personnages ; elle se distingue des PRÉCONDITIONS (enablement ; P), éléments situationnels nécessaires mais non suffisants. Enfin, les relations S (simultanéité) et A (après, succession) constituent des liens faibles sans causalité.

La figure 6 illustre la représentation schématique qu'on peut associer à un récit bref à deux personnages dans lequel le rôle principal passe de l'un à l'autre. Il faut souligner que les auteurs prétendent formaliser par la chaîne événementielle les relations disponibles pour le lecteur-auditeur mais non simuler le modèle interne de compréhension mis en jeu par celui-ci (1).

II — LE PROBLÈME DE LA VALIDITÉ PSYCHOLOGIQUE

La question essentielle est évidemment de savoir si les organisations ainsi mises en évidence concernent le texte lui-même ou si elles renvoient à une « réalité » psychologique (ceci ne signifiant nullement la conscience de la structure sous-jacente). Dans ce dernier cas, on pourrait s'attendre à un certain nombre de phénomènes.

En effet, si l'on en croit les auteurs, le « schéma » sous-jacent à l'épisode narratif suit *un ordre canonique unique*. Dès lors, toute déviation par rapport à celui-ci devrait se traduire par une plus grande difficulté de traitement et, si les modifications ne sont pas trop importantes, par un rétablissement de la succession « normale », lors de la remémoration. Par ailleurs, l'absence d'une structure entraînerait un rappel de type aléatoire.

Melvin, la souris maigre (d'après Stein et Glenn, 1979)

Cadre	1	Il était une fois une petite souris maigre nommée Melvin
	2	qui vivait dans une grande écurie rouge
Déclencheur	3	Un jour, Melvin trouva une boîte de riz craquant sous une meule de foin
	4	Puis elle vit un petit orifice sur le côté de la boîte
Réponse interne	5	Melvin savait quel goût ont les céréales
	6	et voulait en manger seulement un petit peu
Plan interne	7	Elle décida de se procurer du sucre
	8	ainsi elle sucrerait ses céréales
Tentative	9	Puis Melvin se glissa dans la boîte par le trou
	10	et remplit rapidement son bol de céréales
Conséquence directe	11	Bientôt elle eut mangé tous les grains de riz craquant
	12	et elle fut devenue très grosse
Réaction	13	Melvin savait qu'elle avait trop mangé
	14	et se sentait très mal.

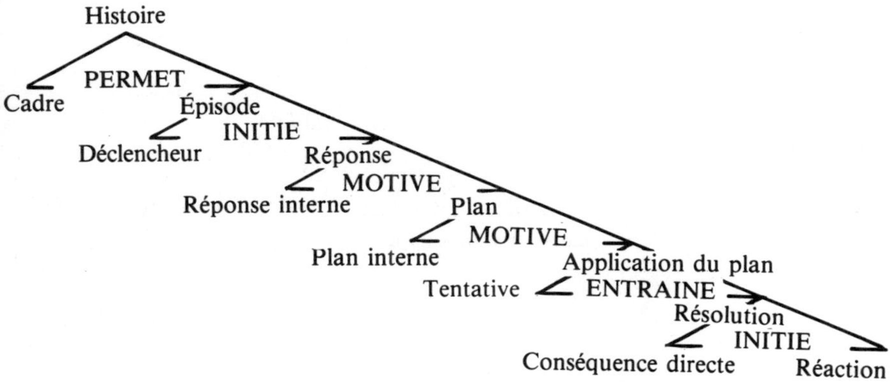

Structure d'un épisode simple
Figure 5

Histoire des lacets

1 C'était un vendredi après-midi
2 Carole dessinait dans la classe
3 David se sentait malicieux
4 Il décida de taquiner Carole
5 Pendant qu'elle ne regardait pas
6 il noua ensemble ses lacets
7 Carole trébucha
8 et tomba
9 Elle se mit très en colère
10 Elle décida de se venger de David
11 Elle trouva la bicyclette de celui-ci hors de l'école
12 et elle en dégonfla les pneus

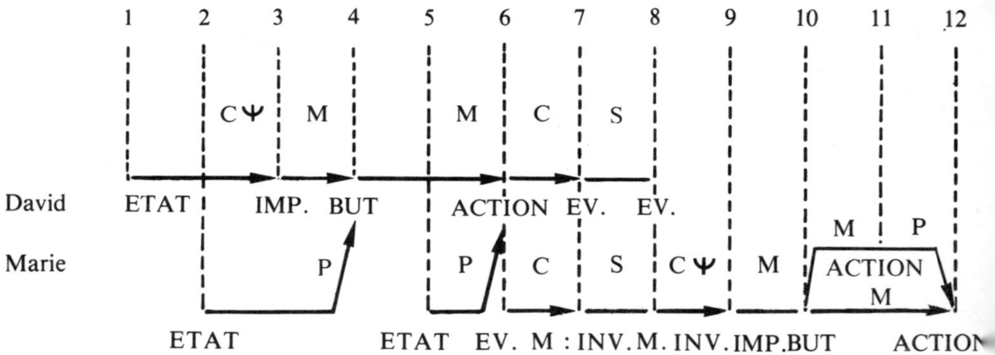

IMP. Impulsion M. INV. ; Mouvement involontaire
EV. Evénement

M = motivation C = cause physique S = et (simultanéité)
P = possibilité CΨ= cause psychologique A = après (succession)

Représentation de la chaîne événementielle d'une histoire
à plusieurs personnages (d'après Warren, Nicholas et Trabasso, 1979)

Figure 6

Dans cette perspective, Stein et Nezworski (1978) construisent quatre types de textes : a) conformes au « schéma » (déclencheur, réponse interne, tentative, conséquence et réaction) b) déviant légèrement de celui-ci (conséquence amenée immédiatement après le déclencheur) c) aléatorisation des différentes parties d'un récit et d) suite au hasard comportant toutes les catégories d'un épisode mais empruntées à différents récits. Par ailleurs, elles utilisent deux consignes différentes en demandant un rappel (puis une reconstitution) soit conforme à l'original soit correspondant à une « bonne histoire ». Les sujets sont répartis en groupes indépendants, chacun ayant trois histoires à traiter.

Les auteurs procèdent à deux types d'analyse. Elles étudient d'abord les pourcentages de rappel puis la correspondance entre ordre remémoré, ordre initial et ordre canonique.

Les résultats de la première analyse apparaissent sur la figure 7. On y observe que les types d'histoire d'une part, les consignes d'autre part influent très nettement sur le nombre d'énoncés correctement rappelés. Celui-ci se révèle d'autant plus faible que les histoires ont subi des bouleversements plus importants et que la tâche consiste à redonner l'ordre initial.

La seconde analyse confirme les résultats de la première. Les auteurs calculent un coefficient de corrélation par rangs (Tau de Kendall) pour comparer les différents ordres : celui du texte original, celui du rappel et celui du « schéma » idéal. Les données apparaissent au tableau XI.

On observe que, lorsque l'histoire de départ est « bien formée », le rappel lui correspond presque parfaitement. Lorsque tel n'est pas le cas, les sujets se révèlent tout à fait capables de reconstituer les histoires.

Ces résultats, parmi d'autres, semblent donc confirmer le bien fondé de la thèse développée par les tenants du « schéma ». La remémoration des histoires s'effectue en fonction directe de la correspondance entre la structure du texte original et celle de l'organisation canonique. Lorsque les deux sont congruentes, les rappels se révèlent très bons. En revanche, dans le cas contraire, et selon l'importance des modifications, la proportion d'éléments redonnés et l'ordre se trouvent plus ou moins profondément affectés.

Stein et Nezworski interprètent ces faits en termes de charge au niveau de la mémoire de travail. Lorsque le récit fourni est conforme au « schéma » ou peu déviant, la charge reste faible et les réorganisations (remises en ordre) demeurent possibles. Au contraire, lorsque des bouleversements trop importants surviennent, la charge en mémoire de travail devient trop lourde pour que soient gérés simultanément le traitement des informations d'entrée et leur mise en ordre.

L'impact des consignes tend également à montrer que la mémorisation d'histoires ne consiste pas seulement en un remplissage des places vides d'un « schéma » abstrait mais implique une construction active dépendante de plusieurs facteurs.

En revanche, il semble bien que le « schéma » guide, au moins partiellement, la prise d'informations. L'attestent deux types d'expériences.

La première conduite par Kintsch, Mandel et Kozminsky (1977) consiste à présenter à des adultes des histoires soit conformes à l'organisation narrative canonique soit constituées d'énoncés en ordre aléatorisé en leur demandant, après lecture, d'écrire un résumé. Les sujets peuvent lire soit pendant le temps qui leur convient soit pendant un délai imposé égal à 58 % du premier. Les résumés produits se trouvent soumis à des juges qui les évaluent sur une échelle en sept points (de 1, résumé très pauvre, à 7, très bon).

TABLEAU XI

Résultat des analyses de corrélations relatives aux stratégies d'ordre temporel dans les rappels

Conditions	OT × OR Consignes		OT × OS	OS × OR Consignes	
	Ordre initial	Bonne histoire		Ordre initial	Bonne histoire
— Histoire bien formée	.98	.97	100	.98	.97
— Légèrement désordonnée	.72	.61	.76	.82	.93
— Aléatorisée	.50	— .07	— .10	.20	.91
— Suite sans relations	.40	.48	—	—	—

OT = ordre initial du texte ; OR = ordre du rappel ; OS = ordre canonique

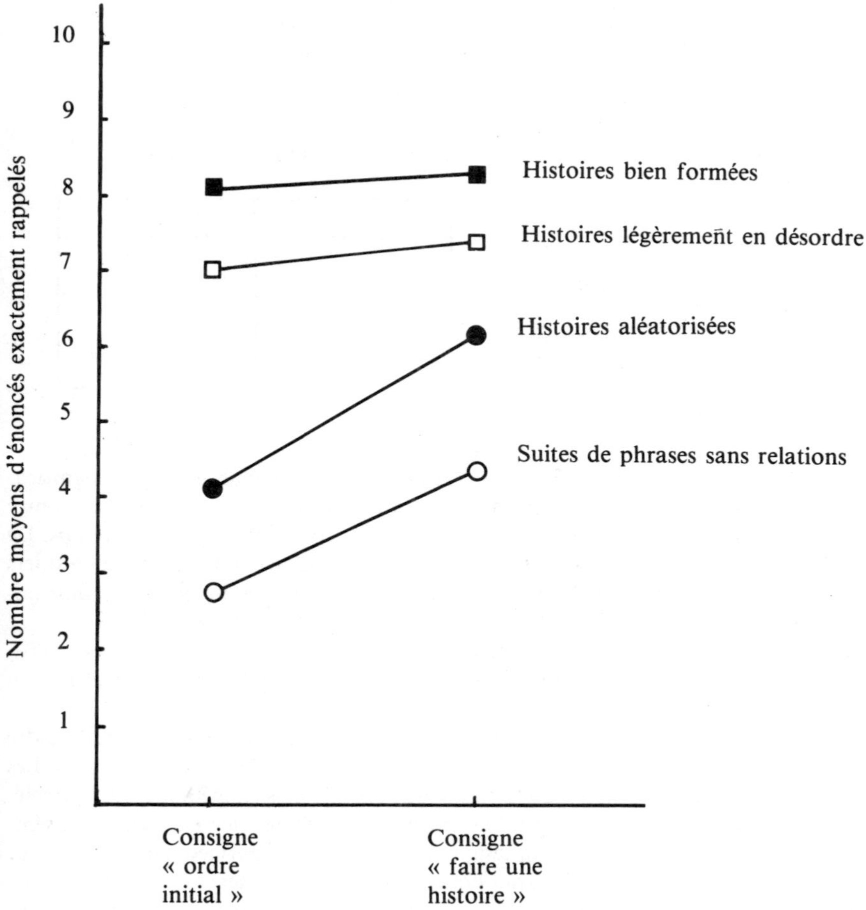

Nombre moyen d'énoncés exactement rappelés en fonction du type de texte et des consignes (d'après Stein et Nezworski, 1978)

Figure 7

Les résultats pour l'un des deux récits utilisés (Simona) apparaissent au tableau XII.

TABLEAU XII

Scores moyens attribués par les juges aux résumés
(d'après Kintsch, Mandel et Kozminsky, 1977)

		Temps de lecture	
		Libre	Restreint
Histoire	normale	3,86	3,66
	mélangée	3,60	2,70

On n'observe aucun effet des histoires (Simona vs Rinaldo) mais un impact significatif de la présentation (normale vs mélangée) et du temps de lecture. L'analyse montre que ces phénomènes résultent essentiellement de l'interaction présentation x temps. De fait, les résumés se révèlent aussi « bons » quelle que soit la version soumise aux sujets lorsque la durée de lecture est libre. En revanche, ils deviennent de beaucoup plus faible qualité lorsqu'il s'agit de traiter des récits « mélangés » en temps limité.

Par ailleurs, sous la condition lecture en temps libre, ce dernier se révèle très significativement plus élevé avec les histoires « mélangées » qu'avec celles conformes au « schéma » (respectivement 9.05 minutes contre 7.34 ; $p. < .001$).

Ces résultats s'avèrent tout à fait compatibles avec la thèse développée dans le cadre de la théorie du « schéma » et avec les données rapportées par Stein et Nezworski. Les sujets, disposant tous de l'organisation canonique des histoires en mémoire à long terme, se révèlent capables d'effectuer le rétablissement de l'ordre des éléments s'ils disposent, lors de la prise d'information, d'un temps suffisant. Ils n'y parviennent plus lorsque la durée d'exposition diminue. Il paraît donc plausible d'invoquer, avec Stein, une surcharge de la mémoire de travail qui ne réussirait pas à maîtriser le flux des informations en les insérant, au fur et à mesure dans les emplacements du « schéma ». C'est l'ensemble de la structure narrative qui s'en trouverait hypothéqué.

Cette dernière expérience permet de passer insensiblement d'une procédure de validation empirique du « schéma » s'appuyant essentiellement sur des données recueillies en faisant intervenir la mémoire (rappels, reconstitutions...) à une autre considérant cette fois le traitement « en-cours » (on-line) des récits évalué à partir des temps de lecture. Cette perspective, récente, a d'abord été adoptée par Cirilo et Foss (1980), Haberlandt (1980, 1982) et Haberlandt, Berian et Sandson (1980). Mandler et Goodman (1982) l'ont reprise en l'appliquant aux constituants de l'épisode.

Mandler et Goodman construisent des histoires dotées de tous les constituants présumés obligatoires, chacun d'entre eux se trouvant réalisé en surface par deux propositions. L'expérience, pilotée par ordinateur, permet de relever automatiquement les temps de lecture en présentant aussitôt un nouvel élément. Grâce à cette méthode, il apparaît possible de comparer la durée d'exposition nécessaire pour comprendre un composant donné lorsque celui-ci occupe soit son emplacement canonique soit un autre correspondant à une modification de la séquence narrative.

Les résultats, obtenus avec plusieurs histoires, montrent que

a) Des deux propositions composant un constituant, la seconde fait l'objet d'une lecture systématiquement plus rapide que la première (20 milli-secondes en moyenne).

b) Les divers constituants ne requièrent pas la même durée d'exposition. Le tableau XIII révèle que les plus longs à lire sont le « Commencement » et le « Résultat » — ce qui correspond aux début et fin d'un épisode. Ce sont aussi les mieux rappelés (cf. aussi Kintsch et Keenan, 1973 ; Kintsch, Kozminsky, Streby, Mc Koon et Keenan, 1975).

TABLEAU XIII

Temps moyen de lecture (en sec.) pour chaque constituant des épisodes (d'après Mandler et Goodman, 1982)

Commencement	Réaction complexe	Tentative	Résultat	Fin
2.325	2.140	2.192	2.249	2.167

c) La modification de l'ordre canonique correspondant au « schéma » entraîne un ralentissement systématique de la vitesse de lecture (et, donc, un accroissement du temps) qui affecte cependant (cf. tableau XIV) différemment les divers constituants et qui dépend par ailleurs du type de mouvement (vers l'avant i.e. la fin de l'histoire ou vers l'arrière i.e. le cadre initial).

TABLEAU XIV

Accroissements moyens du temps de lecture (en m sec.) en fonction des mouvements des constituants (vers la fin ; vers le cadre)

		Réaction complexe				
	Début	Réaction simple	But	Tentative	Résultat	Fin
Vers la fin	375	335	103	733	438	—
Vers le cadre	—	306	172	433	151	680

Là encore, les résultats sont cohérents avec les faits attendus. Les constituants narratifs isolés par l'analyse semblent avoir un impact en tant qu'unités sur le cours du traitement. De plus, l'existence d'un ordre canonique ayant une « validité psychologique » paraît elle aussi bien avérée : toute déviation par rapport à celui-ci consomme du temps de traitement supplémentaire. Enfin, l'accroissement de la durée de lecture en début et fin d'épisode, déjà signalée par Haberlandt, s'inscrit dans la même perspective.

En effet, si l'on considère que la confrontation avec un matériau naturel du type récit implique, dès la prise d'informations, le recours à un « schéma » correspondant à l'organisation d'un épisode, alors l'amorce de celui-ci exige l'appel, en mémoire de travail, d'un nouveau « nœud » qui ne sera complété que lors de sa clôture. En somme, les accroissements de temps aux frontières des épisodes renverraient à l'élaboration d'une superstructure, vide d'abord mais « générant » des places à instancier, puis remplie en fin de cycle et nécessitant, de ce fait, la construction d'une représentation cognitive globale.

En revanche, l'augmentation des temps de lecture associée aux modifications d'ordre ne s'interprète pas de manière similaire. Elle correspondrait plutôt, selon Mandler et Goodman, à des processus inférentiels rendus indispensables du fait que les attentes liées au « schéma » ne trouvent pas, au niveau du texte d'entrée, confirmation. On peut imaginer — sans qu'on dispose encore de preuves expérimentales à ce sujet — qu'il y a recherche et maintien en mémoire de travail du constituant correspondant et de la relation hypothétique qu'il entretiendrait avec le précédent ; cela jusqu'à confirmation ultérieure. De là un accroissement de la charge qui entraînerait une diminution de la vitesse de traitement et qui pourrait aller, dans les cas extrêmes, jusqu'au blocage de la réorganisation (cf. ci-avant, Stein et Nezworski).

Comme nous l'avons souligné, le « schéma » est sensé, pour les chercheurs précédemment cités, constituer le modèle canonique unique guidant la prise d'informations, la mise en mémoire, la réorganisation et le rappel. Et les faits expérimentaux jusqu'alors rapportés tendent à confirmer cette thèse. Il convient de bien percevoir que ces divers traitements s'effectueraient automatiquement, c'est-à-dire sans que le sujet qui les met en œuvre, en ait conscience. Ceci explique sans doute en partie pourquoi les méthodes empiriques utilisées par Johnson (cf. chapitre III) ne sont plus guère employées. Elles font en effet appel à une connaissance consciente, dite métalinguistique (ou, plus généralement métacognitive), et de ce fait, ne donnent pas accès au traitement tout-venant. Pourtant, leurs résultats ne manquent pas d'intérêt, comme nous allons le voir.

III — L'ANALYSE SUBJECTIVE DES RÉCITS

On se souvient que Johnson, Meyer et Waters, entre autres, utilisaient, pour mettre en évidence l'organisation propre à un récit donné, une tâche de soulignement ou d'élimination de propositions. Cette méthode avait l'avantage de permettre un classement aisé de celles-ci selon leur importance subjective pour les lecteurs. Toutefois, elle avait l'inconvénient de ne pas prendre en considération les relations et, en particulier, la force de liaison entre propositions.

Les psychologues s'intéressant au langage avaient déjà rencontré ce problème lors de l'étude des relations syntaxiques entre mots d'une même phrase. Ils avaient, dans cette perspective, utilisé une méthode mathématique susceptible de fournir un indice du degré de liaison entre morphèmes, sans précision quant à la nature de celle-ci. Comment procédaient-ils ?

Ils fournissaient à des sujets une phrase et les mots la composant, en demandant d'évaluer, sur une échelle ou par une épreuve de tri, le degré de liaison entre morphèmes. La matrice ainsi obtenue se trouvait ensuite soumise à une classification ascendante hiérarchique (ou C.A.H.) procédant par regroupements successifs (des liaisons les plus fortes à celles plus faibles) et aboutissant à une représentation arborescente (cf. les exemples fournis par Costermans, 1980, p. 119).

TABLEAU XV

Histoire du garçon (d'après Mandler et Johnson, 1977)

1	Il était une fois un petit garçon
2	Il vivait dans un pays très chaud
3	Un jour, sa mère lui demanda d'aller porter un gâteau à sa grand-mère qui habitait tout près
4	Elle l'avertit de tenir le gâteau avec précaution car sinon il se réduirait en miettes
5	Le petit garçon enveloppa le gâteau dans une feuille
6	Il serra le gâteau sous son bras
7	Il porta le gâteau jusqu'au domicile de sa grand-mère
8	Quand il arriva, le gâteau était en miettes
9	Sa grand-mère lui dit qu'il était un vilain petit garçon
10	Elle lui dit qu'il aurait dû porter le gâteau sur le sommet de sa tête, ainsi il ne serait pas brisé en morceaux
11	Elle lui donna une motte de beurre à ramener chez lui
12	Le petit garçon voulut faire très attention au beurre
13	Il plaça le beurre sur sa tête
14	Il porta le beurre jusqu'à sa maison
15	Le soleil était chaud
16	Quand il arriva chez lui le beurre était complètement fondu
17	Sa mère lui dit qu'il était un vilain petit garçon
18	Elle lui dit qu'il aurait dû envelopper le beurre dans une feuille et qu'ainsi il l'aurait ramené en bon état

Cette procédure s'avère reconductible avec les récits. Il suffit de fournir aux sujets les propositions constituant ceux-ci et de leur demander de regrouper celles qui « vont ensemble » (méthode du tri de Miller).

On obtient ainsi un score pour chaque paire de propositions : le nombre de sujets qui les réunissent. Dès lors, la force de liaison dans une paire est considérée comme d'autant plus importante que ses deux propositions se voient plus souvent assemblées.

C'est ainsi qu'ont procédé Pollard-Gott, Mc Closkey et Todres (1979) pour étudier la structure subjective d'histoires et de textes scientifiques. Dans un grand nombre de cas, celle-ci correspond approximativement à l'organisation imposée a-priori par les « grammaires de récit » (celle de Mandler ou celle de Glenn). Mais il n'en va pas toujours ainsi.

Considérons, par exemple, « l'histoire du garçon » déjà étudiée par Mandler et Johnson (1977) (cf. tableau XV. Nous disposons du texte scindé en phrases tel que les expérimentateurs le fournissent aux sujets et de l'arborescence associée par la grammaire. Or, l'épreuve du tri révèle deux grands types de regroupements :

— Le premier, utilisé par deux tiers des sujets, correspond à celui opéré par la grammaire développée par Mandler et Johnson. Le récit est perçu comme formé de deux épisodes faiblement connectés (simple succession chronologique) accolés à un cadre initial (cf. figure 8 haut).

— Le second (figure 8 bas) a une toute autre allure. Les sujets semblent procéder en réunissant les phrases des deux épisodes décrivant des événements à même fonction narrative (1, 2 et 15 renvoient au cadre ; 3, 4, 11 et 12 aux événements déclencheurs ; 5, 6, 13, 14 et 7 aux tentatives ; et ainsi de suite).

En résumé, les épreuves recourant au jugement subjectif de sujets adultes donnent des résultats qui, dans la limite des récits étudiés, correspondent relativement bien à l'organisation canonique présupposée par la théorie du « schéma ». Notons toutefois que, selon Pollard-Gott et al.,, les catégories constitutives de celui-ci perdent en partie leur caractère délimité et apparaissent plus floues. En revanche, les relations et regroupements semblent plus riches. Remarquons également que, comme l'avait montré Glenn (1978), l'allongement d'une histoire ne modifie pas son organisation subjective.

Cependant, les regroupements effectués se démarquent parfois notablement du « schéma ». Ainsi en va-t-il pour « histoire du garçon » chez certains sujets. On observe donc des différences structurales individuelles très importantes que la « grammaire de récits » ne permet pas d'expliquer. En résulte le « conseil » de Mandler (1982) : pour étudier l'organisation sous-jacente des narrations, il convient de ne plus recourir au jugement subjectif qui met en jeu une activité consciente métalinguistique ; mieux vaut se fier aux données recueillies lors des rappels ou des traitements « on-line » (cf. aussi Mandler et Murphy, 1983) (2).

IV — CONCLUSION

Indubitablement, la théorie du « schéma » a beaucoup fait progresser notre connaissance du traitement des récits par le sujet « épistémique ». Il semble bien, à travers les résultats convergents obtenus lors d'épreuves de rappel, de reconstruction ou de lecture, que l'organisation canonique — cadre, déclencheur, réaction, but, tentative, résultat et fin — ait une « validité psychologique » en ce sens qu'elle se révèle apte à rendre compte des principaux phénomènes observés.

On relève en effet, tant en compréhension qu'en rappel, un impact facilitateur du respect de l'ordre canonique. Inversement, toute modification de celui-ci entraîne un accroissement du temps de traitement et une réorganisation lors des remémorations. Enfin, lorsque des contraintes trop lourdes pèsent sur la prise d'informations, le sujet se trouve dans l'impossibilité de structurer le matériau d'entrée, ce qui induit une chute des performances.

On aurait donc bien affaire à une organisation cognitive relativement stéréotypée guidant l'encodage selon les modalités caractéristiques d'un traitement dirigé par concepts. Celle-ci interviendrait également lors des réorganisations en mémoire à long terme ; ce qui se manifeste par les ajouts — remplissage des « places » vides du « schéma » — et l'accroissement de la cohérence en rappel différé (cf. chapitre III).

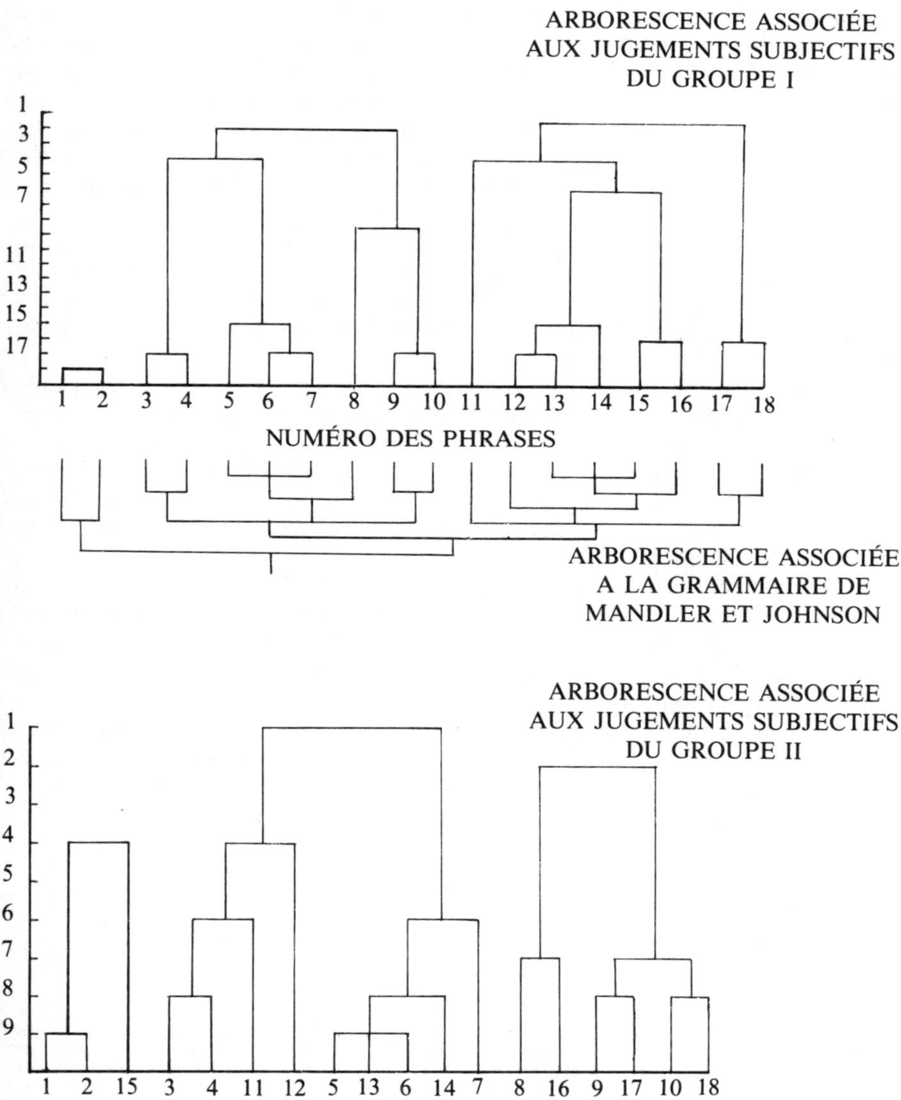

Arborescences obtenues en fonction de la grammaire de récits (milieu)
et des jugements subjectifs des groupes I et II concernant « l'histoire du garçon ».
D'après Pollard-Gott, Mc Closkey et Todres (1979).
Voir les explications dans le texte.

Figure 8

Il importe assez peu que le « schéma » puisse se modéliser à l'aide d'une « grammaire de récits ». Black et Wilensky (1979) ont vivement critiqué cette tendance des chercheurs à vouloir établir une formalisation inspirée de la grammaire générative à propos des histoires. Ils considèrent en particulier, que, pour être cohérente avec ses choix théoriques, Mandler devrait disposer de règles permettant de générer *toutes et rien que* des séquences narratives. Or, les tentatives effectuées dans cette voie aboutissent à un échec : on trouve en effet des récits non productibles par l'application des règles de réécriture et, inversement, des textes qui, bien que construits à partir de celles-ci, ne constituent pas des récits (exposition procédurale : comment attraper un poisson ; comment réaliser un plat cuisiné...) (3).

La réponse de Mandler et Johnson (1980) ne convaint guère. Dire que les grammaires de récits ne rendent compte des explications procédurales que dans la mesure où ces dernières ont un habillage narratif ne suffit pas. Cela supposerait-il l'activation en mémoire d'un « schéma » de nature très différente ? En fait, le problème est de savoir quel est *le statut du « schéma »*.

Or, il ne semble pas possible de le considérer comme décrivant des phénomènes langagiers. Plus vraisemblablement, il renvoie à ce qu'on peut considérer comme une représentation cognitive pré-linguistique. Il s'applique en effet tout aussi bien aux récits écrits et oraux qu'aux films et bandes dessinées (Bagget, 1979). Mieux encore, il présente des affinités étroites avec la description des comportements finalisés du type de ceux rencontrés dans la vie courante (Moles et Rohmer, 1977) et dans la résolution de problèmes (Newell et Simon, 1972).

Si l'on adopte cette perspective, alors le « schéma » narratif apparaît comme une organisation cognitive prélinguistique très générale qui rend compte de l'ensemble des séquences comportementales planifiées en fonction d'un but. La notion de structure narrative se ramène en conséquence au fait que les événements successifs sont perçus comme reliés causalement et les comportement comme finalisés.

Dès lors, les contenus — le narré — sont seuls concernés par le « schéma ». Et le problème de la narration, de la mise en mots et en texte (ou en images !) reste entièrement posé. Il ne semble plus pensable dans ce cadre théorique ; ce qui explique la quasi-absence des travaux relatifs à la production.

NOTES DU CHAPITRE IV

(1) Dès que le nombre de personnages en interaction dans un récit est supérieur à un, les problèmes de représentation plus ou moins formelle se compliquent singulièrement. Les grammaires d'histoire ne parviennent pas à saisir les interactions entre actants visant l'atteinte d'un but. Rares sont les chercheurs qui ont essayé d'aborder cette question. Cependant, Bruce (1980) a proposé un modèle de type but-plan comportant une analyse des situations sociales par le biais de plans d'interaction. L'intérêt de ce modèle réside essentiellement dans l'introduction de deux notions : celle d'espace de croyance (belief-space) et celle d'épisode social.

(2) Il faut noter le développement rapide et récent de l'application de techniques mathématiques destinées à mettre en évidence à partir de rappels, de segmentations ou de jugements de proximité les regroupements des informations d'un texte ; regroupements ne correspondant pas nécessairement à ceux opérés séquentiellement (cf. Gee et Grosjean, 1984 ; Grosjean et Dommergues, 1983 ; Grosjean, Grosjean et Lane, 1979).

(3) Les critiques adressées aux « grammaires de récit » réapparaissent régulièrement. La plus récente émane de Wilensky (1983) et elle a suscité de nombreuses et diverses réponses (cf. entre autres, Anderson, 1983 ; Black, 1983 ; Graesser, 1983 ; Mandler, 1983)... La réponse la plus argumentée aux attaques formulées par Black et Wilensky (1979) provient de l'article de Frisch et Perlis (1981).

CHAPITRE V

LES APPORTS DE L'INTELLIGENCE ARTIFICIELLE

Imaginons que l'on se propose de simuler sur ordinateur la compréhension d'une amorce de récit aussi simple que celle-ci (Charniak, 1972, p. 6).

« Fred se rendait au magasin. Aujourd'hui, c'était l'anniversaire de Jacques et Fred allait acheter un cadeau ».

Admettons encore que nous estimions l'histoire comprise si et seulement si notre ordinateur se trouve en mesure de répondre aux trois questions suivantes :

1) Pourquoi Fred se rend-il au magasin ?
2) Pour qui est le cadeau ?
3) Pourquoi Fred achète-t-il un cadeau ?

Trivial ? Certes, pour nous, mais pour la machine ?

En effet une lecture même sommaire révèle que le texte, le produit langagier ici abordé, ne recèle pas explicitement les informations nécessaires pour répondre à ces questions. Ceci ne constitue pas un obstacle sérieux puisque nous n'éprouvons pas de difficulté insurmontable pour faire face à cette tâche. Alors, comment procédons-nous ?

L'idée maîtresse développée par les chercheurs travaillant dans la perspective de l'intelligence artificielle consiste à supposer que nous effectuons des *inférences* au fur et à mesure du traitement de l'histoire. Celles-ci reposent, en grande partie, sur les connaissances que nous possédons, en mémoire à long terme, relativement au monde quotidien (everyday knowledge) ; connaissances qui, lors de la prise d'informations, s'intègrent à celles issues plus directement, car elles y sont explicites, du texte (Trabasso et Nicholas, 1980).

On a donc deux problèmes très interdépendants. D'une part, il faut considérer quelle est l'organisation en mémoire à long terme de la connaissance du monde quotidien, celle-ci devant être « appelée » en mémoire de travail lorsque nous traitons un récit. D'autre part, si la compréhension implique des inférences et un va-et-vient entre savoir déjà stocké et informations extraites du texte, alors, il convient de faire l'hypothèse que les deux se trouvent codées sous des formes similaires, faute de quoi on voit mal comment s'effectuerait l'intégration.

Revenons à notre ordinateur. Si nous souhaitons le voir répondre à nos trois questions, nous devons le doter d'un certain nombre de « connaissances » préalables du type

— les objets qu'on trouve en magasin sont là pour être achetés
— les cadeaux s'achètent en magasin
— pour son anniversaire, quelqu'un reçoit généralement un cadeau.

De plus, notre machine doit être en mesure de « traduire » l'histoire du langage naturel en une représentation « interne » compatible avec le mode de codage des informations précédemment citées.

On voit bien, dès lors, l'analogie entre la simulation sur ordinateur et le fonctionnement — hypothétique — de la pensée. Il reste que, aux yeux des chercheurs en intelligence artificielle, il ne s'agit pas de comprendre et d'expliquer comment « fonctionne » le sujet mais, plus modestement, d'élaborer des modèles qui « marchent » sans nécessairement se poser le problème de leur « validité » psychologique. Toutefois, à un moment ou à un autre, cette question se pose inévitablement, comme nous le verrons (1).

I — L'ORGANISATION DE LA REPRÉSENTATION DU MONDE

Contrairement à ce que nous avons observé dans le chapitre précédent, les chercheurs en intelligence artificielle ne laissent planer aucun doute sur le niveau d'analyse auquel ils s'intéressent. Leur objet d'étude est la *représentation infra-linguistique* (Schank, 1980), les relations avec le langage et la mise en texte ne retenant pas directement leur attention.

Dans cette perspective, ils considèrent qu'existent en mémoire des représentations organisées comportant des actes, des intentions, des croyances, etc. qui permettent de générer des attentes « de haut en bas » — par un traitement dirigé par concepts — et qui, en conséquence, « comprennent » par remplissage de places vides structurées (slot filling).

Le premier problème à résoudre concerne le codage des représentations — de quelque origine qu'elles proviennent — pour permettre leur intégration en un système unique. Plusieurs solutions sont disponibles, qui reposent sur les mêmes postulats :

— deux énoncés à signification identique doivent être codés en une seule représentation. Ainsi, « Jean prend la balle » et « la balle, Jean la prend » apparaîtront par exemple tous deux sous la forme

PRENDRE (Agent : Jean ; Objet : balle)

— toute information implicite exige d'être explicitée (cf. l'exemple donné en introduction de ce chapitre)

— les significations sous-jacentes du langage se ramènent à deux grandes catégories :

— celles actives comportant Acteurs, Action, Objet, Direction et, éventuellement, Instrument

— celles statiques : l'Objet (est dans) l'État (avec valeur variable).

Le codage peut s'effectuer en recourant aux principes de la grammaire casuelle (cf. chapitre II) bien que, comme le remarque Le Ny (1979, p. 58) « il n'existe pas jusqu'ici de liste stable de cas, ni de définition invariable de leur contenu ». Il s'ensuit une grande incertitude : l'analyse menée par deux « juges » différents ne conduit pas nécessairement au même résultat (Costermans, 1981, p. 197 ; Ehrlich, 1976). Voici, à titre d'exemple — discutable — le codage correspondant au récit cité en début de chapitre (les Pi désignent des propositions sous-jacentes ; les astérisques indiquent celles inférées car non explicites dans le texte).

p1	ANNIVERSAIRE (Jacques)
p2	QUAND (p1, aujourd'hui)
*p3	CAUSE (p1, p4)
*p4	VOULOIR (Fred, p5)
*p5	OFFRIR (Fred, Jacques, cadeau)
*p6	CAUSE (p4, p7)
p7	ALLER (Fred, magasin)

*p8 DANS (magasin, cadeau)
*p9 POUR (p7, p10)
p10 ACHETER (Fred, cadeau)

Le décalage vers la droite correspond à une subordination (cf. sur tout ceci Costermans, 1981 ; Kintsch, 1976 ; et surtout l'ouvrage de Denhiere, 1984 p. 32-41.

On peut aussi, avec Schank et Abelson (1977) et tout le courant de l'analyse componentielle (cf. Abrahamson, 1975 ; Gentner, 1975, 1978 ; Le Ny, 1979 pour une introduction), considérer qu'il existe des « actes primitifs » qu'un verbe partage avec d'autres ; par exemple

ATRANS : transfert de possession, de propriété, de contrôle
PTRANS ; changement de localisation physique d'un objet
PROPEL : application d'une force physique à un objet
MTRANS : transfert d'information mentale inter ou intra-sujet
MBUILD : construction d'information mentale à partir de celle ancienne

etc. (d'après Schank et Abelson, ibid.). Ces « actes primitifs » s'articulent avec des entités (comme les prédicats avec leurs arguments) pour permettre une représentation infralinguistique. Par exemple « Jean lit un livre » se codera :

Jean *MTRANS* information *vers* mémoire à long terme (de Jean) *à partir de* livre *instrument* (Jean FIXE yeux *sur* livre).

Par ailleurs, les événements et états entretiennent entre eux des relations de « causalité » catégorisables en un nombre limité de classes :

r : un acte aboutit à un état
E : un état rend possible (précondition) un acte
I : un état ou un acte induit un état mental
R : un acte mental est la raison d'un acte physique
dE : un état empêche un acte

(r et E d'une part, I et R d'autre part peuvent se combiner).

Ce mode de codage permet de représenter les chaînes causales typiques du récit. Nous donnons ci-après un exemple extrait de l'ouvrage de Schank et Abelson (Figure 9).

Mais l'important réside moins dans le mode de codage, sous réserve qu'il reste toujours le même, que dans un certain nombre de concepts de base élaborés pour les besoins de la simulation de la compréhension.

Comme nous l'avons souligné précédemment, le problème majeur pour comprendre un récit ou une quelconque séquence événementielle est celui posé par les inférences, indispensables car tout n'est jamais explicité. Comment rendre compte de l'organisation des connaissances susceptible de combler les lacunes des informations fournies ? L'étude de cette question a amené les chercheurs (Schank, 1975, 1980 ; Schank et Abelson, ibid.) à placer au premier plan la notion de *BUT* qui permet seule de donner un sens aux séquences d'actions en cela qu'elles apparaissent finalisées et, donc, ont le statut de moyens.

En somme, le (ou les) but apparaît comme un unificateur susceptible de lier ensemble des actions disparates qui, sans lui, apparaîtraient comme simplement juxtaposées (cf. la très révélatrice expérience de Bransford et Johnson, 1972). Schank et Abelson en distinguent plusieurs catégories — satisfaction (faim, sexe...), distraction (voyage, spectacle...), acquisition (possession, pouvoir...), etc. — tout en notant que, dans un récit, nous ne recherchons à finaliser les actions que pour le (ou les) personnage principal. Pour les autres, nous tolérons fort bien toute absence d'orientation ; ainsi, dans un conte, nous ne recherchons pas les motivations du comportement d'un dragon : nous acceptons simplement qu'il se comporte comme tel.

Cependant, le (ou les) but ne se trouve pas toujours explicité. Il faut alors l'inférer en fonction de notre connaissance du monde. En particulier, pour comprendre quel(s) but(s) poursuit un personnage, nous devons disposer d'un ensemble de croyances à propos de ce qu'il peut désirer dans certaines circonstances. Nous recourons pour cela à des THÈMES ayant trait aux rôles, aux relations interpersonnelles ou à la vie, chacune de ces catégories renvoyant aux prédispositions à agir d'un individu. Dans tous les cas, nous avons affaire à des générateurs d'attentes permettant de comprendre des séquences comportementales en fonction de leur(s) finalité(s) (cf. Wilensky, 1978).

Par exemple, AIMER relève des THEMES du type « relations interpersonnelles ». Lorsque nous prenons connaissance de ce que « Jean aime Marie », nous sommes en mesure de prédire que Jean interviendra pour l'aider en cas de maladie ou de menace, qu'il affrontera celui qui tentera de la séduire, etc. Autre exemple, les THEMES de « la vie » concernent les buts généraux qu'une personne souhaite atteindre. Ils permettent plus particulièrement d'anticiper sur les comportements à long terme d'un personnage. Ainsi, « vivre dans le luxe » peut constituer l'un d'eux. Il s'analysera en sous-finalités telles que : posséder des objets désirables, avoir des domestiques, disposer de beaucoup de vacances, s'entourer d'amis riches, etc. Celles-ci s'articuleront avec des buts instrumentaux tels que : gagner beaucoup d'argent, travailler dur, épouser une femme riche, etc.

Le but étant fixé, sa réalisation s'effectue par le biais d'un PLAN plus ou moins complexe. Par exemple, relater l'histoire d'un ours affamé suppose qu'on suive la trame ci-après qui constitue une analyse en sous-buts :

BUT : UTILISER (nourriture) = SAVOIR (LOCALISATION (nourriture)) + PARVENIR A PROXIMITÉ (nourriture) + CONTROLER (nourriture) + INGERER (nourriture).

A chaque étape, des préconditions peuvent être remplies ou non, contrôlables ou non. Mais, en général, elles ne sont précisées que lorsque le processus se révèle complexe et/ou intéressant ; dans les autres cas, on les passe sous silence.

Schank et Abelson (ibid) distinguent deux grands types de voies menant au but. La première — les PLANS — s'apparente aux heuristiques qu'on rencontre dans la résolution des problèmes (Mayer, 1977 ; Newell et Simon, 1972). Le protagoniste scinde le but en sous-buts qui constituent des étapes et s'efforce d'atteindre chacun d'eux par le biais d'actions successives. Évidemment, des modifications, de nouveaux buts peuvent apparaître. En conséquence, la probabilité de prédiction correcte du chemin suivi se révèle faible ; de là le caractère intéressant — subjectivement ressenti — de telles séquences et, donc, leur fréquente utilisation dans les récits. En voici un exemple (adapté d'après Schank et Abelson, ibid., p. 102).

« Le professeur Dupont vint à la ville pour acheter une maison. Il espérait en trouver une de style colonial dans le quartier nord pour moins de 600 000 F. Il demanda autour de lui pour trouver un bon agent immobilier et fut orienté vers l'agence Durand. Là, Monsieur Durand lui annonça qu'aucune maison n'était disponible dans le quartier nord à moins de 750 000 F, aussi Dupont lui demanda-t-il de chercher dans le quartier sud. Sur ces entrefaites un de ses collègues lui fit part d'une occasion intéressante dans le

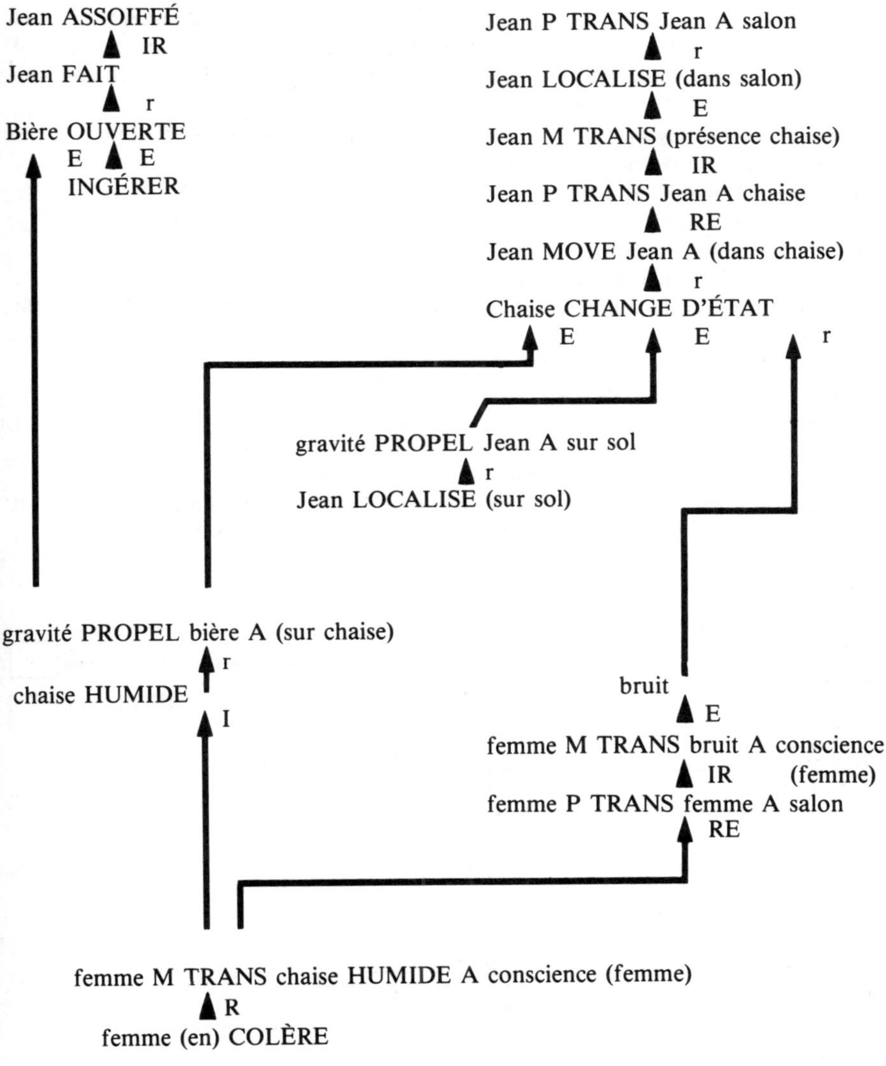

Illustration de la chaîne causale du récit ci-dessous

« Jean avait soif. Il ouvrit une bouteille de bière et alla au salon. Là, il vit une nouvelle chaise. Il s'assit dessus. Soudain la chaise se renversa et Jean tomba par terre. La bière se répandit sur la chaise. Quand sa femme entendit du bruit, elle accourut au salon. Elle fut très en colère que sa nouvelle chaise ait été abîmée »
(d'après Schank et Abelson, 1977, p. 28-29) Voir les explications dans le texte.

Figure 9

quartier ouest. Dupont la trouva à son goût mais, avant qu'il ait pu s'engager, il reçut un appel urgent lui apprenant que sa mère était très malade et il quitta la ville. Quand il revint, la maison du quartier ouest était vendue. Dupont décida de vivre en appartement au centre ville. Il fit venir sa femme de ménage et son chien ».

Ce récit peut s'analyser en différents buts dont deux dominent l'ensemble :

B1 : s'installer dans une nouvelle ville

B2 : venir en aide à sa mère

Le premier se trouve spécifié à plusieurs reprises par des sous-buts.

SB1.0 : avoir une maison

donnant lieu à des « aiguillages » successifs

SB1.1 : maison de style colonial dans le quartier nord, d'un prix ne dépassant pas 600 000 F

SB1.2 : maison dans le quartier sud

SB1.3 : maison dans le quartier ouest

puis, par suite d'échecs,

SB2.0 : avoir un appartement

SB3.0 : être rejoint par ses compagnons.

L'organisation apparaît sur le graphe de la figure 10 et on y observe qu'un but peut en spécifier (S) un autre, peut le reformuler (R) et même l'interrompre (I).

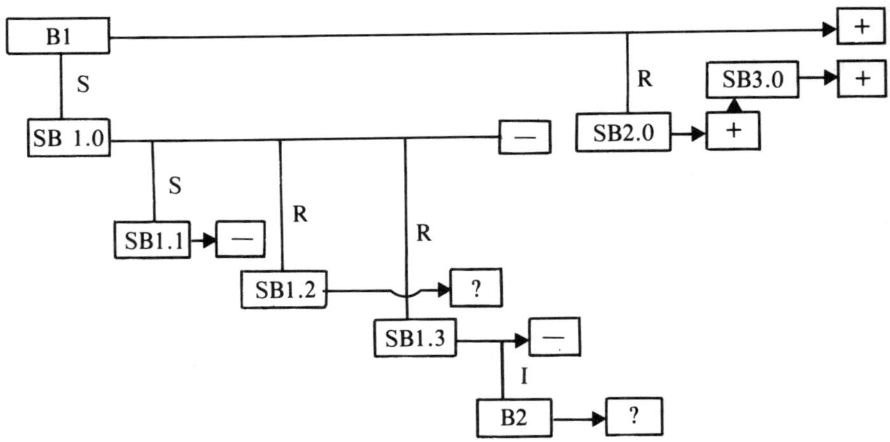

Graphe associé à la succession des buts (+ = succès ; — = échec ; ? = résultat inconnu). Adapté d'après Schank et Abelson, 1977, p. 105.
Voir les explications dans le texte.

Figure 10

Les PLANS constituent des modèles descriptifs parfaitement adaptés aux récits. Ils s'amorcent en effet soit par l'existence préalable d'un but soit par l'émergence de celui-ci consécutivement à une complication (ou déclencheur, ou événement initial). Ils se poursuivent ensuite par la mise en œuvre — mentale et/ou physique — d'actions orientées vers la réalisation. Ce que Rumelhart (1975, 1977) représente de la manière illustrée à la figure 11.

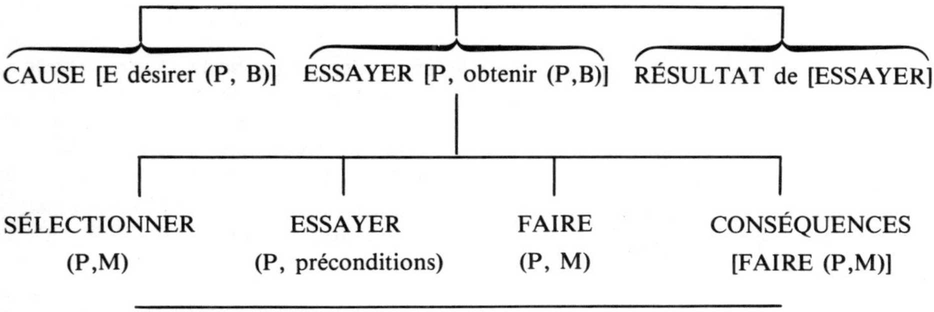

Abréviations :
E = Événement P = Protagoniste B = But M = Méthode

Représentation schématique d'un développement narratif général (d'après Rumelhart, 1975)

Figure 11

Cette structure se révèle parfaitement compatible avec celles décrites au chapitre précédent. Mais, rappelons-le, elle ne vise que la modélisation de l'organisation des représentations de séquences d'actions finalisées. Elle ne s'applique pas telle quelle aux narrations ni même aux récits. En fait, elle ne concerne que le narré (2).

Mais, la réalisation des buts ne passe pas systématiquement par la mise en œuvre de PLANS complexes. Le plus souvent, face à une situation problème, les sujets savent comment procéder du fait qu'ils disposent de connaissances à la fois générales et spécifiques relativement à la façon d'agir. En particulier, certaines séquences événementielles rigides reviennent très fréquemment (aller au travail, manger, aller chez le médecin...) avec des variations peu accusées. Bien connues, elles constituent des sortes de « blocs » (package) de « prêt-à-penser » stockés comme tels en mémoire à long terme et facilement mobilisables : les SCRIPTS.

Considérons un exemple : « aller au restaurant ». Cette activité comporte en fait une série d'actions concaténées, entre autres : se rendre jusqu'au restaurant, entrer, s'asseoir, lire le menu, choisir les plats, commander, manger, demander la note, payer, sortir. S'y associent des entités (lieux, moments...) et des personnages (la serveuse, la patronne...). Or, l'appel en mémoire de travail du « script » restaurant rend tout cela immédiatement disponible.

Il en résulte que le « script », inintéressant par définition puisqu'il relate des événements banals et connus de tous, se trouve très rarement mis en texte. Cela n'est d'ailleurs pas nécessaire. Néanmoins, l'essentiel se voit évoqué lors d'une simple mention et l'auditeur-lecteur parvient à se repérer. En général, l'allusion au « script » survient lorsque se manifeste une complication, un fait imprévu qui rompt avec la monotonie du déroulement.

Les notions de BUT, PLAN et SCRIPT sont évidemment fondamentales pour qui veut simuler la compréhension de séquences événementielles. En effet, face au récit suivant

« C'était l'anniversaire de Jean. Annie se rendit chez le parfumeur. Quelques minutes plus tard elle avait trouvé ce qu'elle cherchait. Heureuse, elle rentra chez elle ».
... de nombreuses inférences sont nécessaires. D'abord l'établissement du but, ici implicite. Ensuite, la détermination du « plan ». Enfin, la représentation de la réalisation signalée seulement par la mention du résultat et la fin du « script » (revenir chez soi). L'ordinateur doit donc être doté de systèmes lui permettant de « combler » les manques de la structure superficielle. C'est précisément ce qu'autorisent les BUTS, PLANS et SCRIPTS.

Il reste à savoir dans quelle mesure l'analogie avec le fonctionnement cognitif est pertinente.

II — LA VALIDITÉ PSYCHOLOGIQUE DES SCRIPTS

Certes, les spécialistes de l'intelligence artificielle ne prétendent aucunement simuler la pensée. Pourtant, les modèles qu'ils proposent fournissent de nombreuses hypothèses organisées en un tout cohérent et dont on peut légitimement se poser la question de la validité psychologique.

Comme nous l'avons déjà noté, l'importance des notions de BUT et de PLAN n'est plus à démontrer tant en ce qui concerne la description des comportements — en résolution de problèmes par exemple — qu'en ce qui relève des épreuves de rappel et compréhension (cf. le chapitre IV pour des exemples). Il est toutefois possible d'en fournir une illustration très suggestive en s'appuyant sur une expérience menée par Bransford et Johnson (1972).

Que le lecteur étudie le texte suivant une fois, attentivement :
« La procédure est tout à fait simple. En premier, vous classez les choses en groupes selon leur composition. Une pile peut suffire, tout dépend de la quantité. Si vous devez alors faire autre chose, faites-le, sinon vous êtes prêt. Il est important de ne pas surcharger. Mieux vaut traiter trop peu de choses en une fois que trop. A court terme cela peut sembler sans importance mais toute surcharge risque d'entraîner des complications. Une erreur peut également coûter cher (...). »

Ce passage apparaît, tel quel, parfaitement hermétique. Et il l'est au point de rendre sa mémorisation par les sujets extrêmement difficile. Ceux-ci se trouvent en effet confrontés à une séquence d'événements juxtaposés, c'est-à-dire sans unité (sans cohérence). Ajoutons maintenant un titre : « Comment utiliser votre lave-linge ». Dès lors, la signification du texte devient claire.

Quel a été l'effet du titre ? On peut penser que celui-ci a fourni un BUT unifiant à l'ensemble de la suite d'événements, ceux-ci apparaissant alors comme les étapes successives de la réalisation d'un PLAN. Il les a, en quelque sorte, fait signifier. Ce phénomène se retrouve dans d'autres expériences. Ainsi, Kozminsky (1977) montre qu'on peut biaiser la compréhension d'un passage en prose en modifiant son titre (cf. aussi Kieras, 1980).

On a donc des arguments expérimentaux nombreux en faveur de l'importance des BUTS et PLANS. Leur pertinence tant théorique qu'empirique apparaît bien avérée. Il en allait tout autrement, jusqu'à il y a peu, de la notion de SCRIPT. Mais les travaux de Black et Bower ont, depuis, montré son intérêt et sa « validité psychologique ».

Bower (1976) s'était intéressé au récit et avait retrouvé, dans une série d'expériences, les résultats exposés au chapitre précédent : rôle de la structure sous-jacente, impact de l'imagerie et de la concrétude sur les rappels. Il avait même mis en évidence une interaction structure x contenu avec effet facilitateur de la même structure appliquée à des contenus différents et effet inhibiteur de l'inverse. Mais c'est de 1979 que datent les premières investigations relatives aux scripts.

Bower, Black et Turner (1979) se demandent tout d'abord si des sujets adultes s'accordent suffisamment sur les actions et leur succession dans le cadre d'une activité donnée pour qu'on puisse penser que les SCRIPTS sont effectivement disponibles chez la quasi totalité d'entre eux. Les résultats montrent que la plupart citent quelques faits saillants constituant apparemment le « cœur du SCRIPT », quelques autres rapportent assez fréquemment certaines actions et, enfin, une minorité en ajoute d'autres. Nous fournissons au tableau XIV deux exemples illustrant ces résultats.

Un très large accord se dégage donc, révélant le caractère saillant de certaines actions et leur succession stéréotypée lors de l'évocation consciente, par introspection provoquée, de scènes banales.

Une seconde expérience confirme que les chaînes événementielles du type SCRIPT ne constituent pas des suites linéaires non hiérarchisées. Lorsqu'on fournit une liste d'actions (cf. tableau XVI) aux sujets en leur demandant d'effectuer des découpages en parties, on observe que les adultes placent la plupart des frontières aux mêmes sites, isolant ainsi des suites pouvant se résumer par un nom (l'arrivée, le choix...). On a donc affaire à une organisation hiérarchique avec des actions en subsumant d'autres de niveau inférieur, cela en fonction des sous-buts visés à chaque étape (3).

Les deux expériences ci-dessus ont l'inconvénient de faire appel à un traitement conscient des chaînes événementielles. Les résultats montrent donc simplement que, dans ce cas, les sujets adultes s'accordent quant aux entités et à leur découpage. Mais rien ne prouve qu'ils y recourent dans des épreuves moins métacognitives. De là la recherche suivante.

Si le SCRIPT constitue bien un « bloc » en mémoire à long terme et s'il se trouve, tel quel, appelé en mémoire de travail lors de la lecture ou de l'audition du « pointeur » qui le désigne (« restaurant » ; « réveil » ;...), alors le rappel de telles séquences devrait faire apparaître des intrusions, c'est-à-dire des formulations d'événements non présents dans l'original. De la même manière, dans une épreuve de reconnaissance, les sujets ne seraient pas en mesure de distinguer les informations effectivement fournies de celles disponibles en mémoire. Or, les résultats montrent qu'on a, conformément aux hypothèses, un taux très élevé de fausses reconnaissances.

TABLEAU XVI

Scripts empiriques à trois niveaux d'accord

ALLER AU RESTAURANT	SE LEVER
ouvrir la porte	se réveiller
entrer	*arrêter la sonnerie du réveil*
donner son nom (réservation)	*rester au lit*
attendre pour s'asseoir	*s'étirer*
aller à la table	SE LEVER
ETRE ASSIS	*faire son lit*
commander des boissons	aller à la salle de bains
mettre les serviettes sur les genoux	*aller aux toilettes*
CONSULTER LE MENU	prendre une douche
discuter du menu	se laver le visage
COMMANDER	se raser
parler	S'HABILLER
boire de l'eau	aller à la cuisine
manger salade ou soupe	préparer le déjeuner
arrivée des plats	DEJEUNER
MANGER	SE LAVER LES DENTS
terminer les mets	*lire le journal*
commander le dessert	se peigner
manger le dessert	prendre ses livres
demander la note	*se regarder dans le miroir*
arrivée de la note	*prendre son manteau*
PAYER	PARTIR.
laisser un pourboire	
prendre les habits	
PARTIR.	

Les actions citées par la plupart des sujets sont en majuscules, celles moins fréquemment évoquées sont en italiques, celles rarement rapportées sont en minuscules.

On observe donc des interférences entre le texte original de type SCRIPT et le SCRIPT mémoriel, ce dernier venant combler les emplacements vides en surface au point que les sujets se trouvent dans l'incapacité de distinguer ce qui relève de l'un ou de l'autre. On note également une tendance à réordonner les événements selon leur succession canonique lorsqu'ils sont présentés en désordre.

Enfin, tout SCRIPT, du fait qu'il relate des événements banals, est perçu comme dépourvu d'intérêt. L'auditeur-lecteur le tient pour acquis en le traitant comme « toile de fond » (background) sur laquelle s'inscrivent des faits remarquables parce qu'inattendus. Ces derniers devraient donc, de par leur saillance, être mieux rappelés. Et c'est effectivement ce qu'on observe.

Cette série d'expériences montre donc que les SCRIPTS ont indubitablement une « validité psychologique ». Non seulement les sujets sont capables de les évoquer consciemment mais leur impact se manifeste également, de manière très nette, lors d'épreuves de rappel et de reconnaissance. Enfin, leur caractère inintéressant semble bien avéré. Raconter un SCRIPT revient à violer un « postulat de conversation » : apporter des informations nouvelles (Grice, 1975). Aussi l'attention des sujets se porte-t-elle sur les faits saillants, ceux banals étant moins fréquemment rappelés non pas parce qu'ils se révèlent moins disponibles mais parce qu'ils sont tenus pour acquis.

Certains problèmes restent cependant non résolus. Ainsi, le niveau de détail d'un SCRIPT n'est défini que de manière très floue. On sait qu'il peut régresser à l'infini mais on constate aussi que les actions sur lesquelles les sujets s'accordent se situent à un niveau « moyen » de précision. Tout se passe comme si on observait, en ce qui concerne les événements, un phénomène similaire à celui relevé par Rosch (1975, 1976) relativement aux objets, à savoir qu'ils sont catégorisés à un niveau de base — un prototype — permettant de stocker le maximum d'informations avec le minimum de caractéristiques (4).

Autre problème, celui du niveau d'abstraction des SCRIPTS en mémoire. Récemment, Schank (1980) a tenté de préciser cette notion. Selon lui, le SCRIPT serait un squelette organisateur assimilant les expériences de même type. Il se trouverait sous la dépendance de M.O.P. (memory organization packets) structurant la mémoire épisodique et permettant de traiter les nouveaux événements. Cette entité hypothétique, sorte de « super-SCRIPT », rechercherait, face à une expérience vécue, une attache en mémoire évoquant un SCRIPT déjà disponible et procéderait, par comparaison des attentes et des faits, à des réorganisations continuelles.

Il reste que le problème essentiel demeure celui de la catégorisation et du traitement des expériences nouvelles. Les erreurs de mémoire constituent, dans ce cadre, des sous-produits des capacités de compréhension et de précision. Les données ne sont assimilables que dans des limites assez étroites et l'intégration du nouveau pose un problème aussi bien aux psychologues qu'aux spécialistes de l'intelligence artificielle.

III — CONCLUSION

Les recherches menées dans la perspective de l'intelligence artificielle ont contribué notablement à préciser une série de concepts utilisés lors de l'étude du récit. En premier lieu, elles ont très justement mis l'accent sur la représentation infra-linguistique des actions et de leurs enchaînements. De ce point de vue, les modèles d'organisation développés (Rumelhart, 1975, 1977) ressemblent beaucoup à ceux issus de la théorie du « schéma » (chapitre IV). Mais les auteurs précisent clairement le statut de leurs modèles : il ne s'agit en aucun cas de rendre compte des phénomènes langagiers.

Dès lors, les entités décrites — BUT, PLAN, SCRIPT — ont un champ d'application beaucoup plus général. Au fond, elles correspondent à des catégorisations relativement « naïves » (Schank et Abelson, 1977, p. 4) mais suffisamment puissantes pour rendre compte des chaînes événementielles telles que nous nous les représentons. Par ailleurs, elles permettent, de par le souci de simuler sur ordinateur, de soulever des problèmes jusqu'alors passés inaperçus car leur solution apparaissait trop triviale.

En se demandant, d'une part, de quelles connaissances préalables il faut disposer pour comprendre une histoire brève et — apparemment — simple, les chercheurs ont mis en évidence la très grande complexité de l'organisation en mémoire à long terme du « savoir sur le monde ». Cela les a conduits à noter le caractère unificateur des BUTS, seuls capables de donner une cohérence globale aux séquences d'événements, qu'il s'agisse de PLANS ou de SCRIPTS.

Les études — encore trop rares — relatives à la « validité psychologique » des notions ainsi utilisées tendent à confirmer la pertinence de celles-ci, et pas seulement dans le cadre du seul récit. Ainsi, l'organisation BUT — sous-BUTS — PLAN se retrouve dans la résolution de problèmes, y compris ceux de la vie quotidienne. Les SCRIPTS permettent de rendre compte, et de la facilité avec laquelle nous traitons certains phénomènes, et de faits depuis longtemps connus : intrusions, fausses reconnaissances, remise en ordre de séquences et, plus spécifiquement dans le cas du récit, du caractère intéressant ou non de ce qui est relaté.

Enfin, l'un des moindres mérites des recherches concernant l'intelligence artificielle n'est pas d'avoir aidé à mieux poser le problème des inférences (ce qui ne signifie pas qu'il soit résolu). Celles-ci apparaissent indispensables à la compréhension de récits même simples car, du fait de notre « connaissance du monde », nous avons tendance à n'expliciter que ce qui nous semble nécessaire. Mais leur traitement exige des conditions préalables — organisation en mémoire des connaissances relatives à un thème donné — qui sont loin d'être toujours remplies, chez l'enfant par exemple (Ehrlich et Florin, 1981). Par ailleurs, même si elles s'effectuent de manière plutôt automatique, elles n'en consomment pas moins de temps (Clark et Haviland, 1977 ; Haviland et Clark, 1974 ; Singer et Ferreira, 1983) et, donc, imposent une charge en mémoire de travail.

Il reste que, lorsqu'on passe de la théorie du schéma à l'étude de l'organisation de la représentation des séquences événementielles, on s'éloigne de plus en plus des problèmes liés à la mise en texte (5). C'est le narré qui fait l'objet des investigations mais, dans le même temps, les relations avec la narration apparaissent de plus en plus floues. Or, si le « schéma » et les chaînes événementielles doivent être analysés il en va de même des aspects psycholinguistiques.

NOTES DU CHAPITRE V

(1) Schank et Lebowitz (1980) notent que, pour l'ordinateur comme pour l'être humain, la compréhension ne constitue pas un phénomène opérant en tout ou rien. Il faut en fait considérer qu'il existe des *niveaux* de compréhension et il semble parfaitement possible d'élaborer des programmes qui en tiennent compte. En revanche, comme le remarquent les auteurs, *aucun programme ne sait pourquoi il lit des histoires*. Aucun non plus, ne lit comme une personne, c'est-à-dire *dirige son traitement* des informations vers ce qu'il trouve intéressant. Ces lacunes ne paraissent toutefois pas insurmontables si l'on en croit les deux chercheurs.

(2) La compatibilité de l'organisation hypothétique de type BUT-PLAN avec celle issue des grammaires de récit n'est pas acceptée par tous. Il s'avère pourtant possible d'utiliser dans les deux cas des règles de réécriture du type événement → réaliser un but + résultat (Dyer, 1983). Mais, dans les deux cas, et quel que soit le modèle de référence utilisé, les représentations ne concernent que les aspects *cognitifs* des récits (Graesser, Robertson et Anderson, 1981).

(3) Mandler et Murphy (1983) étudiant l'impact de la structure de surface sur les jugements subjectifs relatifs aux « scripts » obtiennent des résultats qui ne confirment que très partiellement ceux attendus à partir des thèses développées par Bower. En effet, les « frontières » entre constituants du script sont loin de faire l'unanimité des sujets adultes et elles se révèlent très sensibles à la présence (ou à l'absence) de certaines marques de surface (ponctuation par exemple). On retrouve en fait ici les problèmes soulevés au chapitre IV (sous III) à propos des jugements subjectifs.

(4) Rosch (1978) considère que les événements de la vie quotidienne se trouvent codés en unités de type SCRIPT (script-like units) — « prendre une douche », « aller à l'école »... — et non en regroupements plus petits (« mettre de la pâte dentifrice sur sa brosse à dents »...). Les SCRIPTS constitueraient donc un niveau de base pour l'abstraction des événements. Cela dit, malgré tous les arguments empiriques que l'on a accumulés depuis quelques années, la théorie — ou plutôt l'hypothèse — des SCRIPTS reste vague, la notion elle-même se révèle mal définie. Comme le soulignent Uyl et Oostendorp (1980), on se trouve confronté à une définition circulaire : des éléments qui se regroupent constituent un SCRIPT et réciproquement. Il n'empêche que cette « théorie » permet d'expliquer un certain nombre de phénomènes (cf. Haberlandt et Bingham, 1984).

(5) En fait, tant les grammaires de récit que les modèles de type BUT-PLAN rendent compte non pas de l'organisation des textes narratifs mais de celle des *chaînes événementielles* en général, énoncées sous forme linguistique ou mises en images. Lichtenstein et Brewer (1980) ont ainsi montré que les patrons de rappels observés avec la prose narrative se trouvaient en grande partie déterminés par le schéma BUT-PLAN sous-jacent.

CHAPITRE VI

L'ACQUISITION DU RÉCIT

L'acquisition du récit est mal, très mal connue. Certes, comme nous allons le voir, on dispose d'un nombre non négligeable de travaux empiriques. Mais ceux-ci portent, pour la plupart, sur la période six-dix ans. Par contraste, il n'existe pratiquement pas de recherches traitant des productions entre deux et quatre ans. On en est donc, pour l'heure, réduit aux hypothèses en ce qui concerne l'apparition et le développement précoce du récit.

Certes, on sait que, très tôt, l'enfant est en mesure d'évoquer un événement qui vient d'arriver et de le relater, en un énoncé au passé (Antinucci et Miller, 1976). Mais il y a loin de la production d'une annonce de nouvelle à celle d'un récit comportant une séquence de phrases concaténées renvoyant à des événements et états inter-reliés. Et, en conséquence, on ne se trouve guère en mesure de faire la part des influences, sans doute convergentes, qui aboutissent à la « capacité » de raconter.

Trois grands types de facteurs semblent, a priori, susceptibles d'intervenir dans cette acquisition :

1) D'une part, il y a la représentation — au sens de reconstruction sur un plan symbolique (Piaget, 1947) — des séquences d'actions. On dispose, à cet égard, d'informations relativement nombreuses émanant de l'École de Genève et des travaux conduits par Nelson (1977, 1978).

2) D'autre part, influent vraisemblablement les exemples de récits lus par les adultes aux enfants. Il s'agit là d'une pratique courante dont l'étude ne fait que commencer et dont on ignore comment elle peut faciliter l'acquisition.

3) Enfin, jouent sans doute un rôle fondamental, au moins en production, les interventions adultes incitant l'enfant à préciser les circonstances, causes et conséquences (pourquoi ? où ? et alors ? et après ?) des faits qu'il relate en un seul énoncé. En effet, dans la mesure où le récit apparaît comme formant une unité relativement autonome susceptible d'être comprise avec un recours minimum aux éléments extralinguistiques, l'enfant doit apprendre à l'élaborer en fonction de l'interlocuteur et de la situation. Or, si on sait que, très tôt, il se révèle capable, dans des tâches simples, de prendre en compte le point de vue d'autrui (cf. Beaudichon et Bideaud, 1979, pour une revue ; cf. aussi Donaldson, 1978), aucune étude n'a réellement été consacrée à ce problème dans le cadre de l'acquisition du récit. On peut néanmoins penser que les demandes de compléments d'informations interviennent du fait qu'elles fournissent à l'enfant une rétroaction quant à sa propre production et qu'elles lui permettent peu à peu d'anticiper sur la réaction de l'auditeur en introduisant d'emblée les éléments indispensables à la compréhension (1).

Aucune des recherches jusqu'alors publiées ne distingue clairement entre ces trois grandes catégories de facteurs. Et l'attention se porte généralement, comme dans les travaux concernant l'adulte, sur l'organisation du narré — les séquences d'événements et leur structure — plutôt que sur la narration et les difficultés qu'elle soulève. De plus, les données empiriques recueillies s'attachent beaucoup plus fréquemment à la compréhension qu'à la production. Celle-là a, en effet, l'avantage de rendre plus facile la construction de plans expérimentaux ; permettant, par là-même, la mise à l'épreuve d'hypothèses.

I — GENÉSE DE LA PRODUCTION DE RÉCITS

Magee et Sutton-Smith (1983) sont les seuls à ce jour à avoir tenté, de manière certes très intuitive, d'étudier l'acquisition précoce du récit. Leur travail reste évidemment très discutable puisqu'il se présente sous forme d'une étude de cas concernant une fillette enregistrée à vingt-huit reprises entre 23 et 33 mois. L'analyse est conduite dans une perspective inspirée des recherches sur l'interaction sociale précoce (Bruner, 1975, 1983) et amène les auteurs à isoler des étapes successives.

Tout commence par le dialogue face à un livre d'images : l'adulte commente, nomme ou questionne et l'enfant « répond » par un babil et, plus tard, en nommant, acquérant ainsi les « tours de parole » (turns). Puis, il exerce peu à peu un contrôle croissant sur le dialogue ; il pointe, questionne mais s'attache encore surtout aux formes de l'échange — les « prises de rôle » successives — plus qu'aux contenus. Viennent ensuite les auditions d'histoires d'abord dominées par l'adulte mais auxquelles l'enfant contribue de plus en plus : reconnaissant le « fil » du récit, il anticipe, rit, manifeste des réponses émotionnelles et s'insère dans la trame.

A l'étape suivante, l'enfant commente les images d'un livre (picture-telling) et, encouragé par son partenaire (et après ? qu'est-ce qui arrive après ?), apprend à ajouter ou enlever des éléments à une trame narrative donnée. On assiste à la mise en place de co-narrations dans lesquelles l'enfant partage avec l'adulte le contrôle du déroulement d'un récit déjà connu.

Quant aux narrations produites par l'enfant seul, elles apparaissent tardivement et concernent d'abord les expériences vécues par le sujet avant de s'appliquer aux autres. Leur maîtrise serait très progressive car l'enfant ne disposerait pas des moyens linguistiques lui permettant de les mener à bien. Il faudrait donc attendre la fin de la période étudiée (trois ans) pour en rencontrer.

Magee et Sutton-Smith ne dissimulent pas que le problème essentiel, face aux productions précoces, est de savoir s'il s'agit effectivement d'histoires. De fait, elles ne correspondent pas au mode d'organisation qu'on rencontre chez l'adulte. Elles consistent le plus souvent en une brève suite d'assertions concernant un thème et amorcées par « tu sais... », formule ouvrant une prise de parole (les « tickets » de Sacks, 1972).

L'adjonction d'un début et d'une fin avec les marqueurs linguistiques correspondants ne surviendra que plus tard.

Ces observations recoupent celles effectuées par d'autres chercheurs. Ainsi, Sabeau-Jouannet (1977) note que, au début de l'acquisition de la conduite de récit, les énoncés produits par l'enfant se révèlent trop liés à la situation immédiate pour être interprétables en dehors d'elle. Dominent les éléments déictiques et les liaisons idiosyncrasiques. Dès lors, l'adulte auditeur ne parvient pas à reconstituer les faits-référents à partir des rapports associatifs présentés dans le discours.

Repina (1971) avait également noté que, vers trois-quatre ans, l'enfant était capable de suivre une histoire si et seulement si celle-ci était accompagnée d'images « en l'absence desquelles il ne peut imaginer les événements décrits ». Vers quatre-cinq ans, il parviendrait à « raconter » des dessins mais sans aller au-delà d'une simple description ; il faudrait attendre six-sept ans pour qu'il ajoute des éléments non présents (relations causales ; début et fin...). Des résultats similaires sont rapportés par Margairaz et Piaget (1924) : lorsqu'on montre à des enfants de quatre à douze ans deux images illustrant le début et la fin d'une histoire, la compréhension du passage de l'une à l'autre ne s'effectuerait pas avant sept-huit ans.

Sabeau-Jouannet, comme Repina et Margairaz et Piaget soulignent tous que, face à des images successives d'une même histoire, les enfants se bornent à juxtaposer les descriptions et n'identifient même pas les personnages : « ils racontent l'histoire comme s'il s'agissait de personnages distincts » (Margairaz et Piaget, ibid.).

Mais, il convient de ne pas perdre de vue que les narrations ainsi recueillies le sont à partir d'images successives sensées représenter des étapes successives d'un même événement. Celui-ci doit donc faire l'objet d'une reconstruction par l'enfant afin qu'un récit devienne possible. En l'absence de celle-ci, il paraît normal que dominent les juxtapositions consécutives à ce que Piaget dénomme l'« incapacité synthétique ». Le problème se pose évidemment tout autrement lorsque l'événement pré-existe à la narration, soit qu'il ait été vécu soit qu'il ait été observé. Or, la plupart des auteurs n'ont pas distingué entre ces deux cas de figure, concluant en général à partir de l'un et généralisant à l'autre.

Applebee (1978) est sans doute le seul à avoir mené une recherche quant aux productions narratives concernant plus de trois cents sujets âgés de deux à dix-sept ans. Adoptant résolument une perspective développementale, il essaie de rendre compte de l'évolution à partir de deux concepts majeurs : la décentration — comme capacité à dépasser la perspective égocentrée (Piaget, 1923) — et la décontextualisation (Bruner, 1975) — comme possibilité d'aller au-delà des paramètres de la situation immédiate.

Reprenant le corpus recueilli par Pitcher et Prelinger (1963) en ce qui concerne les enfants de deux à cinq ans, Applebee a analysé un certain nombre de marques formelles du récit et leur mise en place au cours du développement. Il a ainsi montré que, à cinq ans, la quasi-totalité des sujets recouraient — en réponse à la consigne « racontemoi une histoire » — à un début rituel — (« il était une fois... ») — et au passé. En revanche, seulement la moitié d'entre eux utilisaient une fin formellement marquée : « fin », « ils furent heureux... » (p. 163).

Applebee s'est également efforcé de rendre compte de la complexité croissante des trames narratives. Conscient du caractère intuitif des catégorisations et de la difficulté qui apparaît lorsqu'on essaie de classer les textes, il s'est néanmoins référé aux travaux de Vygotsky relatifs à la résolution de problèmes de classification. Cela l'a amené à distinguer six grands types de narrations génétiquement hiérarchisés :

a) Les « amas » (heaps) : ensemble de propositions n'entretenant entre elles aucune relation.

b) Des séquences : suites de propositions comportant un argument — en général l'agent — commun (« the core of the story », p. 60) : A fait X, A fait Y, A fait ...

c) Les narrations primaires dans lesquelles des événements complémentaires se trouvent regroupés sous une activité superordonnée. Ces productions correspondent approximativement aux SCRIPTS précédemment décrits (cf. chapitre V).

d) Les chaînes non focalisées : dépourvues de clôture, elles consistent en propositions concaténées dont chacune partage un élément avec la précédente et un autre avec la suivante.

e) Les chaînes focalisées dont la forme la plus typique est la narration d'actions effectuées ou subies par un personnage central ; ce que l'auteur résume par la formule « les aventures vécues par X... » (« the continuing adventures of... », p. 65).

f) Les narrations : orientées dans le sens d'une progression — intuitivement ressentie — vers le sommet de l'histoire. Chaque incident se développe à partir du précédent et, dans le même temps, introduit un nouvel élément du thème. Ce type de production — qui ne représente encore que 20 % des textes oraux à cinq ans — apparaît « clos », c'est-à-dire que la situation initiale s'oppose à celle finale (Fayol, 1980).

TABLEAU XVII

Structure des histoires relatées par les enfants

Ages*	2 ans	3 ans	4 ans	5 ans	Total
Organisation					
Amas	5	3	0	2	10
Séquences	13	6	7	1	27
Narrations primaires	7	7	3	0	17
Chaînes non focalisées	0	2	3	5	10
Chaînes focalisées	5	11	16	16	48
Narrations	0	1	1	6	8

(*) Trente sujets par couche d'âge.
D'après Applebee, 1978, p. 60.

Pour intuitive qu'elle soit, cette classification et l'évolution qu'elle permet de mettre en évidence recoupe les observations d'autres auteurs ; à condition de ne pas trop s'attacher aux âges. Ainsi Schank (in Schank et Abelson, ibid., p. 225 et suivantes), étudiant la genèse de la narration chez sa fille Hana, note que, à 2 ; 11 ans, les productions recueillies ne comportent pas de BUT : tous les faits relatés semblent se situer sur le même plan. Vers quatre ans, il relève un accroissement de la fréquence des organisations du type PLAN (BUT plus chaîne événementielle visant à l'atteindre) mais celles assimilables aux SCRIPTS continuent à dominer (cf. les « narrations primaires » d'Applebee). Enfin, il semblerait qu'il faille attendre cinq ans et plus pour que l'enfant parvienne à élaborer des narrations comportant non plus une simple concaténation de procès banals mais une hiérarchie, même fruste, subordonnant les actions à la poursuite d'un PLAN lui-même dérivé d'un but.

Un travail récent d'Esperet (1984) tend à confirmer cela. Cet auteur s'intéresse à l'ontogenèse du « schéma » narratif et à son rôle dans la production (cf. chapitre IV) chez des enfants de quatre à onze ans. Dans cette perspective, il soumet ceux-ci à deux types de tâches : l'une, métacognitive, de jugement de narrativité (est-ce que ça fait une histoire ?), l'autre de production sur demande (raconte-moi une histoire). Les résultats qu'il obtient, en faisant alterner les observations longitudinales (enfants suivis au cours de leur scolarité) et transversales, révèlent que

a) Les productions tendent peu à peu, au cours de l'évolution, à se rapprocher du « schéma » canonique mais, à sept ans et demi encore, celui-ci n'est mis en œuvre que par un tiers des sujets sous la forme « situation initiale-complication-tentative-résolution ». Toutefois, ce phénomène ne paraît concerner que les seules histoires inventées. Celles faisant référence à des événements vécus recèlent une moindre complexité structurale : il s'agit le plus souvent de séquences temporelles d'actions (« On est allé à la maison, on a mangé, puis on s'est couché ») proches des SCRIPTS ou d'épisodes très incomplets (un événement apparaissant sur un fond d'actions banales).

b) Les jugements marquent un retard net par rapport aux productions. Ainsi, à sept ans, les enfants se révèlent tout juste capables de distinguer un non-texte (énoncés concaténés mais sans liens sémantiques et sans marques cohésives) d'un texte non nécessairement narratif. Il faut attendre onze ans et demi pour que les histoires soient clairement repérées et que leurs caractéristiques apparaissent dans les justifications (« c'est tranquille et puis il se passe quelque chose et ça redevient tranquille »).

Esperet en conclut qu'il se produit bien, en production comme en « conscientisation », « une évolution dans la représentation que les enfants ont de ce qu'est une histoire » ; représentation qui tend de plus en plus à se conformer au « schéma » canonique adulte.

L'accord relativement large qui se dégage des recherches précédemment citées ne doit pas masquer la persistance de problèmes délicats. Le premier concerne les méthodes d'analyse des textes produits. Malgré les nombreuses tentatives effectuées pour élaborer des critères (Applebee, ibid. ; Botvin et Sutton-Smith, 1977 ; Caron, 1974 ; Esperet, ibid. ; Fayol, 1981), aucune solution satisfaisante n'a été trouvée. Il en résulte que l'insertion des récits dans des catégories mutuellement exclusives exige des prises de décision difficilement reconductibles par autrui. Cela tient à deux faits : d'une part, les liaisons inter-événementielles sont souvent peu marquées par les enfants et, d'autre part, les éléments de surface qu'ils utilisent pour cela n'ont pas nécessairement pour eux la même signification que pour l'observateur.

Le second problème a trait aux conditions pragmatiques de production. Selon le type de tâche, les résultats obtenus varient très sensiblement. Ainsi, Fayol (1982 b) recueille, dès cinq ans, des récits « spontanés » « bien formés » en sollicitant les enfants par un « raconte » en réponse à une annonce de nouvelle. En voici un exemple relaté par une fillette :

« NF (un élève de sa classe) elle l'avait déjà eu ce truc là (un vaccin)... la maîtresse lui avait donné un bonbon et pis elle s'était étouffée alors J (la dame de service) elle avait tapé (dans le dos) et pis il était resté collé là (montre son cou) » où l'on reconnaît le cadre, la complication, la tentative et la résolution. Or, à la même période, il est quasiment impossible d'obtenir, sur commande (« raconte-moi une histoire »), une narration de l'enfant. De même, les productions se révèlent très différentes selon qu'elles concernent une histoire inventée proche du conte, un récit d'expérience personnelle ou une bande dessinée. Et il est inutile de souligner le décalage entre oral et écrit (Simon, 1973).

Tout se passe comme si on avait affaire à un phénomène proche de celui décrit par Piaget et Inhelder (1941) sous le terme de « décalages horizontaux » : la même structure — ici « le schéma » — serait plus ou moins précocement mobilisable selon le type de tâche et les conditions pragmatiques de production. Le problème reviendrait alors à définir de manière opérationnelle ces deux paramètres ; ce qu'on sait encore très mal faire. Mais on peut aussi se demander s'il n'y aurait pas acquisition d'organisations « locales » ultérieurement transférées de proche en proche à d'autres tâches jusqu'à concerner tout un champ d'activités. Il est actuellement impossible de trancher entre ces deux thèses mais on peut au moins envisager les résultats obtenus à des épreuves de compréhension et de mémorisation.

II — COMPRÉHENSION ET MÉMORISATION DES RÉCITS

Les recherches relatives à la compréhension et à la mémorisation de récits ne sont pas toutes récentes. Ainsi, dès 1923, Piaget a-t-il étudié comment les enfants rappelaient un conte et il a observé que les plus jeunes, avant sept ans, du fait de « l'égocentrisme » de leur pensée, tendaient à déformer en bloc l'histoire originale et à subsister aux liaisons causales interévénementielles de simples juxtapositions. Dans un autre travail, mené avec Krafft (Krafft et Piaget, 1924), dans lequel des sujets de six à dix ans avaient à ordonner des séries d'images de manière à construire un récit, il a retrouvé les mêmes tendances.

En somme, selon ces premiers travaux, les principales caractéristiques du récit adulte n'apparaîtraient guère que vers sept-huit ans. Les histoires ne convergeraient pas vers une action unique, elles ne formeraient pas un tout, la mise en séquence chronologique laisserait à désirer. Cela résulterait de la dominance des liaisons syncrétiques liées à l'irréversibilité de la pensée ; l'enfant se trouvant dans l'impossibilité de se soustraire au « courant de conscience » qui l'amène à élaborer, de manière immédiate, une interprétation d'ensemble à laquelle il plie les éléments ultérieurement rencontrés.

Bien d'autres recherches ont été conduites de manière empirique, sans chercher à maîtriser les contenus des récits et leur dégré de complexité. Sans prétendre à l'exhaustivité, nous pouvons en évoquer rapidement quelques-unes que nous avons détaillées ailleurs (Fayol, 1983).

Mialaret et Malandain (1962), Jacob (1969) ont étudié la compréhension de films narratifs soit fixes soit animés et ont noté que, jusqu'à six-sept ans l'enfant ne retenait que les détails frappants. Il faudrait attendre huit ans pour qu'il soit en mesure de suivre le déroulement d'une histoire simple et neuf-dix ans pour qu'il assimile les éléments moins directement reliés au thème. Des résultats sensiblement identiques sont obtenus avec des dramatiques télévisées (Collins, 1978) ou des contes lus (Meresse-Polaert, 1969 ; Mukerji, 1975 ; Vallasekova, 1975).

Il semblerait donc que, de quatre à sept ans, l'enfant, confronté à des récits — oraux ou imagés — relativement complexes n'en retienne d'abord que les faits les plus saillants et fasse abstraction des autres éléments. Il ne s'attacherait qu'aux événements à fort contenu émotionnel et/ou perceptif ou aux énoncés accentués par des traits suprasegmentaux (intonation) (cf. Yendovitskaya, 1971). Il faudrait attendre douze ans pour que les performances soient du même type que celles adultes (Tardy, 1966).

A bien des égards, les travaux précédemment cités se révèlent criticables sur le plan méthodologique. En particulier, les contenus et la complexité des histoires sont mal définis. La difficulté du vocabulaire n'est pas considérée. De nombreuses variables risquent donc d'influer sans qu'on soit en mesure d'évaluer leur impact.

Les recherches plus récentes, menées essentiellement depuis 1975, sont, de ce point de vue, beaucoup plus satisfaisantes. En effet, les progrès effectués tant sur le plan théorique que sur celui des techniques de recueil des données ont permis d'isoler certaines variables et d'en étudier l'impact en compréhension. Ainsi en va-t-il de la structure des récits que la théorie du « schéma » (chapitre IV) a contribué à expliciter.

2.1. Les patrons de rappel et leur évolution

Mandler et Johnson (1977) soumettent des enfants de cours préparatoire (six ans) et moyen (neuf ans) ainsi que des étudiants à une épreuve de rappel concernant quatre histoires enregistrées au magnétophone. Le délai entre audition et remémoration varie de dix minutes à vingt-quatre heures. Les résultats obtenus apparaissent sur la figure 12.

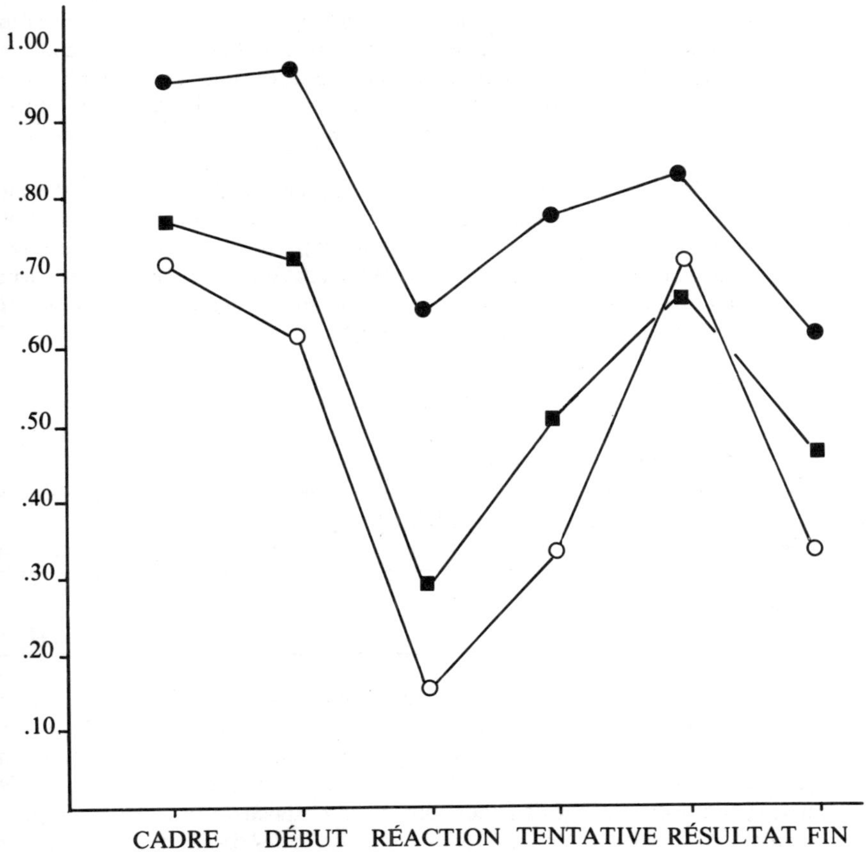

Proportion de propositions rappelées en fonction des différentes catégories narratives et de l'âge (●— étudiants ; ■— cours moyen 1 : 9 ans ; ○— cours préparatoire : 6 ans). D'après Mandler, Scribner, Cole et De Forest, 1980.

Figure 12

Comme on le constate, la performance s'améliore très nettement avec l'âge mais, de manière globale, les patrons de rappel restent sensiblement identiques ; ce que confirment d'autres recherches menées avec d'autres récits (Stein et Glenn, 1979). En général, le cadre initial, le début et le résultat se révèlent très fréquemment rappelés. En revanche, les réaction, tentative et fin apparaissent nettement moins souvent. Ces phénomènes s'avèrent à tout âge, dans les limites ici considérées, et chez les sujets de toute culture.

Cet impact de la structure, telle que la décrit la théorie du « schéma », se manifeste quelle que soit la longueur du récit et le nombre d'épisodes. L'atteste le travail de Glenn (1978) dans lequel des enfants de cours élémentaire première année (sept ans) ont à rappeler quatre histoires sous quatre versions de même structure (un cadre, un événement initial, une réponse interne, une tentative, une conséquence, une réaction) mais dont la taille varie en fonction du nombre de propositions associées à chaque catégorie narrative (trois pour le cadre qui reste invariant ; une, deux, quatre ou huit propositions pour chacune des autres au gré des versions).

Certes, le nombre d'unités rappelées croît avec la longueur du texte original mais, comme dans le cas de l'apprentissage de listes de mots, le pourcentage diminue. Cela signifie que la baisse des rappels n'évolue pas en proportion constante de celle des récits. En revanche, quelle que soit la longueur, le taux des différentes catégories narratives demeure sensiblement identique. Il correspond, comme le montre le tableau XVIII, aux résultats rapportés par Mandler et Johnson (ibid.).

TABLEAU XVIII

Proportions de rappel des différentes catégories narratives

Catégories	Cadre	Événement initial	Réponse interne	Tentative	Conséquence	Réaction
Pourcentages de rappel	.55	.53	.26	.35	.49	.44

Les données ci-avant rapportées tendent donc à montrer que, dès six ans, l'enfant dispose d'une représentation de l'organisation des séquences d'actions de même type que celle adulte. Ce « schéma » générerait des attentes, selon un mode « de haut en bas » (top down) permettant de structurer les informations d'entrée ou de les retraiter dans un sens conforme au schéma canonique lors du rappel.

En somme, l'effet de la structure narrative se manifeste dès six ans dans les épreuves de rappel. Et son impact se révèle particulièrement net en ce qui concerne l'organisation temporelle ; fait qui contredit les conclusions émises par Piaget. Pourtant, et tel est le raisonnement de Wimmer (1980), il doit bien exister une période au cours de laquelle, le « schéma » n'étant pas disponible, l'enfant aurait des performances sensiblement identiques face à un récit bien formé (i.e. correspondant à l'organisation canonique) et face à un texte aux propositions mal ordonnées.

Afin de texter cette hypothèse, Wimmer élabore des récits de différents niveaux de complexité qu'il présente soit sous une forme canonique soit sous une version mal structurée. Les âges des sujets s'étalent de quatre à quatorze ans. Conformément à ses hypothèses, il constate que, chez les plus jeunes, les rappels des propositions et actions sont équivalents avec les histoires bien ou mal structurées, ce qui ne s'avère plus au-delà de quatre ans. Pourtant, même à cet âge, l'ordre de restitution se révèle meilleur avec les récits organisés conformément au « schéma » canonique.

Cette conclusion rejoint celle de Brown (1975) et de Brown et Murphy (1975) qui, reprenant certaines épreuves de Piaget (1946) montrent que, dans des épreuves de reconstitution d'ordre, les enfants même jeunes (quatre ans) réussissent si la séquence n'est pas aléatoire.

Les résultats tendent donc à montrer que, contrairement aux thèses de Piaget, les enfants de niveau préopératoire sont en mesure de s'appuyer sur l'organisation logicocausale des actions successives pour reconstituer, en rappel, les séquences qu'on leur a présentées. Le « schéma » narratif paraît donc commencer à intervenir dès quatre ans, face à un matériau adapté. Le problème consiste évidemment à savoir ce que signifie « matériau adapté ».

Nous reviendrons sur ce problème au paragraphe suivant, lors de l'étude de la compréhension mais, déjà, nous pouvons évoquer une expérimentation récente manipulant la familiarité des événements référés. Hudson et Nelson (1983) étudient la mémorisation de SCRIPTS chez des enfants de maternelle (quatre ans) et de cours préparatoire (six ans). Dans ce but, elles sélectionnent deux séquences événementielles, l'une bien connue des sujets (une « partie » d'anniversaire), l'autre moins familière (la confection d'un biscuit). Elles font également varier systématiquement la présence (vs l'absence) de BUT superordonné et l'ordre de présentation (les inversions ne portent que sur deux propositions).

Les résultats confirment ceux antérieurement obtenus en ce qui concerne la variable âge : les enfants de six ans ont une proportion de rappel supérieure à celle observée à quatre ans, cela pour toutes les catégories narratives. Mais, surtout, une interaction se manifeste, qui montre que seuls les sujets de maternelle sont affectés par l'absence de BUT superordonné et cela seulement avec le SCRIPT le moins familier (confection de biscuit). Dans tous les autres cas, le BUT est inféré et rétabli. Quant à l'ordre de rappel, il corrèle très fortement avec celui de présentation lorsque ce dernier est canonique. Dans le cas contraire, celui-ci se trouve fréquemment rétabli ou alors l'un des deux événements inversés se voit éliminé.

Très tôt donc, une organisation canonique interévénementielle semble guider les rappels de récits. Elle paraît se mettre en place à partir de quatre ans pour des faits avec lesquels les enfants sont familiarisés (Nelson, 1977, 1978) et elle tend, dans une première phase, à se rigidifier pour acquérir ultérieurement une plus grande souplesse (Hudson et Nelson, ibid.). Cela résulterait du fait que, dans un premier temps, elle fonctionnerait de manière automatique, sans contrôle volontaire de la part des sujets (Mandler et De Forest, 1979) ; ce qui expliquerait la remise en ordre systématique des événements présentés selon une séquence non canonique.

2.2. Études relatives à la compréhension

Les épreuves de rappel, même lorsqu'elles sont réussies, n'impliquent pas nécessairement que les sujets ont compris les récits. On pourrait en effet penser, compte tenu des patrons obtenus, qu'interviennent essentiellement des facteurs dont on connaît l'impact dans les épreuves de mémorisation de listes de mots : effets de primauté et de récence, importance de l'imageabilité et de la force évocatrice des termes (Denis, 1979 ; Lieury, 1981). D'ailleurs, même si ces variables n'expliquent pas tout, on sait du moins qu'elles interviennent.

L'attestent les résultats obtenus par Feldman, Klosson, Parsons, Rholes et Ruble (1976). Ceux-ci rappellent que, selon les recherches antérieures (Piaget, 1932), les enfants porteraient un jugement moral en l'étayant essentiellement sur les conséquences des actes et en ne tenant que très peu compte des intentions. Or, celles-là apparaissent presque toujours en dernier et la centration des sujets sur elles pourrait résulter simplement d'un effet de récence. Il suffirait, pour l'éliminer, de varier systématiquement l'ordre de formulation (intention puis conséquence vs conséquence puis intention). Les données recueillies confirment nettement l'impact de ce facteur, surtout chez les plus jeunes qui semblent « oublier » les informations présentées en premier lieu.

Toutefois, on ne saurait en conclure que les jeunes enfants ne comprennent pas les histoires qu'on leur raconte. Il faut, pour le savoir, étudier plus avant cette question.

La manière la plus simple d'étudier la compréhension de récits après lecture ou audition consiste à poser des questions relatives aux événements et à leurs relations. C'est ainsi que procèdent, entre autres, Goldman et Varnhagen (1983) pour comparer la compréhension, par des enfants de sept et neuf ans et des adultes, d'histoires comportant ou non un obstacle s'opposant à la réalisation du but. Nous donnons ci-après (tableau XIX) un exemple de texte assorti des questions, certaines ne requérant qu'un rappel littéral (que ? qui ? comment ?) d'autres exigeant l'effectuation d'inférences causales (pourquoi ?).

Cette méthode, fréquemment utilisée, a permis d'étudier le développement de la compréhension et, en particulier, celui des inférences. Ainsi Paris et Upton (1976) ont recherché comment évoluaient les capacités à aller au-delà des informations explicitement fournies chez des enfants allant de la maternelle au cours moyen deuxième année (de cinq à dix ans). Ils ont observé que la performance s'améliorait de manière monotone avec, cependant, deux ruptures, l'une entre cinq et six ans, l'autre entre huit et neuf ans.

Dans une seconde expérience, ils ont cherché à mettre en évidence une corrélation entre les scores obtenus aux inférences « contextuelles » (i.e. portant sur les présuppositions et les conséquences probables des événements) et les résultats aux rappels libres. Une analyse menée à l'aide d'une régression multiple révèle que la capacité à répondre aux questions portant sur ce type d'inférences, capacité qui augmente avec l'âge, constitue le meilleur prédicteur de l'exactitude des rappels (les pourcentages de variance expliquée étant de .332, .462 et .672 à cinq, huit et dix ans) (2).

L'ensemble des recherches concernant les inférences et leur évolution chez l'enfant (cf. Trabasso et Nicholas, 1980, pour une revue) montre que même les plus jeunes se révèlent capables d'aller au-delà des informations explicites pour établir des relations entre événements. Toutefois, et c'est là le constat essentiel, ils ne le font pas spontanément, contrairement à leurs aînés. On aurait donc affaire à une « habileté » (skill) très précoce mais dont la mise en œuvre systématique ne s'opérerait que lentement, consécutivement au développement des procédures métacognitives intervenant non plus seulement sur les informations elles-mêmes mais sur leur représentation interne (Karmiloff-Smith, 1983), permettant ainsi l'utilisation de « plans » d'appréhension (3).

A l'évidence, la possibilité de procéder à des inférences et de parvenir à la compréhension d'un texte, récit ou autre, ne dépend pas seulement de la saisie des relations

TABLEAU XIX

L'enfant qui s'ennuyait (d'après Goldman et Varnhagen, 1983)

Cadre	Il était une fois un garçon, Jimmy, qui vivait dans une petite ville
Déclencheur	Un jour, Jimmy revint de l'école à sa maison et termina ses devoirs
Réponse interne	Jimmy s'ennuyait et voulait un chien pour jouer avec lui
Tentative	Jimmy vida sa tirelire et prit l'argent pour aller acheter un chien
Fin sans obstacle	
Conséquence	Jimmy acheta un chiot et joua avec lui dans le magasin
Réaction	Jimmy était très heureux et il ramena le chiot chez lui en faisant très attention
Fin avec obstacle	
Conséquence	Les chiots étaient trop chers et Jimmy ne put en acheter un
Réaction	Jimmy était très mécontent et il quitta rapidement le magasin

	Questions « quoi (vs qui) » et « comment »
Déclencheur	1. Que fit un jour Jimmy ? 2. Que fit-il après ?
Réponse interne	1. Comment se sentait Jimmy ? 2. Que voulait-il ?
Tentative	1. Que fit-il alors ? 2. Et après, que fit-il ?
Conséquence	1. Qu'arriva-t-il alors ? 2a (pas d'obstacle) Et que fit Jimmy ? 2b (avec obstacle) Qu'est-ce que Jimmy ne put pas faire ?
Réaction	1. Comment se sentait Jimmy à la fin de l'histoire ? Que fit Jimmy à la fin de l'histoire ?

	Questions « Pourquoi ? »	Types d'informations
Réponse interne	1. Pourquoi Jimmy s'ennuyait-il ?	Réponse émotionnelle
	2. Pourquoi voulait-il un chiot pour jouer ?	But
Tentative	1. Pourquoi Jimmy vide-t-il sa tirelire et porte-t-il l'argent au magasin ?	Tentative pour atteindre le but

Absence d'obstacle		
Conséquence	1. Pourquoi achète-t-il un chiot ?	Actions liées à l'atteinte du but
	2. Pourquoi joue-t-il avec le chiot dans le magasin ?	
Réaction	1. Pourquoi Jimmy était-il heureux à la fin de l'histoire ?	Réponse émotionnelle à l'atteinte du but
	2. Pourquoi rapporte-t-il le chiot à la maison à la fin de l'histoire ?	Action suivant l'atteinte du but
Présence d'obstacle		
Conséquence	1. Pourquoi les chiots étaient-ils trop chers ?	Obstacle
	2. Pourquoi Jimmy ne put-il pas acheter un chiot ?	Atteinte du but bloquée
Réaction	1. Pourquoi Jimmy était-il très mécontent à la fin de l'histoire ?	Réponse émotionnelle à la non atteinte du but
	2. Pourquoi Jimmy quitte-t-il rapidement le magasin à la fin de l'histoire ?	Action suivant l'échec à atteindre le but

logico-causales inter-propositionnelles. En effet, l'appréhension de celles-ci semble exiger, préalablement, l'accès aux significations lexicales. C'est ce que démontrent les travaux d'Ehrlich et Florin (1981) pour le Français et de Freebody et Anderson (1983) pour l'Anglais.

Ehrlich et Florin construisent, à partir de la même trame narrative quatre récits variant selon le niveau de difficulté lexicale (facile vs difficile ; cf. Ehrlich, Bramaud du Boucheron et Florin, 1978) et la forme syntaxique des phrases (propositions indépendantes vs principales plus subordonnées). Ils en étudient le rappel libre et la compréhension en distinguant entre celle propositionnelle (portant sur les informations explicites intra-propositions : agent, objet, lieu...) et celle suprapropositionnelle (faisant intervenir au moins deux propositions et concernant les informations implicites). Les récits sont soumis à des enfants de trois, cinq, six, neuf et dix ans, répartis en deux groupes selon le milieu socio-économique des parents (ouvriers vs cadres supérieurs et professions libérales).

Les résultats montrent que la forme syntaxique du texte n'a aucune influence. En revanche, la difficulté lexicale joue un rôle très important. Elle conditionne la compréhension propositionnelle qui, elle-même, constitue une condition nécessaire mais non suffisante pour l'accès à celle suprapropositionnelle. Ce qui conduit les auteurs à proposer le modèle d'intégration suivant (ibid., p. 59).

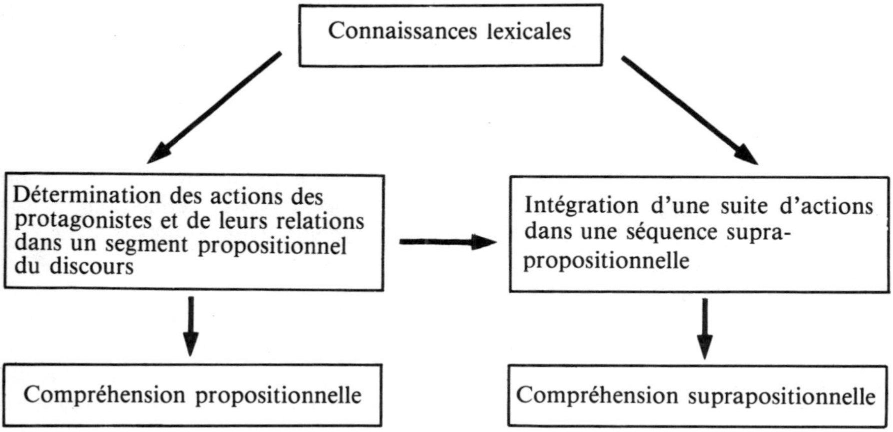

Comme on pouvait s'y attendre, on observe des effets de l'âge et du niveau socio-économique, avec une moindre réussite des enfants d'ouvriers par rapport à ceux dont les parents exercent des professions libérales ou de cadres supérieurs.

Freebody et Anderson (ibid.) obtiennent des résultats sensiblement identiques en montrant, de plus, l'impact de la familiarité du thème de l'histoire sur l'appréhension de celle-ci par l'enfant : mieux la situation référée est connue, meilleure est la compréhension. Enfin, Feagans et Farran (1981) trouvent, en contrastant deux groupes de sujets de cinq ans selon leur classe sociale que ceux issus d'un milieu défavorisé présentent une compréhension plus lente que les autres. De plus, même lorsque celle-ci est contrôlée, ils éprouvent plus de difficultés à faire face à une tâche de production (paraphrase). Ces deux facteurs interviennent sans doute cumulativement et expliquent les scores inférieurs observés par ces enfants dans des épreuves de rappel libre et, plus généralement, dans les exercices scolaires mettant en jeu des récits (Feagans, 1982).

Les recherches relatives à la compréhension des récits par l'enfant montrent donc qu'interviennent en premier lieu la difficulté lexicale et la familiarité du thème. Ces deux variables, que l'on ne sait encore définir qu'empiriquement, conditionnent la saisie des relations intrapropositionnelles : qui fait quoi, comment, où et à quel moment ? Mais elles ne suffisent pas à assurer l'intégration des phrases successives en un tout donnant au narré son unité. Cela exige que soient établies des liaisons interpropositionnelles le plus souvent non explicitées dans le texte. Le sujet doit, pour cela, recourir à des inférences portant essentiellement sur les présuppositions et les conséquences probables des événements (liaisons logico-causales). Or, si, très tôt, les enfants en semblent capables, à condition qu'on le leur demande, il apparaît qu'ils n'effectuent pas spontanément ces opérations avant neuf-dix ans. Ce qui explique à la fois les performances inférieures des plus jeunes dans des épreuves de réponse à des questions et la moindre qualité de leurs rappels.

Plusieurs hypothèses peuvent être émises pour tenter d'expliquer ces phénomènes. En premier lieu, la mise en œuvre croissante d'inférences avec l'âge peut tenir à l'accroissement de la vitesse de traitement des informations ; fait récemment avéré dans d'autres champs de recherche tels que la résolution d'opérations ou la répétition de mots (Case, 1978 ; Case, Kurland et Goldberg, 1982). En second lieu, la capacité de la mémoire de travail pourrait également s'accroître avec l'âge (Pascual-Leone, 1970), permettant ainsi à l'enfant d'opérer simultanément sur des données plus nombreuses. Enfin, le « schéma » narratif, du fait de sa constitution de plus en plus complète, autoriserait, de par les attentes qu'il génère, une gestion de plus en plus totalisante des récits lus ou entendus ; il fonctionnerait en quelque sorte comme une « métaprocédure » plus ou moins consciente (Esperet, 1984 ; Flavell, 1981).

Il n'est guère possible, pour l'heure, de choisir entre ces hypothèses. Peut-être sont-elles complémentaires plutôt que mutuellement exclusives. Nous y reviendrons dans la conclusion de ce chapitre. Dans l'immédiat, nous allons envisager plus spécialement les recherches relatives à la « métacognition » appliquée au récit.

III — LE RÉCIT COMME OBJET DE CONNAISSANCE

Les activités relatives au récit ne se bornent pas à la production et à la compréhension. Il en est d'autres, peut-être moins fréquentes, dont l'importance semble indéniable : paraphraser ou résumer une histoire, isoler et hiérarchiser les éléments constitutifs, compléter un texte en inventant soit un début soit une fin... Ces activités, essentiellement développées dans le cadre scolaire, font appel, à des degrés divers, à une certaine prise de conscience des caractéristiques du récit.

La première de celles-ci concerne la délimitation du récit par opposition aux autres types de discours, description par exemple. Comme nous l'avons rappelé au chapitre I, cet aspect reste, même chez l'adulte, mal connu et peu exploré. Or, plusieurs auteurs ont récemment signalé que les jeunes enfants ne semblent pas avoir de la notion d'histoire la même représentation que leurs aînés.

Ainsi, Stein et Glenn (1979) notent que, lorsqu'on demande à des sujets de six et sept ans de raconter des histoires, on obtient assez fréquemment des productions très brèves ne comportant que des éléments descriptifs relevant du « cadre » — personnages, lieux... — sans mention d'événements. Plus tard, on recueille des pseudo-épisodes incomplets, dépourvus des catégories narratives essentielles, et simplement juxtaposés. Lorsque la tâche consiste en une complétion d'histoire dont l'expérimentateur fournit le début, la suite élaborée par les enfants ne se révèle conforme à la structure épisodique que dans 50 % des cas en maternelle, 72 % en cours élémentaire deuxième année (huit ans) et 78 % en sixième (onze ans) (Stein et Glenn, 1982).

Ces résultats, retrouvés sur quelque deux cent cinquante enfants français par Fayol (1981), tendent à montrer que les plus jeunes ont une acception de la notion d'histoire beaucoup plus large que les adultes (cultivés ; cf. Fayol, 1980). Une expérience confirme cela. Esperet (1984) construit quatre types de « produits » de même longueur et de même structure syntaxique :

— des « non-textes » (NT) ainsi dénommés car ils se composent de cinq énoncés dépourvus de toute relation sémantique et de toute liaison anaphorique,

— des « textes » (T) comportant des marques superficielles de cohésion (pronoms, articles...) mais relatant un SCRIPT banal

— des productions « ouvertures » (O) dans lesquelles se manifeste une complication mais sans que soient précisées les réactions et conséquences qui s'ensuivent

— des « histoires » (H) dotées des caractéristiques du « schéma » canonique.

L'expérimentateur demande simplement aux enfants, après leur avoir fait écouter chaque « produit », si « cela fait ou non une histoire ».

Les résultats, portant sur des enfants de quatre à sept ans, montrent que, pour les plus jeunes, tous les « produits » présentés sont jugés comme étant des histoires pourvu qu'apparaisse un personnage. A cinq ans s'établit la distinction NT/(T-O-H) confondus : les sujets refusent NT en arguant de ce que « ça ne va pas ensemble ». A sept ans encore, on ne relève pas de différenciation plus fine. Il faut attendre neuf-dix ans pour que les histoires (H) soient seules acceptées et que celles T et O se voient rejetées (cf. aussi Esperet et Fayol, 1982 ; Stein, 1983).

Ces données convergentes amènent à penser que les caractéristiques des productions recueillies auprès d'enfants jeunes en réponse à la consigne « raconte une histoire » tiennent peut-être moins à des difficultés de planification ou d'enchaînement événementiel qu'à l'acception apparemment très large que ces sujets accordent au terme utilisé par l'expérimentateur ou par l'enseignant. Il n'y aurait pas lacune au niveau de l'organisation des représentations de séquences événementielles mais difficulté à sélectionner le « schéma » seul pertinent dans le cadre de la tâche proposée.

Un autre aspect ayant donné lieu à de nombreuses investigations a trait aux possibilités de sélectionner les éléments les plus importants d'un récit. On sait (chapitre III) que les adultes s'accordent approximativement pour hiérarchiser les propositions d'un texte et que la relation d'ordre ainsi obtenue permet de prédire les contenus des résumés. Qu'en est-il chez l'enfant ?

Brown et Smiley (1977) demandent à des sujets de huit, dix, douze et dix-huit ans de classer les éléments de textes selon quatre niveaux d'importance. Elles observent que les plus jeunes n'en différencient aucun. Les enfants de dix ans ne détectent que ceux les plus haut situés dans la hiérarchie. Les pré-adolescents de douze ans distinguent trois catégories (plus vs moins important et un reliquat non hiérarchisé). C'est seulement à dix-huit ans que la tâche ne pose plus de problème. Comme le remarquent les auteurs, la sensibilité à l'importance des unités narratives ne se développe que très graduellement sur une très longue période ; les enfants ne peuvent donc que très tardivement s'y référer pour optimiser leurs stratégies d'étude des textes (Brown, Smiley et Lawton, 1978).

Ces résultats posent problème dans la mesure où tous les auteurs ayant comparé les performances des enfants de même âge à des tâches d'extraction de thème, en rappel différé par exemple, et à d'autres de hiérarchisation ou de tri des propositions narratives, ont relevé un retard plus ou moins important des secondes sur les dernières (Danner, 1976 ; Denhière, 1979, 1982 ; Denhière et Le Ny, 1980). Tout semble se passer comme si on avait affaire, à sept-huit ans, à un traitement automatique de la trame narrative avec assignation d'un niveau d'importance aux divers éléments. En revanche, la prise de conscience, le traitement contrôlé, feraient appel à une méta-connaissance plus abstraite et se développant ultérieurement et lentement avec des différences interindividuelles très marquées (Brown, 1975 ; Di Vesta Hayward et Orlando, 1979 ; Smiley, Oakley, Worthen, Campione et Brown, 1977).

Il faut toutefois noter que les performances obtenues par les enfants comme par les adultes à des tâches de jugement d'importance varient très fortement en fonction des consignes. L'expérience menée par Yussen, Mathews, Buss et Kane (1980) en constitue une bonne démonstration. Les auteurs reprennent des récits du type de ceux utilisés par Stein et Glenn (1979) et demandent à des sujets de huit, dix et douze ans de sélectionner trois éléments (sur six présentés pour chaque histoire) à partir de deux consignes : a) choisir les constituants « les plus importants » b) même tâche mais en conservant « ce qui serait le plus nécessaire pour raconter l'histoire, plus brève, à un camarade ».

Les auteurs retiennent, pour l'analyse, la proportion de sujets qui, aux différents âges, sélectionnent simultanément le « déclencheur », la « tentative » et « la conséquence ». Les résultats apparaissent au tableau XX.

TABLEAU XX

Proportions de sujets choisissant les trois catégories clés en fonction de l'âge et du type de consigne (D'après Yussen et al., 1980)

Consigne	Ages			
	8	10	12	Adultes
— les plus importants	.06	.14	.25	.27
— les plus « critiques » pour raconter	.06	.22	.22	.50

Le choix des trois constituants fondamentaux tend donc à devenir de plus en plus fréquent avec l'âge. Mais il ne diffère d'une sélection aléatoire qu'à partir de dix ans. De plus, les consignes ont une influence dès dix ans ; isoler les éléments susceptibles de fournir une version abrégée de l'histoire aboutit à retenir plus fréquemment les constituants jugés essentiels pour relater un récit.

Les résultats obtenus aux épreuves de tri des constituants peuvent être rapprochés de ceux recueillis dans le cadre d'une expérience concernant des résumés (Fayol, 1978). On présentait, à des sujets de quatre à neuf ans des récits associés à de vrais résumés plus ou moins brefs (15, 25 et 50 mots), des pseudo-résumés ne retenant pas les événements dominants mais en incluant d'autres extraits du texte initial et, enfin, de faux résumés ne conservant que les personnages mais en les mettant en scène dans des actions différentes de celle de l'histoire de départ. Après audition, rappel et compréhension — évaluée par des questions — on faisait entendre aux enfants les divers « résumés » en leur demandant si « ça racontait la même histoire » et si, « quand on était pressé, on pouvait la raconter plus courte, comme ça ».

Les données montrent qu'on peut isoler trois grands types de réactions. Les plus jeunes admettent n'importe quel « résumé » comme équivalent à l'histoire initiale car, selon eux, les mêmes personnages sont évoqués. Ensuite, vers sept ans, ils refusent systématiquement toute possibilité de raconter plus brièvement les mêmes faits. Enfin, vers huit-neuf ans, les enfants admettent le principe du résumé même s'ils hésitent encore à accepter les plus brefs.

L'épreuve de jugement portant sur la pertinence des résumés met en jeu la possibilité d'isoler, au moins grossièrement, les éléments les plus importants d'un récit plus une évaluation relative à la comparaison du texte initial avec celui plus bref. Or, les résultats obtenus tendent à montrer que l'acceptation des résumés les plus longs coïncide avec l'accès à la capacité d'établir une hiérarchie sommaire entre constituants (Brown, ibid.). On peut donc conclure que les diverses tâches portant sur le récit comme objet de connaissance aboutissent à des résultats convergents.

IV — CONCLUSION

Ce sont indubitablement les épreuves de rappel — immédiat ou différé — qui semblent aboutir aux résultats les plus clairs et les plus conformes aux actuelles théories du récit, celle du « schema » en particulier. Si l'on en croit les divers auteurs, et au moins en ce qui concerne les performances obtenues au niveau des différents groupes d'âge considérés, l'organisation narrative canonique et le patron de rappel qui lui correspond sont en place dès six ans et s'amorcent à quatre ans. Tout au plus note-t-on que la structure paraît plus rigide chez les jeunes, ceux-ci tendant plus que leurs aînés à rétablir l'ordre conventionnel lorsqu'il n'est pas initialement respecté.

Le « schéma » narratif semble donc, très tôt, opérationnel en ce sens qu'il se révèle susceptible de guider la compréhension et la reconstruction des récits. Son efficacité paraît même très grande puisque il suffit de présenter une description — dont la mémorisation est difficile pour les plus jeunes — sous forme narrative pour observer une nette amélioration des performances (Freedle et Hale, 1979) (4). Toutefois, le « schema » reste une entité hypothétique dont on sait simplement qu'il « génère les attentes ». Cela ne signifie pas toutefois que la forme que lui accordent Mandler, Stein et Glenn, etc. soit la plus pertinente.

On peut en effet se demander, au vu des très faibles scores en rappel des catégories telles que « réaction » et « fin », si les aspects essentiels ne résident pas dans une représentation des séquences d'actions en termes de BUT superordonné et de PLAN plus ou moins complexe pour atteindre celui-ci. Ce qui ferait apparaître les modèles élaborés dans le cadre de l'intelligence artificielle comme plus pertinents (cf. chapitre V). Un récent travail de Nezworski, Stein et Trabasso (1982) aboutit à des résultats allant dans ce sens. Ces auteurs manipulent des récits de telle sorte que le BUT apparaisse, au gré des différentes versions, au niveau de chacun des composants de base (cadre, déclencheur, réponse interne, conséquence et réaction). Nous donnons ci-après un exemple des différentes réécritures du même récit en fonction de l'emplacement du but (tableau XXI). Or, à une épreuve de rappel, on n'observe plus, dans ces conditions, de différences significatives dans la restitution des diverses catégories narratives ; cela tant à cinq qu'à huit ans. Tout se passe comme si le contenu — ici le BUT — dominait très nettement la dimension structurale : l'information relative au BUT est toujours bien rappelée, parfois avec des modifications de localisation, quel que soit son emplacement initial. (Cf. pourtant Bower, 1982 et chapitre IX).

En d'autres termes, l'organisation relativement stéréotypée des rappels conduit à inférer l'existence très précoce d'un « schéma » sous-jacent guidant la compréhension et la reproduction. Toutefois la structure de celui-ci reste largement spéculative. Les catégories narratives isolées par Mandler et par Glenn ne sont pas nécessairement les plus pertinentes. A bien des égards, le modèle — simple — développé par Rumelhart puis Shanck et Abelson paraît à la fois plus « économique » et plus susceptible de rendre compte de la genèse. En effet, comme nous l'avons souligné dans l'introduction de ce chapitre, le problème du développement précoce du récit reste entier, car non étudié. Et on ne peut a priori écarter l'impact de la représentation cognitive des séquences d'actions ; représentation qui résulterait d'une reconstruction sur le plan symbolique de conduites déjà maîtrisées au niveau sensori-moteur. Il semble abusif de considérer que l'organisation narrative s'acquiert essentiellement voire exclusivement par exposition à un corpus.

TABLEAU XXI

L'ACHAT SECRET

Catégories	Version originale	Adjonctions
Cadre	Il était une fois deux enfants, Pierre et Marie, habitant de part et d'autre d'une rue	Le lendemain, c'était l'anniversaire et Pierre et Marie lui offrait toujours un cadeau
Déclencheur	Un matin, Pierre appela Marie et lui demanda de venir jouer	Un ami de Marie lui dit que le jour suivant serait l'anniversaire de Pierre et que celui-ci aimerait recevoir un cadeau
Réponse interne	Mais Marie voulait aller faire des courses et ne voulait pas dire à Pierre où elle allait	Marie savait que, le lendemain, ce serait l'anniversaire de Pierre et elle pensait à un cadeau
Tentative	Aussi Marie dit-elle à Pierre qu'elle était malade et qu'elle ne pourrait venir jouer	
Conséquence	Puis Marie se rendit dans les magasins et acheta des patins à roulettes flambant neufs	Le lendemain, Marie donna à Pierre un cadeau d'anniversaire
Réaction	Marie pensait que c'était un jouet original et elle était très heureuse d'avoir effectué son achat en secret de Pierre	Marie était très excitée de pouvoir offrir le lendemain un cadeau d'anniversaire à Pierre

(D'après Nezworski, Stein et Trabasso, 1982)

Exemple de réécritures d'un même récit en fonction des différents emplacements possibles du « but » finalisant la séquence d'actions

Les recherches à venir permettront sans doute de choisir entre les différents modèles proposés celui le mieux en mesure d'expliquer simultanément les phénomènes déjà observés en rappel et la genèse du récit entre deux et cinq ans. Il faut ajouter que, dans l'état actuel des recherches, on ne dispose pas encore d'informations sur le traitement « on-line » (en lecture par exemple) chez l'enfant de six à douze ans et sur l'impact qu'ont des variables telles que le lexique, la complexité syntaxique et la continuité thématique sur ce traitement.

Si l'on délaisse maintenant les épreuves de rappel, l'aspect le mieux connu relativement au développement du récit concerne les jugements dits « subjectifs ». Là, comme nous l'avons observé, les résultats convergent pour montrer qu'il faut attendre l'âge de neuf ans pour que l'enfant soit en mesure d'établir consciemment une hiérarchie fruste entre les différentes composantes. Celle-ci continue à évoluer très lentement tout au long de la scolarité primaire et secondaire. Seuls, apparemment, les adultes cultivés réussissent les tâches de sélection - hiérarchisation plus complexes. Encore convient-il de souligner que, contrairement aux premières observations effectuées en ce domaine, l'accord est loin d'être unanime entre sujets. On relève en effet de très importantes différences interindividuelles et des variations sensibles en fonction des consignes.

A l'évidence, on n'a plus, là, affaire à des tâches mettant en jeu un traitement « automatique » ou, en tout cas, non conscient de l'information. Les épreuves utilisées — soulignement, tri, résumé plus ou moins bref, etc. — font appel à une connaissance sur la connaissance (« Knowing about knowing » selon la formule de Brown, 1975 b) qui exige, pour s'appliquer, que le matériau-objet soit lui-même déjà en partie maîtrisé. Ceci expliquerait le décalage très important qu'on relève entre des « habiletés » (skills) concernant pourtant le même « objet ». En effet, le « schéma » narratif apparaît utilisé dès six-sept ans ; l'établissement conscient d'une hiérarchie entre composantes de celui-ci ne se manifeste guère avant neuf-dix ans ; et l'utilisation de cette dernière afin de résoudre certains problèmes — mieux mémoriser un texte par exemple — se révèle encore plus tardive.

Le constat des décalages entre ces différentes activités ne saurait tenir lieu d'explication. La thèse des « processus métaprocéduraux » — qui considère que les procédures, une fois automatisées, deviennent des « objets » susceptibles d'être traités au niveau de la représentation et, donc, réorganisés (cf. Karmiloff-Smith, 1983) — fournit une méthode d'approche du problème dont on peut penser qu'elle permettra d'éclairer les opérations mentales en jeu et de rendre compte de la succession des «habiletés » au cours du développement.

C'est, de manière évidente, l'évolution de la production des récits qui se révèle la moins étudiée et, consécutivement, la moins connue. On ne dispose même pas, pour la période allant de deux à cinq ans, de descriptions susceptibles de montrer les continuités (vs les discontinuités) du développement. De là l'impression que la capacité à raconter émergerait brusquement vers quatre ans.

Il faut bien voir que le problème est très complexe. Comme le montrent de récents travaux, le terme même d'« histoire » ne paraît pas avoir, chez l'enfant jeune, la même acception que chez l'adulte. Dès lors, son utilisation dans les consignes (« raconte une histoire »/« est-ce une histoire ? ») semble contestable : les productions recueillies — rarement de type narratif et rarement complètes (au sens du « schéma ») — ne permettant pas de conclure que les jeunes sujets se trouvent dans l'incapacité de « raconter » selon l'organisation canonique. Sans doute faudra-t-il, dans les années à venir, s'orienter vers la constitution de corpus « spontanés » (cf. Fayol, 1982 c) de « narrations conversationnelles » (Umiker-Sebeok, 1979).

Le second problème relatif aux productions a trait aux difficultés d'analyse des récits. Malgré l'existence de tentatives intéressantes (cf. Applebee, 1978 ; Botvin et Sutton-Smith, 1977 ; Gaonac'h et Esperet, 1985), les chercheurs se heurtent à un obstacle de taille : les décisions qu'ils prennent s'appuient sur une interprétation des marques de surface (lexique mais aussi déterminants, pronoms, terminaisons verbales, etc.) dont il n'est pas évident de considérer que l'enfant les utilise d'emblée comme l'adulte. On sait même qu'il n'en va pas ainsi (cf. chapitre VIII). En conséquence, les « structures » établies, et leur succession, se révèlent peu fiables et difficilement reconductibles (5)).

Le troisième problème provient de la complexité même de la tâche de narration. De nombreux paramètres interviennent — situation d'énonciation, caractéristiques de l'événement référé, destinataire, but assigné au récit, etc. — dont la manipulation expérimentale s'avère difficile. Déjà, certaines recherches sont amorcées, qui visent à étudier l'impact de certaines de ces variables. Mais les difficultés surgissent en ce qui concerne le choix des variables dépendantes (ce qu'on mesure) car celles-ci dépendent à la fois des progrès théoriques (théorie des marques de surface et de leur genèse) et des progrès techniques permettant l'étude expérimentale « on-line » de la production.

NOTES DU CHAPITRE VI

(1) Rares même sont les travaux qui font simplement allusion à l'impact éventuel de la situation d'énonciation, des réactions de l'interlocuteur et des caractéristiques du référent (cf. respectivement, Pellegrini, 1982 ; Umiker-Sebeok, 1979).

(2) Oakhill (1984) a, elle, exploré les relations entre l'habileté à comprendre au cours de la lecture et l'utilisation des inférences. Elle trouve que le problème auquel semblent confrontés les « mauvais compreneurs » paraît résider non dans leur incapacité à procéder à des inférences mais dans la moindre fréquence avec laquelle ils les utilisent.

(3) Il faudrait ajouter que, sans concerner directement le problème des inférences, les travaux de Markman (1979) révèlent que les sujets de huit-neuf à onze-douze ans échouent le plus souvent à détecter des contradictions intra-narratives, même si on note une certaine amélioration en fonction de l'âge. De plus, Omanson, Warren et Trabasso (1978) ont montré que, même lorsqu'on contrôle la mémorisation des informations, les sujets de huit ans élaborent plus d'inférences que ceux de cinq ans. Mais, Strohner, Rickheit et Weingarten (1982) obtiennent avec une méthodologie comparable des résultats différents qui sont confirmés par Hildyard (1979) et Brown et Hurtig (1983). En fait, nous savons peu de choses relativement aux inférences et à leur évolution. Il s'agit là d'un champ de recherche extrêmement vaste et encore aujourd'hui mal délimité.

(4) Waltz et Dorfman (1983) relèvent un phénomène facilitateur du même type que celui observé par Freedle et Hale (1979) lorsqu'ils écrivent : « Why should telling a child a story which convey a moral be more effective than simply stating the moral ? ». Le problème reste aujourd'hui encore posé mais Kintsch (1982) a proposé un certain nombre d'éléments susceptibles d'expliquer la facilité avec laquelle le sujet tout-venant mémorise les trames narratives.

(5) Même lorsque, comme Kemper (1984), on recourt à des juges.

CHAPITRE VII

LA THÉORIE DU SCHÉMA EN DIFFICULTÉ

Comme nous l'avons souligné à plusieurs reprises, la théorie du « schema » narratif a constitué un indéniable progrès dans la mesure où elle a permis d'aborder les problèmes de mémorisation, compréhension et production de formes textuelles supraphrastiques et, essentiellement, de récits. Pourtant, comme toute construction théorique, elle n'est pas à l'abri de critiques plus ou moins sévères. Par exemple, on lui a beaucoup reproché le caractère vague de la notion de « schema ». Cela a amené les chercheurs à préciser ce terme en lui donnant des acceptions parfois assez différentes (cf. chapitres IV et V) et, en tout cas, relativement éloignées de celle initialement retenue par Bartlett.

La coexistence de diverses « modélisations » de l'organisation des séquences d'actions finalisées ne constitue pas un problème essentiel. On peut en effet penser que les travaux empiriques parviendront tôt ou tard à retenir celui (ou ceux) seul pertinent. En revanche, ce qui semble plus grave, c'est l'accumulation des résultats tendant à démontrer le caractère inadéquat de certains des postulats de la théorie du « schéma ».

Comme toute théorie, celle du « schema » comporte un « noyau dur » de concepts de base qui fonctionnent, dans les travaux empiriques, comme des postulats non discutés. Leur remise en question ne saurait donc, dans un premier temps du moins, provenir de ceux des chercheurs ayant contribué à les établir. En revanche, d'autres, moins directement concernés, ne manquent pas de procéder à des critiques. Et, depuis quelques temps, ces dernières sont apparues de plus en plus fréquentes et pertinentes.

Comme le remarque Denhière (1982), « un schema est une notion hypothétique dont la vérification expérimentale, très malaisée, ne peut être qu'indirecte ». Cela signifie qu'on a affaire à une construction théorique dont la pertinence réside dans son pouvoir explicatif et prédictif de certains phénomènes. Lorsque ceux-ci ne se produisent pas, il est toujours possible de recourir à un modèle ad hoc élaboré après coup mais, lorsque les contre-épreuves s'accumulent, il faut alors se résoudre à changer de théorie. Pour l'heure, les faits recueillis, s'ils permettent, comme nous allons le voir, de mettre en doute l'existence du « schema », ne suffisent pas encore à élaborer une théorie substitutive plus puissante.

I — LE « NOYAU DUR » DE LA THÉORIE DU SCHÉMA

Selon cette théorie, tout récit lu ou entendu se voit traité, encodé, stocké et rappelé à l'aide d'une organisation sous-jacente qui sélectionne et modifie les informations jusqu'à parvenir à un ensemble cohérent confirmant les attentes et en accord avec les connaissances — au sens large — déjà disponibles. Il en irait de même de la production qui serait, elle aussi, dirigée par « schéma » (schema driven).

Comme les travaux relatifs à la production se révèlent extrêmement rares, il existe peu d'hypothèses spécifiques la concernant. En revanche, les attentes sont beaucoup plus précises dès que l'on aborde les problèmes de mémorisation et compréhension.

Tout d'abord, le « schema » apparaît comme une sorte de prorotype unique (Rosch, 1975) disponible — mais non nécessairement actualisé — chez tous les individus, à partir d'un certain âge (non précisé), et sous réserve que le matériau soit adapté au niveau de connaissance préalable. Évidemment, ce dernier paramètre se révèle difficile à maîtriser mais cela paraît possible avec des tâtonnements ou par le biais d'études lexicales (cf. Ehrlich et Florin, ibid.).

Ensuite, l'impact du « schema » devrait se manifester à travers quatre grands types de phénomènes (Alba et Hasher, 1983) :

1) La sélection des informations d'entrée en fonction de la disponibilité d'un « schema » préalable susceptible de fournir un cadre assimilateur, de l'activation de celui-ci et de la compatibilité du stimulus avec le déjà connu et organisé. Ceci permet d'expliquer que les sujets maîtrisant mieux un domaine précis de connaissance — les échecs par exemple — réussissent mieux à une épreuve de rappel portant sur ce champ (cf. Chi, 1978 qui montre que des enfants entraînés aux échecs mémorisent mieux les positions que des adultes naïfs). Quant à l'activation du « schema » pertinent, l'expérience de Bransford et Johnson (1972 ; cf. chapitre IV) constitue une bonne démonstration de son importance (cf. aussi Townsend, 1980, 1982 a et b, 1983).

La sélection des informations d'entrée aboutit inévitablement à un appauvrissement du texte initial. Cela provient soit de ce que les données fournies occupent une position hiérarchique inférieure (niveau du détail) par rapport au « schéma » soit du fait qu'elles sont déjà disponibles en mémoire à long terme (cas du SCRIPT) soit, enfin, de leur incompatibilité relative avec la connaissance préalable.

2. L'abstraction résulte de la double action de la sélection qui s'effectue lors du traitement des informations et du codage de la signification aux dépens de la forme superficielle des énoncés. Ce qui est stocké constitue donc une représentation abstraite différente de la forme originale du stimulus. De là résulterait l'incomplétude si fréquemment notée des rappels, particulièrement de ceux recueillis après de longs délais.

3) L'interprétation. La sélection effectuée lors du traitement des informations et l'abstraction subséquente qui s'ensuit aboutissent à un stockage d'éléments lacunaires. Mais celui-ci se trouve compensé par des interprétations qui proviennent soit d'inférences effectuées lors de la compréhension soit d'assimilations à un schéma susceptible de donner un sens aux informations en comblant les manques et même en reconstruisant plus ou moins complètement le stimulus initial.

Les principales manifestations de l'intervention des interprétations sont, d'une part, l'apparition, en surface, de marques témoignant de l'effectuation d'inférences (ajouts de connecteurs de causalité par exemple) et, d'autre part, la présence de distorsions parfois considérables dans l'enchaînement des faits et dans les rôles des personnages (cf. l'étude expérimentale des rumeurs).

4. L'intégration consiste en une reprise de l'ensemble des informations — celles émanant du stimulus lui-même, celles élaborées par inférences et celles, enfin, provenant de la connaissance préalable et de son organisation — de telle sorte que le sujet aboutisse à une représentation totalisante et cohérente (Charolles, 1978, 1983), à une sorte de « schema » particularisé et non plus général.

En somme, ce qui est stocké ne constituerait qu'une partie très sélectionnée du matériau de départ déjà en partie filtré par le « schema » qui, à une étape ultérieure, interviendrait également pour combler les lacunes et fournir à l'ensemble des éléments une sorte d'armature totalisante. La théorie du « schema » n'a ainsi aucune peine à expliquer les interprétations, distorsions et autres rappels incomplets. En revanche, elle aurait des difficultés à rendre compte de certains phénomènes : le rappel littéral, par exemple, et l'exactitude des reconnaissances. Or, ces faits existent.

II — DE QUELQUES PROBLÈMES

En 1967, Gauld et Stephenson reprennent le texte original utilisé par Bartlett mais, contrairement à celui-ci, ils s'efforcent de contrôler soigneusement l'attitude des sujets par rapport à la tâche. Ils émettent en effet l'hypothèse que ceux mis à l'épreuve par Bartlett ne cherchaient pas, faute d'y être incités, à se remémorer exactement le récit de départ ; de là les intrusions et interprétations, traduisant une activité d'intégration en un tout d'éléments disparates retenus « spontanément » du fait de leur caractère saillant (pouvoir évocateur, degré d'imagerie, etc.). Selon les auteurs, on devrait obtenir des résultats différents lorsqu'on précise aux sujets qu'ils doivent rappeler le texte initial le plus exactement possible.

Gauld et Stephenson font donc varier systématiquement les consignes fournies immédiatement après lecture de « la guerre des fantômes » (cf. chapitre III). A cet effet, ils constituent trois groupes de sujets. Le premier doit « consigner par écrit le plus possible de ce dont ils se souviennent à propos de l'histoire entendue » (G1) ; le second est averti de ne pas introduire de faits ou d'incidents non présents dans l'original et de ne pas inventer d'éléments pour combler les manques (G2) ; enfin, le troisième est invité à rappeler non pas mot à mot mais événement à événement en laissant des espaces libres en cas d'oubli et en écrivant entre parenthèses les parties pour lesquelles le degré de certitude est faible (G3).

Les auteurs prennent comme indicateur de l'exactitude des rappels le nombre d'erreurs ; erreurs qu'ils définissent à l'aide de critères précis. Les résultats apparaissent au tableau XXII.

TABLEAU XXII

Nombres et moyennes d'erreurs dans les rappels en fonction des groupes (d'après Gauld et Stephenson, 1967)

Groupes	Nombre total de mots	Nombre d'erreurs	Moyennes
1	4 451	208	4,68
2	3 746	130	3,29
3	4 422	122	2,78

L'analyse révèle que les scores du groupe 1 diffèrent significativement de ceux des deux autres que l'on peut, en revanche, considérer comme équivalents dans leur performance.

Il apparaît donc que, dans la mesure où l'expérimentateur met l'accent sur l'exactitude, les sujets semblent capables de rappeler l'histoire initiale de manière beaucoup plus fidèle que lorsqu'on leur demande un simple rappel. D'ailleurs, dans une seconde expérience, les auteurs montrent qu'il suffit d'ajouter « exactement » à la consigne pour obtenir une baisse significative du nombre d'erreurs.

Enfin, les adultes se révèlent parfaitement capables d'estimer le degré d'exactitude des éléments qu'ils rapportent et de distinguer, au moins à bref délai, les inventions et inférences des faits présents dans le texte initial (troisième expérience).

Ces résultats peuvent être critiqués selon au moins deux perspectives. D'un strict point de vue expérimental, Gauld et Stephenson annoncent, dès avant l'audition de l'histoire, qu'il s'agit d'une tâche de mémorisation. Aussitôt après la lecture par l'expérimentateur, ils précisent la consigne et, immédiatement, soumettent leurs sujets à une tâche de rappel. C'est dire que toutes les conditions sont réunies pour favoriser une reconstitution littérale dont on ne peut cependant pas nier que la qualité varie selon les directives données. Les phénomènes pourraient être différents avec un délai entre présentation et remémorisation et/ou avec une épreuve, destinée à empêcher les phénomènes d'autorépétition, présentée tout de suite après l'audition du récit.

En somme cette expérience montre que des sujets adultes se révèlent capables d'effectuer un rappel littéral relativement exact d'un texte initial lorsque certaines conditions de présentation (consignes) se trouvent réunies. Toutefois, cela ne signifie aucunement que ces résultats sont généralisables dans des situations écologiquement plus « naturelles ». Dans cette seconde perspective, les faits rapportés par Bartlett semblent conserver une plus grande pertinence. D'ailleurs Gauld et Stephenson ne contestent pas, dans la conclusion de leur article, la validité psychologique de la thèse reconstructiviste de la mémoire, pas plus qu'ils ne refusent la notion de « schema ».

Pourtant, Rubin (1977) — entre autres — a montré qu'il existait, chez des sujets tout-venant et à très long terme, des exemples de rappel littéral. Il demande à des étudiants et à des enfants de cours moyens (dix-onze ans) de se remémorer des textes en vers ou en prose (le préambule de la constitution des États-Unis ; le monologue d'Hamlet ; etc.) et observe à la fois un très net effet de primauté — les premières phrases sont, de loin, les mieux rapportées — et un très faible nombre d'erreurs. Chez l'adulte comme chez l'enfant, les rappels paraissent effectués de manière non abstraite et non reconstructive, contrairement à ce que laisserait attendre la thèse du « schema ».

Certaines unités de surface facilitent d'ailleurs très fortement le rappel littéral. Ainsi, si on fournit aux sujets les seuls mots-fonctions (articles, prépositions...) d'un texte du type de ceux ci-dessus cités, on observe une amélioration très sensible des performances. Le rythme lui-même intervient lorsqu'il est pertinent. Par exemple, Rubin demande à des sujets adultes un rappel de l'hymne national américain (« the star spangled banner ») soit sans musique, soit avec la partition normale soit, enfin, en écoutant un autre air. Il obtient les résultats reportés au tableau XXIII (sur quatre-vingts mots).

L'auteur en conclut que si, en général, les sujets tendent à rappeler les points essentiels, la trame (the gist) d'un texte en prose, leur performance, même à très long terme, varie sensiblement en fonction de la demande liée à la tâche et des indices fournis (mots-fonctions ; rythme ...). De plus, au moins dans certains cas, on n'observe aucune tentative de reconstruction ou de réinterprétation (1).

TABLEAU XXIII

Pourcentages de rappel de l'hymne national américain dans les différentes conditions (d'après Rubin, 1977)

	Sans musique	Avec musique normale	Avec musique autre
Taux de rappel	.32	.52	.28

Tout semble se passer comme si les sujets disposaient, en mémoire, de beaucoup plus d'informations stockées que ne le laissent supposer les rappels recueillis à partir de consignes accentuant rarement la nécessité de parvenir à une reconstitution littérale. La même remarque vaut pour les fausses reconnaissances utilisées dans les épreuves visant à mettre en évidence les inférences. Ainsi Kintsch et Bates (1977) montrent que les informations de surface peuvent être retenues aussi bien que celles sémantiques plus « profondes ». Il en résulte que des adultes se révèlent capables de distinguer entre des énoncés qui leur ont été présentés et d'autres pourtant synonymes, cela en s'appuyant sur des éléments lexicaux. Ces résultats remettent en question l'utilisation à des fins expérimentales du paradigme des fausses reconnaissances (cf. Trabasso et Nicholas, 1980, pour une critique approfondie).

Le problème serait donc celui de l'accessibilité plus ou moins grande des éléments stockés en mémoire, les données lexicales et syntaxiques étant encodées lors de la présentation du texte et non d'entrée « filtrées » comme le prévoyait la théorie du « schema ». Il reste que, lors du stockage, ce dernier pourrait effectivement intervenir en imposant sa structure aux informations, ceci n'empêchant pas le recours à des éléments de surface présents dans l'original.

Ce caractère contraignant de l'organisation du « schéma » se manifesterait tout particulièrement dans la remise en ordre canonique des événements lorsque ceux-ci sont énoncés selon une séquence non conforme à celui-ci (cf. chapitre IV). Baker (1978) a élaboré un dispositif expérimental afin de vérifier cette hypothèse. Elle construit pour cela des récits susceptibles de recevoir deux formulations : l'une (V1) suit l'ordre chronologique des événements, l'autre (V2) enfreint celui-ci dans la mesure où certains faits sont rapportés rétrospectivement (flashback) mais avec des marques de surface indiquant les relations entre actions (avant, plus tard ; cf. l'exemple donné au tableau XXIV).

TABLEAU XXIV

Exemples d'histoires utilisées par Baker (1978)

Histoire à connexions logiques

— *Version chronologique*. La visite annuelle que passe Marie chez le docteur fut particulièrement traumatisante. Elle dut rester deux heures dans la salle d'attente en compagnie d'une mère qui ronchonnait et de quatre enfants qui pleurnichaient. Puis l'infirmière vint lui faire une prise de sang et ne parvint à trouver une veine qu'au septième essai. Plus tard, Marie découvrit que quelqu'un avait dérobé son manteau dans la penderie. Elle jura de ne jamais revenir pour un autre bilan.

— *Version rétrospective.* La visite annuelle que passa Marie chez le docteur fut particulièrement traumatisante. L'infirmière vint lui faire une prise de sang et ne parvint à trouver une veine qu'au septième essai. Avant cela, Marie dut rester deux heures dans la salle d'attente en compagnie d'une mère qui ronchonnait et de quatre enfants qui pleurnichaient. Plus tard, Marie découvrit que quelqu'un lui avait dérobé son manteau dans la penderie. Elle jura de ne jamais revenir pour un autre bilan.

— *Phrases tests :* enfants qui pleurnichaient... prise de sang/L'ordre des phrases-tests correspondant au déroulement chronologique, la réponse est ici « vrai », cela quelle que soit la version présentée. Ndt/

TABLEAU XXV

Temps de réponse moyens (en m sec) et fréquence des erreurs (entre parenthèses)
Extrait, d'après Baker (1978)

		Séquence	
		chronologique	rétrospective
épreuve	immédiate	3191 (.03)	3579 (.11)
	différée	3616 (.05)	4145 (.18)

Après lecture des récits par les sujets, elle demande à ceux-ci d'évaluer comme vraies/fausses les relations chronologiques entre deux événements successifs en s'appuyant sur le déroulement réel des faits et non sur l'ordre de présentation. Elle mesure le temps qui sépare la présentation des énoncés-tests de la réponse (vrai/faux) des sujets. Elle justifie ainsi cette procédure : si, conformément à la théorie du « schema », les événements présentés se trouvent réordonnés *lors de l'encodage*, la représentation stockée en mémoire devrait être indépendante de l'arrangement superficiel des faits. Dès lors, les temps de réponse ne diffèreraient pas significativement en fonction de la version lue (V1 ou V2), cela quels que soient le délai ou la tâche intercalés entre lecture et test.

Les résultats, reportés au tableau XXV, montrent que, tant aux épreuves de jugement immédiat qu'à celles de jugement différé, les sujets mettent plus de temps pour évaluer la véracité (ou la fausseté) d'une relation chronologique interévénementielle lorsque l'ordre de présentation des faits n'est pas congruent avec celui du développement réel. Baker en conclut que contrairement à l'hypothèse émise par les tenants de la théorie du « schema », la représentation initiale des récits semble préserver l'ordre du texte. Il n'y aurait donc pas de réarrangement séquentiel lors de l'encodage ni lors du stockage à court terme, comme le révèle l'absence d'effet observé sur le temps nécessaire aux jugements lorsqu'on intercale une tâche entre lecture et évaluation.

Les trois expériences précédemment citées aboutissent donc à des résultats qui infirment les thèses liées à la théorie du « schema », au moins dans sa version la plus stricte. Dans les trois cas, les épreuves utilisées — rappel et évaluation de véracité — révèlent une surprenante capacité des sujets adultes à se remémorer les phénomènes dits « de surface ». Les items lexicaux dans les premières recherches, l'ordre de formulation dans la troisième paraissent très bien mémorisés. On n'observe, au moins à court terme, ni ré-ordonnancement des faits en fonction de l'organisation canonique supposée contraignante, ni filtrage des informations. On ne relève donc aucune des manifestations si fréquemment signalées : sélection, abstraction et interprétation.

Dès lors, on peut souscrire à l'opinion d'Alba et Hasher (ibid) : beaucoup plus d'éléments sont encodés en mémoire que ne le prévoit la théorie du « schema ». Et le problème semble plutôt résider dans l'accessibilité plus ou moins grande des entités ; ce qui explique la possibilité que manifestent les sujets de rappeler littéralement, si on le leur demande. L'effort qu'ils consentent leur permettrait d'accroître précisément l'accessibilité aux « détails ».

Ces faits ne constituent pourtant pas, à proprement parler, des arguments suffisants pour rejeter la thèse du « schema ». Dans une certaine mesure, une version moins stricte de celle-ci paraît en mesure d'intégrer les phénomènes mis en évidence. Pourtant, on peut se demander si l'hypothèse d'une organisation séquentielle sous-jacente conserve encore une certaine pertinence.

Telle est la question que se pose Denhière et à laquelle il cherche une réponse étayée sur des expérimentations. Il montre ainsi successivement que le recours à la structure canonique du récit varie en fonction de la tâche — résultats différents aux épreuves de tri et de rappel — mais aussi du « support » (présentation imagée vs verbale) et du type de récit. Ces résultats recoupent, dans une large mesure ceux obtenus par d'autres auteurs dans des travaux que nous avons précédemment évoqués (cf. chapitres IV et VI). Mais l'auteur se demande aussi si les sujets effectuent des rappels qui, considérés individuellement, et non plus au seul niveau du groupe d'âge, sont compatibles avec l'hypothèse d'une superstructure plus ou moins assimilable au « schema ».

Denhière propose, en conséquence, un récit à deux épisodes (cf. tableau XXVI) à des enfants de sept à onze ans et il analyse, de manière exclusivement descriptive — en utilisant un traitement informatique de classification hiérarchique automatique — leurs rappels après une puis deux lectures de l'histoire.

Si les enfants disposaient d'un « schéma » sous-jacent guidant la compréhension et le rappel, on devrait observer, dans les protocoles, l'absence de certaines propositions (celles subordonnées) et, au contraire, la présence systématique d'autres (celles superordonnées) ; ces dernières constituant une sorte de macrostructure plus ou moins équivalente à un résumé. Or, pour les deux épisodes du récit considéré et aux cinq niveaux d'âge, Denhière ne relève rien de tel. De là sa conclusion « la majorité de nos cent vingt cinq enfants n'ont pas construit une telle abstraction/« schema » ou macrostructure/ (...) qui spécifie à la fois les concepts qui entrent dans le schéma et les règles de combinaison de ces concepts ».

Denhière est donc conduit, au moins pour ce qui concerne la période allant de sept à onze ans, à rejeter la pertinence explicative de la notion de « schéma ». Les données rapportées par d'autres auteurs, dans la mesure où elles ne prennent en considération que les résultats du groupe, masquent l'absence, au niveau des rappels individuels, de tout patron de rappel assimilable à une organisation prototypique. Celle-ci n'aurait donc aucune « validité psychologique ». Il conviendrait de lui substituer, pour ce qui concerne la mémoire des récits, la notion « d'importance relative de l'information sémantique » (Denhière, ibid.) ; importance reposant simultanément sur la connaissance préalable et sur le traitement des indices explicites du texte.

En fait, l'expérience menée par Denhière ne suffit pas à infirmer la thèse du « schema ». Tout d'abord, elle ne porte que sur un seul récit et l'auteur souligne lui-même que les résultats varient sensiblement d'un texte à l'autre (§.3.1 de l'introduction de l'article). Ensuite, on ne peut écarter a priori l'impact d'une trop grande difficulté du récit, en particulier lexicale (cf. Ehrlich et al., 1978). Enfin, le modèle procédural

TABLEAU XXVI

Texte du récit utilisé par Denhière (1982)

Il y a bien longtemps vivait un bon géant appelé Gargantua. Il était bon et aimait bien rendre service aux pauvres gens.

BARQUE

Un jour, assis sur une falaise, il trempait ses pieds dans l'eau pour les laver. Le soleil brillait et il avait chaud. Dans ses deux mains réunies, il prit un peu d'eau pour se désaltérer. Au même moment passait une barque qu'il saisit aussi. Quand le géant but, les mâts du bateau lui chatouillèrent le gosier. Il se dit qu'il avait avalé une poussière.

MAISON

Une autre fois, alors qu'il se promenait dans la forêt, il vit une pauvre vieille qui ramassait du bois mort. Il décida de l'aider. En un instant il arracha quelques-uns des plus beaux chênes de la forêt et les attacha avec des lianes. Il saisit le fagot et l'équilibra sur son épaule. La route était longue et le géant fut bien content de déposer son fardeau contre le mur de la chaumière de la vieille dame. Hélas ! La maison s'effondra. La pauvre vieille avait maintenant du bois pour se chauffer mais elle n'avait plus de maison pour s'abriter.

du rappel associé à la théorie du « schema » est de nature probabiliste. Cela signifie qu'il ne semble pas anormal de ne pas trouver, dans les protocoles individuels, surtout avec un texte relativement complexe, un décalque exact de l'organisation prototypique.

Cela étant, Denhière a sans doute raison de critiquer vivement, en s'appuyant sur des résultats expérimentaux, le recours systématique à la notion de « schema ». Celle-ci, ne semble pas, *seule*, en mesure de rendre compte des performances observées en rappel.

De fait, le succès de la théorie du « schema » a quelque peu conduit les chercheurs travaillant sur la mémorisation de données textuelles à perdre de vue les apports antérieurs relatifs au rappel de listes de mots plus ou moins reliés (Hunter, 1957). Ce constat a amené Rubin (1978) à explorer en détail l'impact des facteurs mis en évidence dans ces travaux sur le rappel des récits.

Rubin utilise à cet effet divers descripteurs répertoriés dans le tableau XXVII et calcule la valeur prédictive de chacun d'eux quant aux proportions de rappel, cela pour trois histoires : deux très structurées, une à faible organisation interne (proche de la description). L'analyse qu'il mène s'effectue sujet par sujet puis au niveau du groupe. Dans les deux cas, les résultats apparaissent très similaires et aboutissent à des corrélations fortes et significatives pour la plupart.

Les douze descripteurs retenus fournissent tous des prédictions relativement bonnes des rappels, cela au niveau des protocoles individuels (les corrélations se situent presque toutes au-dessus de .60). Lorsque l'analyse s'applique aux histoires elles-mêmes, on observe cependant des différences importantes dans les patrons des corrélations. Alors que les rappels des récits organisés sont prédits essentiellement par les variables de structure (trame, tele 20, tele 5, mnémonique naïve et mémorisation ; cf. tableau XXVII pour les modes d'obtention de ces descripteurs), ceux du texte à dominante descriptive corrèlent surtout avec les variables intervenant dans la remémoration des listes de mots (emplacement sériel, répétition, fréquence...) (cf. figure 13).

TABLEAU XXVII

Liste et définition des variables (descripteurs) utilisés par Rubin (1978) pour étudier l'exactitude des rappels

Nom des variables	Abréviation	Méthode d'obtention
Trame (gist)	T	évaluation par les sujets de la contribution de chaque unité à la signification totale du passage
Télégramme en 20 mots	télé 20	fréquence d'utilisation de chaque unité dans la rédaction d'un télégramme de 10-20 mots destiné à communiquer les idées principales du passage à un étranger
Télégramme 5 mots	télé 5	fréquence d'utilisation de chaque unité en vue de compléter, par cinq mots ou moins, la phrase « L'histoire a pour thème... »
Imagerie	I	évaluation par les sujets de la contribution de chaque unité à l'image visuelle totale produite par l'histoire
Mnémonique « naïve »	N	évaluation par les sujets de la probabilité qu'une unité ou un synonyme soit rappelée par les autres sujets
Mémorisation	Ré	fréquence d'utilisation par les sujets de chaque unité pour rédiger un résumé de 15 mots destiné à faciliter la remémoration du passage lors d'une épreuve imaginaire devant avoir lieu six mois plus tard
Redondance	Rd	fréquence avec laquelle une unité est « devinée » dans une tâche où le passage initial est systématiquement amputé d'un tiers de ses éléments à contenu
Position sérielle	U	valeur déterminée par l'emplacement de chaque mot à contenu. Les mots du début et de la fin ont une valeur supérieure à ceux du milieu

Répétition	R	nombre d'occurrences de chaque unité dans le passage
Fréquence	F	valeur déterminée par la fréquence d'apparition en Anglais des mots composant une unité
Nombre de connexions grammaticales	CG	nombre de connexions grammaticales présentes dans la surface du texte
Nombre de connexions sémantiques	CS	nombre de connexions aboutissant à chaque unité (nœud) dans le réseau sémantique associé à l'histoire

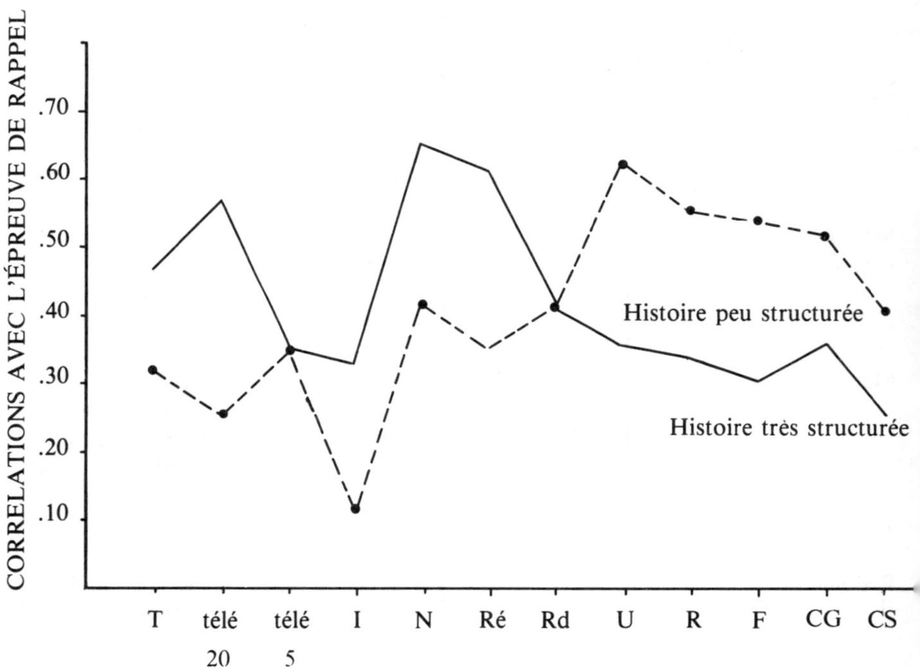

Figure 13

Corrélations de chacune des variables décrites au tableau XXVII avec les scores de rappel aux deux catégories d'histoires (D'après Rubin, 1978)

Ces résultats montrent que beaucoup de variables ont une corrélation statistiquement significative avec les patrons de rappel mais aussi entre elles. Elles ne sont donc pas indépendantes, ce qui rend extrêmement difficile la maîtrise de l'une ou l'autre d'entre elles. Il s'ensuit d'importantes difficultés méthodologiques lors de la mise en œuvre de procédures expérimentales. Autre enseignement fondamental de cette recherche : les facteurs liés aux marques de surface jouent eux aussi un rôle non négligeale. Rubin en conclut que les psychologues ne doivent pas rejeter sans plus les anciennes théories mais, au contraire, ont à les articuler avec celles plus récentes.

Contrairement également aux prédictions de la théorie du « schema », les résultats obtenus par Rubin montrent également que, quels que soient le délai entre lecture et rappel (de quelques secondes à un mois), l'âge des sujets (treize, vingt ou soixante ans environ) et le degré de motivation, les patrons des corrélations restent les mêmes. La baisse de performance observée chez les plus âgés, chez les moins intéressés et à long terme affecte tous les coefficients de manière identique. C'est dire que, dans tous les cas, les variables de surface conservent un pouvoir prédictif et celles liées à la trame narrative ne voient pas le leur augmenter. Si on série les descripteurs en fonction des coefficients de corrélation observés en rappel immédiat, cet ordre se retrouve non modifié aux épreuves à délai plus long ou chez les sujets ayant pris connaissance du texte au cours d'un apprentissage incident.

III — CONCLUSION

Par un assez curieux retournement de situation, la théorie du « schema » narratif se trouve contestée dans un champ de recherche — la mémoire — où sa position semblait la mieux assurée. Les travaux de Bartlett et de ses continuateurs paraissaient avoir bien établi une série de phénomènes associés à la conception reconstructive de la mémoire : sélection des informations, abstraction, interprétation et intégration. On en était arrivé à concevoir comme seule pertinente l'organisation canonique — le « schema » — permettant d'encoder, de stocker et de rappeler les histoires en faisant appel à une représentation cognitive ou sémantique libérée de l'influence des marques de surface. Celles-ci n'étaient d'ailleurs plus utilisées pour la cotation des rappels, les auteurs recourant le plus souvent à des unités « d'idées » et contribuant ainsi à évacuer les problèmes inhérents à l'emploi des items lexicaux ou des structures syntaxiques.

Or, les recherches que nous avons rapportées dans ce chapitre montrent que les faits sont beaucoup plus complexes que ne le laissait penser la théorie du « schema ». D'une part, les sujets semblent disposer d'une surprenante mémoire littérale, même à long terme (2). D'autre part, ils se révèlent beaucoup moins « soumis » à l'influence de l'organisation canonique qu'on ne le supposait : l'atteste l'expérience de Baker. Enfin, les marques de surface et leur agencement séquentiel fournissent des indicateurs de prédiction des rappels non négligeables puisque équivalents, sous certaines conditions, à ceux fournis par la trame évaluée subjectivement.

Par ailleurs, il semble désormais clair que le problème du patron des rappels ne se résoud pas en considérant que le « schema » — s'il a une pertinence — suffit à rendre compte des phénomènes observés. Les sujets disposent en mémoire de données bien plus précises que celles recélées par leurs reproductions. On peut donc penser que les simplifications observées en rappel sont dues non pas au filtrage des informations d'entrée ou à l'oubli et à la réorganisation lors du stockage mais à l'*accessibilité* plus ou moins grande des éléments. Et l'on conçoit que l'intérêt, la motivation, les incitations successives (Townsend, 1982) les indices et les consignes (Gauld et Stephenson, ibid. ; Schmidt, 1983) puissent intervenir en facilitant ou en inhibant celle-ci.

Faut-il en conclure que la notion de « schema » n'a aucune pertinence et convient-il déjà de rechercher des solutions substitutives ? Il est sans doute encore trop tôt pour se prononcer mais on peut au moins présenter un certain nombre de remarques.

Tout d'abord, il est extrêmement difficile de réfuter la validité d'une notion floue. Or, celle de « schema » l'est indubitablement. D'un auteur à l'autre, elle recouvre des entités différentes : catégories narratives et leurs inter-relations (Mandler ; Glenn, etc.), macro-structure sémantique (Kintsch et Dijk, 1978), but et plan de résolution (Rumelhart ; Schank et Abelson...). Tous ne se réclament pas directement de cette théorie mais les fonctions qu'ils assignent à leurs modèles — en particulier le guidage de « haut en bas » (concept-driven) — paraissent très similaires. Cela étant, les prédictions associées à chacun se révèlent plus ou moins précises et la structure inferée plus ou moins contraignante. On peut dire que ce sont les thèses de Mandler et de Stein et Glenn qui se trouvent les plus affectées par les résultats obtenus dans les recherches sur la mémoire. Pourtant, des aménagements relativement mineurs suffisent encore pour conserver à leur conception une certaine pertinence.

Ensuite, si les travaux relatifs à la mémoire posent quelques problèmes à la théorie du « schema » narratif, d'autres recherches montrent qu'on peut difficilement se passer d'une organisation sous-jacente hypothétique orientant le traitement et l'intégration des informations, qu'on la dénomme ou non « schema ». Ainsi, les résultats de Bransford et Johnson (ibid.) révèlent l'impact de la présence d'un titre sur la compréhension d'un passage ; compréhension qui peut d'ailleurs se trouver biaisée ou facilitée par une manipulation du contexte fourni par ce texte (Kieras, 1980 ; Kozminsky, 1977) mais seulement lorsque celui-ci est fourni avant lecture ou audition (Townsend, 1980, 1982, 1983). Il semble donc établi que la sélection d'un « schéma » préalablement au traitement détaillé d'un récit (ou d'un autre type de texte) contribue à en rendre plus aisée la compréhension. Cela n'implique toutefois pas que, à chaque texte, on ne puisse associer qu'une seule organisation (Pichert et Anderson, 1977) et que la saisie de la hiérarchie des informations s'effectue en première lecture ou audition (Hayes, Waterman et Robinson, 1977).

Enfin, les recherches relatives au traitement en cours de déroulement (on line) tendent, pour l'instant, (cf. chapitre IV) à confirmer la thèse selon laquelle les catégories narratives — dont l'épisode — et leur agencement séquentiel constituent des entités ayant une certaine « validité psychologique ». Il existe toutefois encore trop peu de travaux dans ce domaine pour conclure à la pertinence de la notion de « schema ». Peu de variables ont été manipulées et on note une absence quasi totale d'investigations concernant le développement. De plus, l'interprétation des résultats obtenus pourrait peut-être s'effectuer aussi bien à partir de concepts issus de la théorie de l'information qu'en faisant référence à un « schema ».

En résumé, dans l'état actuel des recherches et des élaborations théoriques, la thèse du « schema » ne semble pas, seule, en mesure de rendre compte des résultats obtenus dans des épreuves de mémorisation (rappel ou reconnaissance). En revanche, elle paraît conserver une certaine pertinence pour tout ce qui concerne l'anticipation des informations à venir, cela dans des tâches de compréhension et de lecture. Tout se passe comme si les sujets sélectionnaient en mémoire et activaient *une organisation génératrice d'attentes* facilitant la prise et le traitement des informations selon une procédure « dirigée par concepts ». La dénomination de cette entité, sa modélisation, sa genèse et son intervention en interaction avec les marques de surface restent toutefois à préciser (3).

NOTES DU CHAPITRE VII

(1) Rappelons que de très nombreuses expérimentations ont mis en évidence l'« oubli » rapide des informations de surface (cf. par exemple Mc Koon, 1977 ; Sachs, 1967). Notons aussi que certains phénomènes restent difficiles à expliquer, par exemple la plus grande fréquence des rappels littéraux en ce qui concerne les informations subordonnées (Yekovich et Thorndyke, 1981 ; cf. chapitre IX). Enfin, dans un travail récent, Abdi (1985), a, à partir d'un traitement mathématique s'appuyant sur des mesures de distances entre distributions lexicales, démontré que les productions successives d'un même sujet (recueillies à divers délais) se révélaient toujours plus proches les unes des autres que celles de sujets différents.

(2) Kintsch et Bates (1977) ont mis en évidence une surprenante persistance des informations de surface chez des étudiants. Ceux-ci s'avéraient en effet capables, après quelques jours, de distinguer dans une épreuve de reconnaissance, les paraphrases des énoncés d'un cours de leurs formulations originales. Il va de soi qu'ils n'avaient pas été prévenus de l'épreuve que les expérimentateurs leur ont présentée (cf. aussi Bates, Kintsch, Fletcher et Giuliani, 1980). Il faut noter que la mémoire des informations dites superficielles ne concerne pas seulement les items lexicaux ou les formes syntaxiques. Ainsi Lovelace et Southall (1983) montrent que le rappel de la localisation spatiale des mots d'un passage en prose et celui du contenu de ce même passage ne sont pas indépendants l'un de l'autre.

Enfin, Mc Daniel (1984) démontre que l'on peut améliorer le rappel littéral des informations en accroissant les difficultés d'encodage (mots avec des lettres enlevées).

(3) Il faut bien voir que le caractère littéral ou « schématique » des rappels pose en fait tout le problème de l'intégration en mémoire des informations et des moyens auxquels on peut recourir pour l'améliorer (cf. Brooks et Dansereau, 1983 ; Hayes-Roth et Thorndyke, 1979 ; Walker et Meyer, 1980 a et b).

CHAPITRE VIII

LES PROBLÈMES DE LA MISE EN TEXTE

Dans les commentaires relatifs à ses expériences, Rubin (1978 ; cf. chapitre VII) remarque que les sujets savent beaucoup plus de choses concernant les textes rappelés que ne le laisserait attendre la seule connaissance du point essentiel (« gist ») des histoires. Ils semblent en particulier savoir, entre autres, que « répéter une idée, ou la placer dans la première ou la dernière phrase d'un passage, ou utiliser un mot plutôt rare pour l'exprimer tend à améliorer le rappel de celle-ci indépendamment de son importance dans la trame générale ». Ils pourraient donc, en tant qu'auteurs, recourir à de tels moyens pour accentuer les idées qu'ils souhaitent voir mémorisées. Rubin en conclut que l'utilisation de systèmes propositionnels de codage (Kintsch et Dijk, 1978) qui préservent la signification mais évacuent les marques dites de surface en les traitant comme non pertinentes doit être abandonné.

Ces remarques, récentes dans la littérature consacrée à l'étude psychologique des récits en mémorisation, compréhension et production, amènent à poser le problème de la mise en texte. Or, celui-ci n'a pratiquement jamais été abordé par les psychologues qui, jusqu'à ces dernières années, ont consacré l'essentiel de leurs recherches à la vérification d'hypothèses concernant l'organisation cognitive ou sémantique des séquences événementielles (le « schéma »).

Certes, on trouve, ici ou là, quelques remarques relatives à cette question mais sans que la plupart des auteurs s'y attachent particulièrement, sauf en ce qui concerne les items lexicaux (Ehrlich et Florin, 1981 ; Freebody et Anderson, 1983 ; Haberlandt et Bingham, 1978). Ainsi, Goldman et Varnhagem (1983 ; cf. chapitre VI) notent, par exemple, que, dans les rappels, ceux renvoyant à des histoires incluant des obstacles comportent souvent des connecteurs causaux (so/because/since...) ou adversatifs (but/although ...) alors que ceux qui en sont dépourvus induisent surtout l'emploi de « et ». Les auteurs en concluent que la structure causale se trouve explicitement marquée en surface essentiellement lorsque la suite événementielle subit une interruption. Mais aucune théorisation ne s'ensuit. Il en va de même dans le travail de Baker (1978 ; chapitre VII) qui note la bonne qualité des rappels de narrations rétrospectives (avec « flashback ») mais sans s'intéresser aux indices (avant cela/après) qui permettent aux sujets de parvenir à ces performances.

Le seul travail effectué dans le cadre de la théorie du « schéma » et qui aborde clairement ce problème est celui, très récent, de Stein et Glenn (1982). Elles demandent à des sujets du cours élémentaire et moyen de construire une histoire en leur fournissant les phrases constitutives de celle-ci sous deux versions différentes. Dans la première, toutes les marques de coréférence (articles, pronoms...) et de repérage (il était une fois, un jour...) sont enlevées alors qu'elles subsistent dans la seconde. Elles observent que les reconstitutions se révèlent d'autant plus conformes au « schema » narratif que les enfants sont plus âgés et les marques présentes (tableau XXVIII).

TABLEAU XXVIII

Coefficients de corrélation (Tau de Kendall) entre les reconstitutions fournies par les enfants (selon les niveaux scolaires et les versions) et l'ordre canonique (d'après Stein et Glenn, 1982)

		Niveaux	
		CE 1	CM 1
versions	normale	.68	.94
	marques enlevées	.47	.80

Cette sensibilité croissante des enfants aux marques de surface est maintenant bien avérée. Mais le problème réside ici dans l'absence de toute perspective théorique : on sait certes que des marques interviennent mais on ignore exactement lesquelles et pourquoi.

Or, il s'agit d'une question fondamentale. Si, comme le démontre Rubin (ibid.), les propriétés de la narration — et non pas seulement celles du narré — sont importantes, il convient, comme le souligne Caron (1983, p. 229), de s'intéresser à la façon de dire (ou d'écrire) au moins autant qu'au contenu sémantique du discours ; contenu dont on peut d'ailleurs se demander s'il est définissable en dehors de la forme que lui donne son auteur.

Dans le cas du récit, il semble possible de penser un certain nombre de phénomènes relevant de la surface textuelle en considérant que raconter implique toujours un compromis entre le maintien d'une certaine cohérence et l'obligation d'introduire — sauf à lasser — des informations nouvelles.

I — COHÉRENCE ET COHÉSION

On admettra ici a priori que la cohérence renvoie, dans le cas des textes en général et dans celui du récit en particulier, à l'intégration en un tout d'une séquence d'états et d'événements eux-mêmes analysables en agent, patient, objet, etc. Toutefois elle concerne non pas la surface du texte mais la (ou les) représentation sémantique ou cognitive pré ou post linguistique (selon qu'on traite de production ou de compréhension) qui s'y trouve associée. On peut l'envisager comme résultant de l'activation de la détermination et de la combinaison en une organisation définie d'un groupe de concepts (Ehrlich, 1982, 1983). En ce sens, le « schema » narratif, tel que le modélisent les différents auteurs, apparaît comme une mise en forme, parmi d'autres possibles, de catégories et de relations traduisant la cohérence interne d'un (ou plusieurs) épisode et relevant essentiellement de la structure des actions.

La cohésion, elle, fait référence aux marques linguistiques traduisant, dans la surface textuelle, les interrelations entre énoncés concaténés. En cela, elle ne concerne pas la signification du texte mais la manière dont il est construit et, en particulier, les procédures utilisées pour établir des liaisons entre les informations déjà fournies (informations anciennes) et celles nouvelles. En somme, la cohésion est l'ensemble des « traces » linguistiques explicites renvoyant à des mises en relation sous-jacentes relevant de la cohérence. Ses manifestations couvrent un champ très vaste de phénomènes — emploi des articles et des pronoms, substitutions et ellipses nominales ou verbales, regroupement de temps verbaux, etc. (Halliday et Hasan, 1976) — qui, jusqu'à une période récente, n'avaient guère retenu l'attention des psychologues (cf. Fayol, 1985 a).

Face à une tâche de compréhension, de lecture ou d'audition, le sujet se trouve confronté à une série séquentielle de marques linguistiques, dont celles de cohésion. Il lui faut donc, à l'aide de celles-ci et en s'appuyant sur les items lexicaux et sa connaissance du monde, reconstituer la cohérence du texte (Charolles, 1983). Cela exige non seulement le traitement des indices explicites mais aussi la mise en œuvre d'activités inférentielles (Bert-Erboul, 1979).

En production, le problème se pose différemment. On peut supposer que, dans ce cas, la cohérence — l'intégration en un tout de la séquence événementielle — préexiste à la mise en texte. Dès lors, la tâche essentielle de l'auteur consiste à introduire successivement les informations tout en indiquant, à l'intention du lecteur-auditeur, par le biais de marques spécifiques, les interrelations entre énoncés. Très vraisemblablement, le recours aux différents types de marques de cohésion dépend de l'évaluation par l'émetteur des possibilités inférentielles dont dispose le récepteur.

L'étude expérimentale de la cohérence se révèle extrêmement complexe et relève plutôt du champ de recherches propre à la mémoire sémantique ou cognitive. Aucun travail ne semble avoir été directement consacré à ce problème. Il n'en va pas de même pour ce qui concerne la cohésion.

Black, Turner et Bower (1979) notent que la différence entre une suite de phrases et un texte réside dans le fait que ce dernier recèle une continuité entretenue par la présence de relations de cohésion (cohesive relations). Ils considèrent, parmi celles-ci, le maintien d'un même point de vue dépendant de la position perçue du narrateur (quelle est sa place ? à quel personnage s'identifie-t-il ?). Dès lors, tout changement de perspective devrait entraîner un accroissement du temps de traitement, une diminution de la compréhensibilité et des rétablissements, en rappel, du point de vue dominant.

Pour vérifier cette hypothèse, ils proposent à des sujets adultes de petits récits associant un cadre constant à deux énoncés cibles variables selon que le point de vue initial s'y trouve ou non maintenu :

« Jean était assis dans le salon et lisait le journal quand...

a) Bill vint dans le salon (maintien du point de vue)

b) Bill alla dans le salon (changement de point de vue)

A partir du matériel ainsi conçu et opposant come/go et bring/take, ils mesurent les temps de lecture, font évaluer la compréhensibilité, demandent des rappels et suggèrent aux sujets de réécrire l'histoire pour la rendre plus lisible.

Sur l'ensemble des épreuves précédemment citées, les résultats confirment l'hypothèse. L'attestent les données reportées sur le tableau XXIX.

Dans les rappels, les modifications se révèlent rares dans les récits conservant le point de vue (7 %) mais fréquentes lorsqu'il y a modification de celui-ci (37 %), les sujets tendant à rétablir le verbe approprié. Dans un travail récent, Kaminska-Feldman (1982) obtient des données interprétables de manière similaire : les adultes auxquels elle demande d'imaginer qu'ils sont l'un des deux personnages du récit qu'elle utilise n'obtiennent de scores supérieurs en rappel que si leur attention se concentre sur celui thématisé.

Cette série d'expériences montre donc que la mise en texte d'une histoire exige le choix d'un point de vue, entendu ici au sens où le narrateur sélectionne l'un des personnages (le protagoniste) et relate les faits en repérant les autres relativement à lui (cf. Kaiser, 1977 ; et Booth, 1977). Cela fait, l'auteur doit, à la fois pour maintenir la cohésion textuelle et pour faciliter la lecture-audition, maintenir cette perspective. Il dispose pour cela d'un certain nombre de moyens linguistiques, le principal étant la continuité du sujet thématique assurée par la pronominalisation (1).

TABLEAU XXIX

Temps de lecture par syllabe (en m sec.) et scores de compréhensibilité (*) en fonction du type de verbe et de l'absence ou présence d'un changement de point de vue (d'après Black, Turner et Bower, 1979)

	Maintien du point de vue		Changement de point de vue	
	temps de lecture	compréhensibilité	temps de lecture	compréhensibilité
come/go	323	6.21	387	5.48
bring/take	303	5.98	339	4.80

(*) La compréhensibilité est évaluée sur une échelle en sept points avec 1 = incompréhensible et 7 = très facile à comprendre.

Karmiloff-Smith (1981) a étudié très en détail la mise en place au cours de l'évolution ontogénétique de ce marquage systématique du sujet thématique. Elle utilise pour cela une tâche de production à partir d'une bande dessinée. Celle-ci comporte une image cible montrant un homme vendant un ballon à un enfant. Cette image peut être présentée isolément ou insérée dans une série d'autres. La question est de savoir si l'énoncé élaboré dans les deux cas aura la même forme et, si non, à partir de quand et pourquoi.

Le tableau XXX présente quelques exemples de récits recueillis par Karmiloff-Smith. On observe que, chez les plus jeunes (exemple A), la narration n'est pas traitée comme renvoyant à une unité globale. Au contraire, chaque phrase apparaît isolée des autres et les sujets ne semblent faire aucune tentative pour établir une cohésion entre elles. Les pronoms s'accompagnent de gestes de monstration et sont utilisés de manière déictique.

A l'étape suivante (exemple B1) l'emploi anaphorique des pronoms s'établit. Les sujets sélectionnent d'emblée un sujet thématique et le maintiennent comme tel, par le biais de la pronominalisation, tout au long de la narration, adaptant ainsi la forme syntaxique des phrases à cet impératif (cf. « le garçon *achète* un ballon au vendeur » plutôt que « l'homme *vend* un ballon au garçon »). Un phénomène similaire se manifeste dans le récit B2 : l'auteur tend spontanément à amorcer deux relations prédicatives par « le ballon » puis il marque une hésitation et reprend le sujet thématique « il » (le garçon).

Enfin, l'exemple B3 montre que l'insertion en première position d'un « il » ne renvoyant pas au sujet thématique entraîne systématiquement une reprise en fin de phrase qui clarifie le référent (« il lui en donne un, le marchand »).

Karmiloff-Smith interprète ces faits en considérant que, dans les exemples de type B, le narrateur gère (monitor) sa narration en fonction de la cohésion intratextuelle. Il y parvient en imposant à son récit une macrostructure thématique rigide, instanciant par avance (pre-empting) les débuts de phrases par un pronom anaphorique renvoyant au sujet thématique. Celui-ci correspond au protagoniste par rapport au point de vue duquel toute l'histoire est perçue.

Dans les récits en particulier, et sans doute dans les textes en général, l'emploi (ou le non emploi) de pronoms anaphoriques ne paraît pas dépendre de contraintes intraphrastiques. Il ne semble pas non plus lié à celles correspondant à des relations inter-

TABLEAU XXX

Exemples de récits produits par des enfants d'âges différents à partir d'une bande dessinée qu'ils découvrent peu à peu au fur et à mesure de leur production (d'après Karmiloff-Smith, 1981)

G désigne le garçon, V le vendeur de ballons et B le ballon

A) Enfants de moins de six ans

« Là il (G) se promène. Là il (G) voit un bonhomme avec des ballons. Là il (V) lui donne un ballon... un vert. Là il (G) part chez lui ou à l'école. Là il (B) s'envole loin, très loin. Bien là il (G) pleure ».

B) Enfants réservant la pronominalisation au sujet thématique

1 - « C'est un petit garçon qui se promène devant son immeuble. Il (G) rencontre un marchand de ballons, alors il (G) prend un ballon vert. Puis il (G) s'en va. Il (G) laisse tomber son ballon. Il (G) a pas fait exprès. Et puis il (G) rentre à la maison en pleurnichant »

2 - « Un petit garçon marche. Il (G) voit un homme à ballons. Le ballon m. - il (G) demande un ballon et (G) s'en va content. Le ballon : ... il (G) laisse partir le ballon et (G) commence à pleurer »

3 - « Alors là c'est un petit garçon, il (G) se promène, et puis tout d'un coup il (G) voit un marchand de ballons. Puis il (G) demande si il (G) peut en avoir un... Puis alors il (V) lui en donne un, le marchand. Et puis après il (G) continue son chemin tout content avec le ballon dans la main. Puis tout d'un coup il (G) le lâche et puis il (B) part très loin, le ballon. Et puis lui alors il (G) pleure.

---

phrases « locales » (portant sur un nombre très restreint d'entre elles). Intervient vraisemblablement une gestion (monitoring) à un niveau plus élevé d'organisation : celui renvoyant à une macrostructure donnant au récit une unité et se marquant, en surface, entre autres, par le recours à des pronoms anaphoriques.

La cohésion du récit se manifeste donc, comme on vient de le voir, par l'adoption d'un point de vue qui entraîne la sélection d'un sujet thématique et par le recours à un emploi systématique des pronoms anaphoriques en tête de phrase. Cette procédure induit évidemment des choix lexicaux (acheter plutôt que vendre par exemple) lorsqu'ils sont possibles. Dans les autres cas, on peut s'attendre à des modifications de type syntaxique.

Parmi celles-ci, l'une des plus susceptibles d'apparaître est la forme passive. D'abord largement étudiée dans des phrases isolées, elle est, depuis peu, envisagée en fonction des contextes dans lesquels elle s'insère (cf. Costermans, 1980, p. 150-158). On peut donc penser que la tendance à maintenir en tête des phrases successives d'un récit le même sujet thématique entraînera le recours à des passives.

Parot et Kail (1980) ont essayé de vérifier cette hypothèse par le biais d'une épreuve de rappel indicé. Elles proposent à des sujets, adultes et enfants, des récits à deux personnages (A et B) en faisant varier ce qui correspond au sujet thématique pris comme origine du point de vue. Chaque histoire se termine par une phrase transitive mettant A et B en relation de telle sorte que la forme soit active ou passive et que le sujet logique (vs l'objet logique) corresponde ou non à celui thématique.

Elles observent que, chez les adultes, les actives se révèlent mieux rappelées que les passives mais que ce phénomène perd de l'importance lorsque l'objet logique se trouve thématisé. Il y a donc bien une tendance à placer le nom thématisé par le contexte antérieur en position sujet lors d'épreuves de rappel. Toutefois les données recueillies auprès d'enfants de neuf ans aboutissent à un résultat opposé : c'est la thématisation du sujet logique qui facilite la construction d'une passive terminale !

Les résultats obtenus par Parot et Kail tendent donc, au moins pour ce qui concerne les adultes, à confirmer la prééminence du sujet thématique sur celle du sujet logique, avec les conséquences que cela entraîne quant à la sélection des formes syntaxiques des phrases. On peut toutefois penser que des tâches de production du type de celle utilisée par Karmiloff-Smith voire des épreuves mettant en jeu des temps de lecture fourniraient des informations plus précises (cf. aussi Fourment, 1978).

Les pronoms et les formes syntaxiques ne sont pas les seules marques de surface utilisées pour assurer la cohésion de séquences de phrases. Interviennent aussi les déterminants, en particulier l'opposition indéfini/défini. Ainsi Villiers (1974) a montré qu'il suffisait d'amorcer toutes les phrases d'un texte par des indéfinis pour que l'unité thématique soit perdue et que les performances à une épreuve de rappel s'alignent sur celles qu'on obtiendrait avec un matériau non structuré (liste de mots par exemple). Karmiloff-Smith (1977, 1979) a, elle, mis en évidence qu'il fallait attendre l'âge de neuf ans pour que ce fonctionnement intra-textuel des déterminants se mette en place.

Un autre phénomène de surface contribue aussi au maintien de la cohésion entre phrases successives : le repérage des changements de localisation et de moment des événements. Dans tout récit se trouve posée une origine temporo-spatiale qui constitue, en quelque sorte, un système de coordonnées propre à la narration. Ce système se voit d'ailleurs rapporté lui-même à celui de la situation d'énonciation (Culioli, 1976 ; Desclés, 1975, 1976). La formule la plus fréquente utilisée pour établir ce cadre est « un jour ». Et l'on observe que les autres références temporelles se situent soit relativement à cette origine soit par rapport à celles qui en dérivent. Apparaissent ainsi des circonstanciels successifs inter-reliés du type « Un jour... (origine) ... . Quelques heures plus tard ... . Le soir ... . Le lendemain ... . Le matin ... . L'après-midi... ». Le récit présenté au tableau XXXI-B donne un exemple de ce phénomène qui contribue à structurer la séquence chronologique des événements en délimitant des sortes d'épisodes.

Or, là encore, cette procédure utilisée couramment chez les adultes ne se manifeste guère chez les jeunes enfants auxquels on demande de raconter une histoire. Ceux-ci tendent en général à juxtaposer des événements indépendants chacun introduit par « un jour », « une fois » ou, le plus souvent par des repères directement reliés au moment de production (cf. tableau XXXI-A ; Fayol, 1981).

On assiste donc, en ce qui concerne les repères temporels (ou spatiaux), les déterminants et les pronoms à une exploitation systématique de marques linguistiques contribuant à assurer la cohésion intratextuelle et la continuité thématique. L'enfant ne parvient que relativement tard, selon les données actuellement disponibles, à ce type de performance. Il y a à cela plusieurs raisons. D'une part, il lui faut disposer d'une représentation cognitive d'un fait suffisamment analytique pour justifier l'énonciation successive de plusieurs propositions renvoyant chacune à un événement ou à un état. D'autre part, il doit avoir repéré les marques en cause et saisi leur mode de fonctionnement à l'intérieur des narrations. Enfin, il convient qu'il établisse des relations sans doute complexes entre la représentation cognitive (peut être de type « schema ») et la mise en mots (sélection d'un point de vue, maintien du sujet thématique, adaptation des formes syntaxiques, etc.).

La revue ci-dessus ne prétend pas à l'exhaustivité. Certaines marques linguistiques ont été identifiées, qui contribuent à assurer la cohésion du récit et dont l'évolution commence à être connue. Il va de soi que le lexique lui-même joue un rôle dans la constitution des relations interphrastiques mais cet aspect est encore mal connu (cf. néanmoins Haberlandt et Bingham, 1978) et il se révèle difficile à cerner en l'absence de théories sémantiques suffisamment élaborées. Enfin, une catégorie restreinte de mots intervient aussi vraisemblablement : les connecteurs. Toutefois, il paraît quelque peu arbitraire de les considérer dans le seul cadre du problème de la cohésion. Il semble en effet qu'ils assument des fonctions complexes en relation avec l'accroissement d'information.

TABLEAU XXXI

A - Exemples de récits écrits comportant des origines successives, chacune se trouvant complétée par la relation d'un événement (*)

« tous les mardis et les jeudis on va à la piscine/pour Noël j'ai eu un berceau / dimanche dernier j'ai été manger chez ma tata (...) (Roy, 6 ans)

« J'ai bien travaillé cette année à l'école /
pour la Pentecôte j'ai été dans la forêt et je me suis promenée /
pour mon anniversaire ma maman m'a payée une belle robe à fleurs blanches / et pour mes étrennes ma maman m'a payée une belle montre /
vendredi 15 juin j'ai eu chaud dans la classe » (Bill, 7 ans).

B - Exemple de récit comportant une origine initiale construite (un jour) et des origines successives dérivées de celle-ci (soulignées)

« Un jour en arrivant en Hollande un samedi, nous avons été dans un magasin où il y avait beaucoup de gens. *Deux minutes après* je me suis perdu, heureusement j'ai retrouvé mes parents. *Le lendemain* on a été à A, là-bas on a fait un tour de bateau (...) *Le lundi* on a visité un musée. Celui qui touchait un cadre ça sonnait où il y avait des gardiens ; c'était drôlement beau (...) » (Boy, 9 ans).

(*) La disposition spatiale adoptée par les enfants sur la feuille a été conservée

II — L'ACCROISSEMENT D'INFORMATION

Un récit qui se bornerait à relater des événements connus de tous lasserait rapidement l'auditeur ou le lecteur. L'auteur ne se donnerait sans doute pas la peine de le raconter. Donc, parallèlement aux moyens mis en œuvre pour assurer la cohésion du texte, il convient de supposer qu'il en existe d'autres visant à introduire des informations nouvelles et, si possible, inattendues. On admet en effet que la narration « avance » jusqu'à un point culminant — le sommet de l'histoire (« the point of the story » Schank, 1975) — et qu'elle recèle donc, comme le remarquait Firbas (1964) relativement aux phrases, un dynamisme de communication.

Celui-ci est-il simplement un phénomène associé au choix des items lexicaux ou fait-il aussi intervenir des marques linguistiques plus spécifiques ? Il semble bien que oui.

On sait par exemple que les relations « causales » — incluant les préconditions, les motivations, les buts, etc. — jouent un rôle fondamental dans les récits (Black et Bern, 1981). Mandler et Glenn leur ont ainsi, dans leurs modèles respectifs, accordé un rôle dominant. Or, curieusement, les connecteurs à connotation causale — car, parce que, alors ... — se révèlent plutôt rares dans les narrations. Ils semblent même n'apparaître qu'à certains emplacements « stratégiques » pour l'intérêt de l'histoire (cf. les remarques de Goldman et Vernhagen, 1983).

Ce phénomène est passé inaperçu tant que les travaux des psycho-linguistes ont porté sur des phrases isolées ou associées par paires (cf. par exemple, Farioli, 1979, 1983 ; Kail, 1983 ; etc.). Il retient aujourd'hui l'attention de certains chercheurs. Ainsi, Bronckart et Schneuwly (1984) notent, en contrastant chez des enfants des récits conversationnels (RC) à des discours théoriques (DT) et à des discours en situation (DS), que « et », « mais », « car » et « donc » dominent dans les premiers alors que « puis », « alors » et « après » apparaissent surtout dans les DT et DS.

Ils interprètent ces données en considérant, comme Fayol (1981), que « et » constitue une sorte « d'archi-connecteur précoce et polyvalent » (Bronckart et Schnewly, ibid.) qui cède peu à peu la place à des connecteurs plus différenciés. Parmi ceux-ci, « puis », « après » et « ensuite » apparaissent rarement dans les récits car l'ordre de succession des propositions suffit à exprimer la chronologie ; et les enfants exploitent très précocement ce moyen (Brossard, 1978, 1979). Mais leur occurrence n'en est que plus significative. Ainsi, « puis » fonctionne essentiellement comme un connecteur d'énonciation (je dis... et puis je dis...) et non comme un marqueur de succession des événements ; ce qu'atteste la présence de formules paradoxales du type « et *puis avant* ». En revanche, « ensuite » et « après » introduisent, eux, une rupture dans la continuité narrative, isolant des séquences de faits ou d'états de celles qui précèdent.

Quant à « soudain » et « tout à coup », ils rompent également le déroulement « normal » des événements et signalent l'irruption d'une complication. Ils s'associent très fréquemment avec une ponctuation forte (alinéa, point et majuscule) et avec un changement de temps verbal, le passé-simple ou le présent de narration étant utilisés dans la plupart des cas (Fayol, 1981, p. 486 et suivantes).

Les connecteurs apparaissent comme des mots ayant perdu leur signification lexicale propre et susceptibles de spécifier certaines des relations structurales du texte (Bronckart et Schneuwly, ibid.). C'est dire qu'ils ne relient pas simplement des propositions adjacentes mais qu'ils fonctionnent aussi comme des organisateurs du récit. En cela, ils constituent des marques de surface de la macrostructure. Malheureusement, ils assument aussi d'autres fonctions liées en particulier aux stratégies discursives ou énonciatives. Cette plurifonctionnalité rend leur étude difficile. Il semble toutefois clair qu'ils articulent entre elles les différentes parties du récit : succession des épisodes (après/ensuite), survenue de la complication (soudain/tout à coup), résolution (alors ...). Mais on manque encore de confirmations expérimentales à leur sujet.

De toute manière, les connecteurs ne contribuent pas seuls à faire avancer le récit. Les linguistes ont, depuis longtemps, signalé le rôle que jouent à cet égard les temps des verbes. Weinrich (1973) pour le Français, Schiffrin (1981) pour l'Anglais ont montré que, à l'écrit comme à l'oral, les temps tendent à se regrouper en blocs. Ainsi, Schiffrin relève que 82 % des passés succèdent à un passé et 62 % des « présents historiques » suivent un « présent historique ».

Dans une série de cinq expériences simulant la production de récits — textes dont les verbes, présentés à l'infinitif, doivent être accordés — Fayol (1985 c) trouve que, en Français, l'opposition imparfait-plus que parfait/passé simple correspond, chez les adultes, à la division macrostructurelle cadre/épisode. Ce fonctionnement intra-textuel des temps verbaux s'établit très lentement au cours de la scolarité. Chez les plus jeunes (sept-huit ans) l'emploi d'un temps dépend essentiellement du rapport entre événement référé et situation d'énonciation. Par exemple, l'imparfait apparaît massivement lors de narrations d'histoires inventées ou situées dans un passé éloigné. En revanche, le passé-composé domine lorsque l'enfant raconte des faits du passé proche. Enfin, le présent est systématiquement induit par les bandes dessinées.

Vers neuf-dix ans s'amorce l'utilisation d'oppositions de temps à l'intérieur des récits. L'imparfait, d'abord sur-employé, tend à régresser au profit du passé simple. Celui-ci, après s'être appliqué aux seuls événements inattendus, apparaît progressivement dans l'ensemble des propositions relevant de la complication et de la résolution. Mais il faut attendre l'âge de treize ou quatroze ans pour que le fonctionnement intra-textuel des formes verbales corresponde à celui adulte (adulte cultivé).

L'emploi des temps verbaux à l'intérieur des récits semble donc obéir, chez l'adulte, à des règles précises liées aux divisions macro-structurelles. Imparfait et plus-que-parfait s'appliquent essentiellement au cadre — états initiaux, localisations, événements préparatoires ... — alors que le passé simple, à l'écrit, et le présent, à l'oral, s'associent aux faits focalisés : complication — survenue d'obstacles, résultats inattendus — et résolution (le « premier plan » de Weinrich, ibid.). Les oppositions de temps tendent ainsi à assurer la cohérence à l'intérieur des parties constitutives de l'épisode et la progression vers le sommet de l'histoire entre ces parties, cela en relation avec les connecteurs (cf. Schiffrin, ibid.).

Les connecteurs et les formes temporelles interviennent ainsi pour signaler la progression du récit. Mais elles ne sont certainement pas seules à jouer ce rôle. Pynte et Denhière (1982) ont ainsi cherché à montrer que le statut syntaxique des propositions influait, lors de leur insertion dans un récit, dans un sens ne correspondant pas à celui observé dans les travaux portant sur des phrases isolées (Noizet, 1980). En faisant varier d'une part la familiarité des événements décrits (SCRIPT familier — « restaurant » et « station-service » — et faits moins familiers articulés avec le SCRIPT) et, d'autre part, le statut syntaxique des propositions (principale vs subordonnée), ils observent que le facteur affectant le plus le temps de lecture semble la position des éléments dans le récit : « les événements renvoyant à un « script » devraient apparaître en première position et les événements les plus difficiles à intégrer à la représentation sémantique en cours d'élaboration devraient être présentés en seconde position » (Pynte et Denhière, ibid.). Dès lors, la forme la plus facile à comprendre et mémoriser serait, dans un récit, celle subordonnée + principale (et non l'inverse), les actions les plus familières devant apparaître dans celle-là et celles peu familières dans celle-ci.

III — CONCLUSION

La centration quasi-exclusive sur la structure sous-jacente hypothétique des récits avait conduit les chercheurs à perdre de vue les problèmes posés par l'utilisation, en compréhension et production, de marques linguistiques faisant d'un texte, narratif ou autre, autre chose qu'une « tas » de phrases. Par ailleurs, le recours systématique à des épreuves de rappel avait accentué cette tendance : la cotation en termes d'« unités d'idées » correspondant mieux aux préoccupations que celle faisant appel aux marques de surface.

Les recherches menées relativement à la compréhension ou à la production « en cours » de déroulement (« on line ») ont sensiblement modifié cette perspective. Les observations de Cirilo et Foss (1980), d'Haberlandt, Berian et Sandson (1980) et de Mandler et Goodman (1982) conduisent inévitablemnt à se demander comment, en temps réel, les sujets peuvent, dès la première lecture, tenir compte de l'organisation générale du récit au point que, par exemple, les phrases les plus haut situées dans la hiérarchie reçoivent d'emblée un traitement plus long.

L'une des hypothèses possibles consiste à considérer que le texte lui-même recèle des indices qui guident le sujet dans sa tâche de compréhension (Fayol, 1982 a) en lui permettant de traiter une information donnée soit comme renvoyant à une autre déjà établie (information ancienne) — cf. le rôle des déterminants et de la pronominalisation — soit comme nouvelle, c'est-à-dire exigeant la construction, en mémoire de travail, d'un « nœud » auquel viendront se relier les éléments ultérieurs et qui devra se trouver connecté à ceux précédemment établis. De là l'accroissement du temps de lecture observé en début et fin d'épisode (Haberlandt et al., ibid.) et lors du traitement des propositions occupant un haut niveau dans la structure hiérarchique (Cirilo et al, ibid.).

L'étude des marques de surface susceptibles de signaler au lecteur-auditeur la nature — nouvelle ou ancienne — des informations ne fait que commencer. Mais les premiers résultats sont encourageants. Les expériences rapportées dans ce chapitre montrent qu'on peut en distinguer deux grandes catégories. D'une part, celles qui contribuent à assurer la continuité thématique et la cohésion et dont le fonctionnement transcende les contraintes phrastiques ou inter-phrastiques « locales ». D'autre part, celles qui s'associent à la progression narrative — connecteurs, temps verbaux... — et qui sont moins bien connues. Dans l'ensemble, les travaux expérimentaux récents, ceux d'Anderson, Garrod et Sanford (1983) relatifs à l'accessibilité des antécédents pronominaux dans les récits et ceux de Townsend D.J. (1983) concernant l'impact des connecteurs sur les temps de lecture tendent à confirmer le bien-fondé de cette nouvelle approche.

Celle-ci a l'avantage non négligeable de permettre de relier les activités de compréhension à celles de production. La première peut être conçue comme résultant d'une interaction entre les attentes générées par une organisation sous-jacente plus ou moins contraignante (« schema » ou séquence « BUT »-« PLAN ») et des prises d'informations dans la surface textuelle entraînant soit la complétion de « nœuds » mémoriels déjà constitués soit la constitution de nouveaux « nœuds ». Ce va-et-vient entre représentation cognitivo-sémantique et traitement des marques linguistiques aboutirait à l'élaboration d'un réseau intégré de signifiés (un « modèle » selon Anderson et al, ibid.) sans aucun doute beaucoup plus complexe que celui présupposé par la théorie du « schema ».

En ce qui concerne la production, le problème se pose en d'autres termes. Là, on peut penser que le narrateur dispose, préalablement, d'une représentation cognitive déjà relativement différenciée de l'événement à relater. Il lui faut, en revanche, sélectionner un point de vue, « dilater » le fait initial en éléments constitutifs, énoncer successivement les diverses composantes en suivant, sauf à rechercher un effet particulier, l'ordre chronologique de succession, tout cela en assurant simultanément une gestion macrostructurelle de sa narration : maintien de la continuité thématique, marquage du contraste cadre/complication-résolution, signalisation des éléments nouveaux, etc. Cela suppose que l'auteur dispose non seulement d'une représentation analytique des événements mais qu'il ait construit des micro-systèmes d'oppositions linguistiques (celui des déterminants ou des formes verbales par exemple) dont il appréhende le fonctionnement textuel.

Le très grand nombre de contraintes à gérer en parallèle fait de la production narrative une tâche au cours de laquelle le sujet, et cela d'autant qu'il est plus jeune, se trouve en situation de continuelle surcharge au niveau de la mémoire de travail (Bereiter, 1980 ; Bereiter et Scardamalia, 1982 ; Collins et Gentner, 1980 ; Flower et Hayes, 1980). Celle-ci résulte de la nécessité d'effectuer des opérations concernant à la fois la représentation cognitive, la macro-structure du texte et la microstructure phrastique. Et l'on conçoit, dès lors, la difficulté que présente l'acquisition de la compétence narrative et celle que pose sa mise en œuvre chez l'adulte en compréhension comme en production.

NOTES DU CHAPITRE VIII

1) En fait, la pronominalisation relève du problème plus général de l'établissement et du maintien de la référence à l'intérieur d'un texte donné. Sont dès lors concernés : l'emploi des articles, les anaphores, le fonctionnement des subtituaux lexicaux, etc. (cf. Garnham, Oakhil et Johnson-Laird, 1982 ; Halliday et Hasan, 1976 ; Sanford et Garrod, 1982 ; Sidner, 1983). Notons qu'il existe très peu de travaux relatifs à cette question d'un point de vue développemental — si l'on excepte les recherches portant sur des paires de propositions (Farioli, 1979, 1983 ; Kail, 1983). Weck (communication personnelle) poursuit actuellement à Genève une série d'investigations relatives à cette question.

CHAPITRE IX

COMPRENDRE ET PRODUIRE DES RÉCITS

Au cours des précédents chapitres, nous avons présenté un large éventail de travaux organisés en fonction de thématiques diverses abordant les problèmes posés par le récit. Il paraît maintenant possible de tenter une synthèse relativement aux deux activités dominantes qui lui sont associées : la compréhension et la production. Comme le soulignent Clarck et Hecht (1983), les processus mis en œuvre par celle-ci et par celle-là diffèrent. Il ne peut donc être question de considérer a priori que les opérations ou stratégies utilisées pour l'une sont les mêmes que celles employées pour l'autre, l'ordre de leur application étant seul à différer.

I — COMPRENDRE DES RÉCITS

Comprendre un récit c'est, pour la quasi-totalité des chercheurs travaillant sur ce thème, en construire une « représentation mentale ». Celle-ci reste toutefois inobservable et on ne peut l'atteindre qu'indirectement. Il faut donc trouver le moyen de déterminer, compte tenu des données empiriques actuellement disponibles, comment elle est organisée. Il convient ensuite de s'enquérir de la manière dont le (ou les) sujets l'élabore au fur et à mesure de la saisie des informations (on-line) et la récupère lorsqu'il en a besoin.

1.1 La représentation mentale des récits

Si certains aspects de la représentation des récits en mémoire à long terme font l'objet de vives controverses, d'autres, en revanche, recueillent un large accord de la part des chercheurs. Plusieurs types d'organisation sont évidemment envisageables, mais il revient à Yekovich et Thorndyke (1981) d'avoir montré qu'un seul modèle — parmi six mis à l'épreuve — était en mesure de rendre compte des faits observés lors des tâches de rappels immédiat et différé et de reconnaissance.

Ceux-ci démontrent tout d'abord l'indépendance des résultats aux épreuves de rappel et reconnaissance. Cela signifie que le même sujet s'avère capable de déterminer s'il a lu ou non les éléments d'un récit alors même que certains d'entre eux n'apparaîtront pas dans le rappel qu'il fournira. Le sujet adulte perçoit et stocke donc en mémoire plus qu'il ne restitue. Il ne semble ainsi pas y avoir, contrairement à la thèse exposée au chapitre III (Cf. figure 2), de « biais d'encodage » (i.e. de filtrage d'informations à « l'entrée »). Ceci explique en partie les phénomènes rapportés au chapitre VII et dont nous avons noté qu'ils posaient problème à la théorie du « schéma ». Yekovich et Thorndyke (ibid.) démontrent ensuite que les résultats aux rappels impliquent une organisation hiérarchique des informations stockées en mémoire. De fait, un élément de niveau n-1 n'est redonné par les sujets que dans la mesure où celui qui le domine dans la hiérarchie l'est aussi (i.e. élément de niveau n) (Cf. aussi Walker et Meyer, 1980 a et b). Les auteurs en déduisent que la récupération-activation des « unités d'idées » disponibles en mémoire s'effectue de manière descendante (top-down). Aucun phénomène de ce genre ne se manifeste en reconnaissance.

Yekovich et Thorndyke découvrent enfin un fait curieux dont l'explication pose prolème : le rappel *littéral* des informations se révèle d'autant plus fréquent que les éléments sur lesquels il porte occupent une position hiérarchique « basse ». En d'autres termes, les sujets « oublient » la formulation initiale des idées importantes(Cf. Bransford et Franks, 1972 ; Cf. aussi chapitre III) mais non celle des autres. Ce phénomène s'intègre mal dans les conceptions actuelles de la mémoire de textes : il ne nous intéresse toutefois pas directement.

Retenons donc que la représentation en mémoire à long terme des éléments d'un texte *compris* s'organise hiérarchiquement. On peut la symboliser à l'aide d'un graphe arborescent renvoyant à la macrostructure et regroupant par paquets (clusters) les unités microstructurelles connectées par des relations à des niveaux différents (Glowalla et Colonius, 1982 ; Graesser, Robertson et Anderson, 1981).

Malheureusement, cette organisation peut être « expliquée » par deux théories différentes et concurrentes : celle du « schéma » — voir par exemple, l'arborescence associée au récit de *L'âne* (chapitre IV) — mais aussi celle du « chemin critique » développée par Black et Bower (1980).

Comme nous l'avons exposé dans les chapitres précédents, la théorie du « schema » se révèle par essence structurale. La connaissance s'organise selon des patrons hiérarchiques relativement indépendants des contenus qui en emplissent les « cases » (slots). En revanche, la théorie de la « voie critique » (ou du « Roter Faden » — le fil rouge — de Glowalla et al, ibid.) repose sur l'organisation de chaînes causales finalisées (Cf. Schank, ibid.). Cette thèse conçoit le récit comme décrivant l'atteinte d'un but superordonné, à travers un enchaînement d'états et de transitions, parfois articulés à partir de sous-buts.

Or, ces deux théories conduisent à des prédictions empiriques différentes. Selon la première — celle du « schéma » — la hiérarchie des informations devrait être systématiquement la même quels que soient les contenus narratifs. Par exemple, le but superordonné serait toujours jugé fondamental et rappelé. Selon la seconde thèse, les choses s'avèrent plus complexes. Ce qui importe en effet, aux yeux de ses défenseurs, c'est le caractère plus ou moins informatif (i.e. inattendu) des événements relatés. Ce qui risque, en l'absence de toute possibilité actuelle de quantifier le degré d'informativité des faits (1), d'amener à élaborer des modèles a posteriori et ad-hoc des récits en perdant par là-même les avantages de la théorie du « schema ».

Dans un travail récent, Bower (1982) a ainsi comparé les éléments jugés importants (notés sur une échelle de 1 à 8) à ceux inclus dans les rappels et les résumés de deux histoires (Paul vs Gail) construites selon les règles de la théorie du « schema ». Les résultats apparaissent au tableau XXXII.

Ces données mettent en évidence que :

a) Les items de remplissage (fillers), sont rarement rappelés ou inclus dans les résumés.

b) Les buts sont toujours jugés importants.

c) Les jugements d'importance relatifs aux diverses catégories narratives ainsi que les probabilités d'insertion de celles-ci dans les rappels et résumés varient d'une histoire à l'autre.

TABLEAU XXXII

Rangs d'importance (évalués sur une échelle allant dė 1 — plus important — à 8 — moins important) et probabilités d'inclusion dans un résumé (moins de 15 mots) et un rappel des catégories narratives de deux récits (Paul et Gail) comportant chacun six épisodes (d'après Bower, 1982) :

		Catégories narratives				
		But	*Compli. cation*	*Action*	*Résultat*	*Items de remplissage*
Histoire de Paul	*Rang d'importance (de 1 à 8)*	*1,75*	*2,82*	*3,83*	*3,62*	*5,57*
	Inclusion dans résumé	*.57*	*.51*	*.50*	*.83*	*.10*
	Inclusion dans rappel	*.65*	*.66*	*.79*	*.76*	*.53*
Histoire de Gail	*Rang d'importance (de 1 à 8)*	*1,71*	*4,33*	*3,85*	*3,81*	*5,57*
	Inclusion dans résumé	*.74*	*.18*	*.67*	*.63*	*.16*
	Inclusion dans rappel	*.82*	*.63*	*.79*	*.59*	*.54*

Bower en conclut que ces résultats ne confirment pas la thèse du « schema » selon laquelle la hiérarchie des éléments narratifs dépendrait du rôle de ceux-ci dans la structure épisodique.

Il estime, après avoir mené une étude a posteriori pour découvrir le (ou les) facteurs déterminant les jugements d'importance et les probabilités de rappel, que l'aspect le plus fondamental réside dans le degré d'informativité ou d'imprévisibilité des événements par rapport au but superordonné et aux autres éléments du récit. Cela vaut aussi pour les résumés. L'auteur en conclut que, dans leurs rappels et résumés, les sujets semblent suivre l'un des postulats de conversation de Grice (1975), à savoir : ne pas formuler ce que l'auditeur-lecteur est en mesure d'inférer.

Bower estime donc que la thèse du « schema » s'avère non pertinente pour rendre compte de l'organisation des représentations mentales des récits. Il admet, en revanche que les sujets structurent leurs connaissances des épisodes narratifs à partir des actions finalisées en fonction d'un but (Cf. Black et Bower, 1980 ; Lichtenstein et Brewer, 1980 ; Schank et Abelson, 1977).

Dès lors, la représentation mentale des épisodes narratifs s'organiserait essentiellement à partir d'un but superordonné associé à des actions menées en fonction de celui-ci. Celles-ci pourraient lui être directement liées ou, au contraire, entretenir avec lui des relations plus ou moins lâches selon le nombre variable de sous-buts intercalés. Par exemple, au but dominant « Dérober de l'argent » peuvent s'associer divers sous-buts — « Détourner des fonds », « Cambrioler discrètement », « Commettre un vol à main armée » — eux-mêmes décomposables en sous-sous-buts ainsi que le montre la figure 14.

Certaines « voies » conduisent à des impasses (dead-end) du fait qu'elles n'aboutissent pas à des actions, d'autres au contraire, s'articulent en un « chemin critique » reliant le but à une ou plusieurs interventions du protagoniste.

Dans une série d'expériences, Bower a pu montrer que cette organisation hypothétique rendait compte du temps nécessaire aux sujets adultes pour comprendre et intégrer les informations dans leur interprétation du texte. Par exemple, lorsqu'on fournit un but ou un sous-but et un énoncé d'action qui lui est associée, la durée requise pour la compréhension dépend linéairement du nombre de nœuds (sous-buts intermédiaires).

Les arguments empiriques en faveur d'une conception de la représentation mentale des récits en termes de chaînes événementielles finalisées (séquences BUT-PLAN décrites au chapitre V) tendent donc à s'accumuler depuis quelques années. Cette thèse a l'avantage de poser le problème dans un cadre beaucoup plus général que celui des seuls récits. Elle tente en fait de formaliser ce qui relève d'une théorie des actions et de leurs enchaînements (Moles et Rohmer, 1977), c'est-à-dire de ce que nous avons considéré comme renvoyant au *narré*.

En revanche, cette thèse appliquée à la narration, perd, en partie, sa pertinence. En effet, les phénomènes relevés par Bower et d'autres relativement aux rappels et résumés et même aux jugements d'importance résultent de ce que, lorsqu'il raconte, le sujet ne dit pas tout. Il ne formule, en fait, que ce qu'il estime pertinent pour une audience donnée (même virtuelle) dans une situation donnée. Bower l'a bien perçu, qui invoque les postulats de conversation de Grice. Ce faisant, il cesse de poser le problème dans une perspective strictement cognitive et fait appel à une dimension rarement prise en compte : la communication.

Cette remarque est fondamentale car elle amène à considérer qu'on ne peut espérer atteindre la (?) représentation mentale des récits en analysant seulement les rappels et résumés ou en s'appuyant sur des jugements d'importance (les risques semblent toutefois moindres dans ce dernier cas, encore que... Cf. Hidi, Baird et Hildyard, 1982).

Par ailleurs, les faits expérimentaux rapportés par Bower concernant l'accroissement du temps nécessaire à la compréhension en fonction directe du nombre d'étapes intermédiaires entre un but et l'action qui s'y associe ne semblent pas incompatibles avec la théorie du « schema ». Une expérience du même type conduite à partir d'un récit comme celui de *l'Ane*, utilisé par Mandler et Johnson (1977 ; Cf. chapitre IV) et comportant des actions correspondant à des sous-buts successifs, aurait vraisemblablement abouti à des résultats similaires et en accord avec la hiérarchie des emboîtements.

Enfin, le fait que des récits différents comportent des éléments dont le degré d'informativité ne correspond pas aux mêmes « catégories narratives » (réaction, tentative, résultat...) ne constitue pas un argument contraire à la théorie du « schema ». En effet, l'existence hypothétique d'une infrastructure abstraite de type « schema » n'implique pas que ses éléments, du fait de leur rôle, aient toujours la même importance d'un point de vue *communicatif*. Là encore, on ne gagne rien, bien au contraire, à confondre les perspectives communicative et cognitive. De la première dépendent le caractère inattendu des événements et la formulation (ou non) des états et actions tandis que la seconde concerne essentiellement la structure pré-linguistique des séquences événementielles. De ce point de vue, la thèse développée par Wilensky (1983) — la théorie des « points » — paraît reposer sur une confusion et contribuer à l'entretenir.

En somme, la représentation en mémoire à long terme des chaînes événementielles finalisées se révèle hiérarchique. De cela, nous sommes sûrs. En revanche, les déterminants de cette organisation en niveaux ordonnés restent largement hypothétiques. Si,

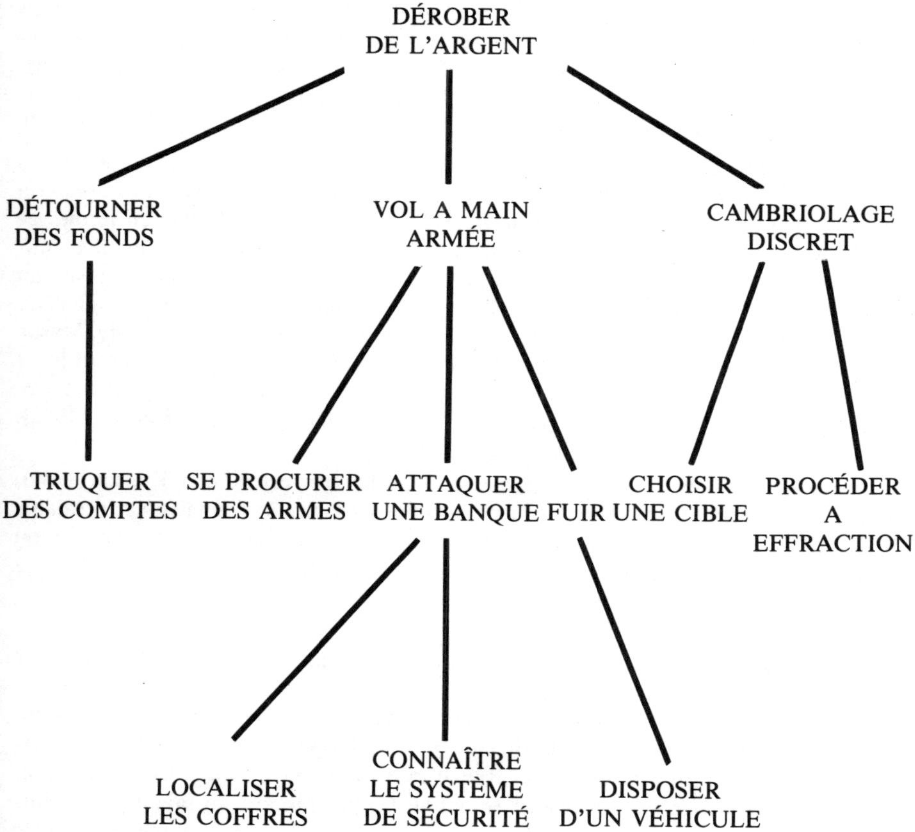

Figure 14

Organisation hypothétique d'une séquence finalisée comportant des sous-buts successifs (adapté d'après Bower, 1982)

en dernière analyse, une structuration de type BUT-PLAN paraît intuitivement plus satisfaisante, elle ne semble pas, malgré les vives controverses qui l'opposent à la thèse du « schéma », incompatible avec cette dernière (Cf. Dijk, 1983 a). Celle-ci a d'ailleurs pour elle un argument de poids : son caractère *prédictif* qui évite un traitement ad-hoc, adapté à chaque récit spécifique (2).

Tout se passe comme si la représentation mentale associée aux récits comportait au moins deux niveaux. Le premier se situerait à une étape pré-linguistique et s'organiserait autour des notions de BUT et de PLAN. Le second, modélisable en termes de « schema », se révèlerait plus proche de la formulation langagière sans lui être pour autant assimilable. Il s'agirait plutôt d'un mode de structuration optimale, résultant de contraintes inhérentes aux capacités limitées de traitement de l'information de l'être humain et peut-être aussi de traditions culturelles, encore peu étudiées (Mc Clure, Mason et Barnitz, 1979 ; Mc Clure, Mason et Williams, 1983). Ce second niveau pourrait jouer un rôle fondamental dans la gestion des activités narratives, en compréhension et production (Esperet, 1984 ; Esperet et Fayol, 1982), comme en rappel (Kintsch, 1982). Attachons-nous plus particulièrement à la compréhension.

Comprendre un texte en général et un récit en particulier revient, écrit Kintsch (1980), à assimiler les éléments qui le constituent dans une structure de connaissance préalable mais qui, de ce fait, va se trouver modifiée. Il en résulte une intégration cognitive (ou « vue d'ensemble » ; cf. Vezin et Saules, 1979 ; Vezin et Vezin, 1982) aboutissant à la construction d'une représentation (S. Ehrlich, 1982, 1984).

La compréhension d'un texte suppose donc :

a) l'existence, antérieure à la lecture-audition, d'une structure d'accueil en l'absence de laquelle la saisie ne pourrait s'effectuer,

b) une modification des connaissances préalables consécutive à la compréhension.

Kintsch (ibid.) insiste, à juste raison, sur ce second aspect, souvent négligé, qui permet de replacer le problème de l'acquisition d'informations dans un cadre plus général, celui de l'*intérêt cognitif*. Ce dernier se définit (1) par rapport au savoir du lecteur-auditeur avant tout contact avec le texte et (2) par rapport à l'incertitude que le texte provoque. Notons, avec Schneuwly (1985), que la plupart des recherches ne font aucune place aux buts du lecteur-auditeur et à la situation dans laquelle celui-ci se trouve.

A ces deux caractéristiques valables quel que soit le type de texte (Kintsch et Dijk, 1978), s'en ajoute une troisième plus spécifique des récits et autres productions ritualisées ou stéréotypées (articles scientifiques, reportages jouranlistiques ; Cf Dijk, 1983 b) : l'existence probable d'une structure de contrôle, ou « schema » fonctionnant, pour les uns, de manière « descendante » (top-down), pour les autres, selon une modalité ascendante.

1.2 La compréhension comme remplissage de cases

La thèse de la compréhension « descendante » considère que le sujet dispose, préalablement à la lecture-audition d'un récit, d'une organisation d'accueil abstraite — le « schema » — comportant des emplacements vides — les « catégories narratives » : but, réaction, tentative... — séquentiellement agencés selon un ordre canonique. Ces « places » vont, à la fois, « se remplir » au fur et à mesure de la prise d'informations et induire des attentes quant à ce qui va suivre (inférences « anticipatrices » — ou « forward »).

Malgré son caractère caricatural — mais nous avons quelque peu « forcé le trait » — cette thèse a reçu de nombreuses confirmations empiriques. De plus, les faits, recueillis à l'aide de méthodes différentes, aboutissent à des conclusions convergentes.

Ainsi, comme nous l'avons déjà exposé au chapitre IV, les recherches menées en utilisant comme variable dépendante la mesure des temps de lecture (TL), ont mis en évidence que :

a) les TL s'accroissent systématiquement aux frontières (début et fin) des épisodes (Haberlandt, 1980 ; Rihs-Middel, 1982),

b) les TL varient de manière systématique en fonction des « catégories narratives » des épisodes et/ou de la position hiérarchique des éléments (Cirilo et Foss, 1980 ; Mandler et Goodman, 1982).

c) toute modification de l'ordre canonique tend à s'associer à un accroissement des TL (Mandler et al, ibid.).

Toutefois, ces résultats, obtenus en général à partir des récits très simples et stéréotypés, posent problème en ce qui concerne la généralisation (Cf. les remarques prudentes d'Haberlandt, ibid.). Ils ne suffisent donc pas.

D'autres ont utilisé les méthodes plus « classiques ». Par exemple, Meijsing (1980) recueille les protocoles verbaux de six sujets lisant trois types différents d'histoire. Cet auteur trouve que les adultes développent des attentes avant d'amorcer la lecture des textes et que celles-ci dépendent du degré de conventionalité du récit : fortes avec le roman populaire, elles se révèlent plus faibles avec le conte. Pohl (1982) étudie les réactions aux suites potentielles d'histoires comportant des obstacles gênant l'atteinte du but. Il observe que les attentes se manifestent bien mais diffèrent selon la plausibilité des continuations proposées et selon la « distance » entre l'action et le but visé (Cf. Power, ibid.). Enfin, Fitzegald (1984) met en évidence, chez des enfants de neuf-dix et onze-douze ans, l'existence d'anticipations. Les sujets, ayant soit à prédire la suite d'histoires non terminées soit à détecter l'absence de certaines parties indispensables à la compréhension, mettent en œuvre des attentes conformes à la théorie du « schéma » (i.e. ils anticipent les « catégories » à venir) et cela d'autant plus qu'ils sont bons lecteurs.

D'autres enfin ont étudié la lecture de récits mais en s'intéressant non plus aux temps de lecture mais aux fixations oculaires (3). Ainsi, Inhoff (1983) retrouve, en utilisant trois textes extraits de Mandler et Johnson (1977), un effet structural plutôt conforme à la théorie du « schéma » au niveau de la durée de fixation par lettre : cadre et commencement retiennent plus longuement l'attention que la « voie vers le but » (tentative plus résultat) et la fin.

Les travaux que nous venons de citer tendent donc tous à montrer, malgré la diversité des méthodologies employées, que les sujets adultes et les enfants, au moins à partir de dix ans, développent des attentes conformes à la théorie du « schema ». De plus, ces anticipations semblent s'élaborer au cours même du processus de compréhension (on-line) à tel point qu'elles influent sur le temps de lecture et la durée de fixation des différents constituants de l'épisode narratif. C'est dire que la prise d'information elle-même apparaît programmée et active, le sujet accordant plus ou moins d'importance aux différents éléments (4).

La mise en évidence de l'effet de la structure narrative sur les attentes et la programmation des prises d'information « on-line », si elle va dans le sens des hypothèses issues de la théorie du « schema », n'implique néanmoins pas que ce facteur intervienne seul pour expliquer la compréhension (Graesser, 1983). On sait en effet que les « contenus » eux-mêmes jouent un rôle. Par exemple, Graesser, Hoffman et Clark (1980) démontrent que des histoires à thème familier sont lues plus vite que les autres (Cf. aussi Inhoff, ibid., Uyl et Oostendorp, 1980).

Il semble donc acquis que le « schema », comme structure de contrôle, permet au lecteur-auditeur de récits de procéder de manière « descendante » (top-down) en recherchant dans le texte même les informations susceptibles de correspondre aux inférences anticipatrices. Si on s'en tient à cette conception, l'activité du lecteur-auditeur paraît réduite ; il lui suffit en effet de « remplir » des « cases vides ». En fait, un raisonnement simple montre qu'il ne peut y parvenir sans procéder à une analyse même sommaire du texte, lui permettant « d'adresser la bonne information à la bonne case ». De là, la nécessité d'envisager la compréhension comme résultant aussi d'un processus ascendant.

1.3 La compréhension comme traitement ascendant (bottom up)

Comme le remarque Townsend (1983), la compréhension de textes s'appuie sur deux processus partiellement séparés. Il y a, d'une part, le traitement propositionnel qui donne accès à la signification des propositions et, sans doute aussi, des phrases (Noizet, 1980). Il y a d'autre part, le traitement qualifié par Townsend de thématique et qui vise à intégrer la proposition en cours de décodage avec celle(s) précédemment traitée(s). Or, jusqu'à une période récente, ce second problème n'a pas été abordé : la question des relations interpropositionnelles n'était posée que dans un cadre phrastique en vue, le plus souvent, d'étudier la subordination, la pronominalisation (cf. Noizet, ibid., 1983).

Or, ce qui caractérise un texte et a fortiori un récit c'est l'existence de relations interpropositionnelles allant au-delà de la simple concaténation ou liaison entre deux propositions successives. Ces relations se marquent, en surface, par différents moyens — lexicaux, syntaxiques... — dont certains sont spécifiques du texte.

Par exemple, la théorie du « schéma » prédit que le traitement d'une suite de deux propositions se trouve facilité lorsque l'ordre de lecture-audition correspond à celui du déroulement « réel » des événements référés. Ceci s'est trouvé confirmé à plusieurs reprises (Haberlandt et Bingham, 1984). Mais, ce que la théorie du « schéma » ne pouvait prédire — car cela sortait du champ de ses préoccupations — ce sont, entre autres, les phénomènes suivants :

a) Il ne suffit pas, ou tout au moins pas toujours, de placer côte à côte deux propositions pour que l'auditeur-lecteur perçoive immédiatement la relation qui les unit, et cela malgré la conformité au « schema » de la séquence. Or, si on ajoute les connecteurs appropriés — par exemple « mais » s'il s'agit d'un obstacle ou « alors » pour une conséquence... on observe que le temps de lecture en présence de ceux-ci diminue par rapport à la situation dans laquelle ils sont absents (Haberlandt et Kennard, 1981).

b) L'un des aspects les plus importants de la compréhension de texte réside dans la continuité de l'organisation *thématique* qui consiste à disposer d'un « point de vue » (au sens de Black, Turner et Bower, 1979) et à pouvoir traiter les informations au fur et à mesure en fonction de l'opposition informations ancienne/nouvelle.

Townsend, (ibid.) a ainsi pu montrer que le fait de modifier l'ordre des propositions et de varier les connecteurs avait un impact sur le maintien ou la rupture de l'organisation thématique. Les conséquences de la solution de continuité se manifestent par une redistribution de l'attention. Le sujet ayant perdu de vue l'organisation thématique se focalise sur le traitement propositionnel. Des résultats de celui-ci dépendront les inférences et le rétablissement de la continuité (Cf. aussi Kieras, 1978 ; Garnham, Oakhill et Johnson-Laird, 1982 ; Sidner, 1983).

c) Les phénomènes de *coréférence* (synonymie, pronominalisation, ellipse...) posent un problème d'intégration en cours de lecture-audition. Par exemple, le traitement d'un pronom doit aboutir rapidement et sans ambiguïté à la détermination en mémoire du référent. Or, il existe des expressions référentielles qui renvoient à une représentation mentale déjà constituée ou non et qui fonctionnent comme des instructions de recherche ou non en mémoire (cf. l'opposition en français, entre articles définis et indéfinis ; cf. Bresson et al, 1970 ; Karmiloff-Smith, 1979 et, pour une synthèse « classique » sur les problèmes de coréférence phrastique, Noizet, 1983).

Or, le type de coréférence influe très nettement sur la vitesse de traitement. Ainsi Singer et Ferreira (1983) montrent que le temps de réaction n'est pas identique entre deux synonymes aussi proches que « briser » et « casser ». Anderson, Garrod et Sanford (1983), Garrod et Sanford (1977), Sanford et Garrod (1982a et b) discutent et théorisent ces problèmes de coréférence tout en étudiant la manière dont s'effectue l'intégration « on-line ». Ils montrent ainsi qu'un changement d'épisode modifie l'accessibilité d'un référent mais de manière différente s'il s'agit du protagoniste (peu ou pas affecté) ou d'un personnage secondaire.

Ces quelques exemples, presque tous extraits de recherches faisant appel à des mesures de temps de lecture, montrent que des phénomènes dits de surface — présence ou non d'un connecteur, choix d'un pronom plutôt que d'un nom, modification de l'ordre, etc. — ont un impact très net sur la vitesse de traitement par les sujets adultes. La compréhension de texte ne saurait donc se réduire à un processus descendant. Interviennent aussi des mécanismes ascendants qui, si l'on se réfère aux résultats obtenus, facilitent l'élaboration d'inférences rétrospectives reliant les événements ou états, assurent la continuité thématique et la préservation du point de vue et donnent au lecteur-auditeur des indications quant à la conduite du décodage.

1.4 Vers un modèle interactif de la compréhension des récits

La nécessité de développer des modèles interactifs — c'est-à-dire articulant les processus ascendant et descendant — en ce qui concerne la compréhension est affirmée par de nombreux chercheurs (Beaugrande et Colby, 1979 ; Beaugrande et Miller, 1980 ; Dijk, 1983 — entre autres). Pourtant leur élaboration pose de nombreux problèmes et, pour l'heure, l'accord ne se fait que sur de grandes directions.

D'une part, à l'évidence, les auditeurs-lecteurs mettent en œuvre des attentes à la fois schématiques et contextuelles. En effet, leurs anticipations se révèlent relatives au type de discours (récit, conte...), au champ des connaissances et savoirs impliqués (cf. la notion de « frames » de Minsky, 1975) et enfin à l'organisation séquentielle plus ou moins stéréotypée de certains genres de production, le récit étant l'un des plus caractéristiques. De cet ensemble d'attentes plus ou moins précises résultent des inférences anticipatrices liées aux connaissances disponibles chez le lecteur-auditeur avant tout contact avec le texte ou la proposition qu'il va découvrir.

Mais, si un texte n'était compréhensible que par simple application du « schema » et des connaissances antérieures, c'est qu'il n'apporterait aucune information nouvelle. Or, le lecteur-auditeur se trouve toujours confronté à un texte particulier et original s'écartant plus ou moins des organisations déjà connues et maîtrisées.

Pour comprendre ce texte dans son originalité, l'auditeur-lecteur doit mettre en œuvre un traitement local, ascendant, allant cette fois de la surface textuelle à l'organisation abstraite. Il dispose, pour cela, de trois grandes catégories de mécanismes : distribuer sélectivement son attention (Cf. par exemple la fréquence élevée de fixations oculaires régressives sur les propositions importantes ; cité par Kintsch, 1982) ; accélérer ou ralentir la vitesse de traitement selon que les relations apparaissent marquées en surface ou au contraire éludées, obligeant ainsi à recourir à des inférences rétrospectives ; accroître l'effort cognitif imparti au traitement, encore qu'on sache mal le définir et l'évaluer (Anderson, 1982).

Dans tous les cas, la possibilité d'un traitement ascendant repose sur la présence dans la surface textuelle de traits ou indices signalant l'importance, assurant le maintien du sujet thématique, focalisant certains événements, indiquant au récepteur comment procéder au décodage, etc. Signalons que, à la limite, un sujet obligé, pour des raisons quelconques, de traiter un texte uniquement de manière ascendante ne parviendrait pas à le comprendre, submergé qu'il serait par la tâche.

Admettre la co-existence de ces deux types de stratégies — ascendante et descendante — ne suffit pas à expliquer de manière précise comment se déroule effectivement la compréhension. Celle-ci relève vraisemblablement des activités de « mise en correspondance entre patrons » (pattern-matching) issus des attentes et des prises d'informations locales. Si on commence à bien connaître les unes et les autres, le processus de mise en relation reste, lui, encore mal étudié (Cf. néanmoins Marlsen-Wilson, Levy et Tyler, 1982).

II — PRODUIRE DES RÉCITS

Contrairement à ce qui se passe en compréhension, le sujet n'a pas, en production, à inférer une intention, et/ou un contenu. En général, il en dispose préalablement, au moins dans les grandes lignes, et il s'agit pour lui de les communiquer en sélectionnant un ou plusieurs moyens dans un répertoire potentiel. Or, ce choix s'effectue en fonction d'au moins trois paramètres :

— un événement-référent objet de la narration

— une audience réelle ou virtuelle

— une situatin d'énonciation définie par les lieu, moment et interlocuteur (Culioli, 1976 ; Desclés, 1975, 1976).

2.1 De l'événement à la narration

La notion d'événement, sous une apparence d'évidence, est une des plus difficiles à définir ; à tel point que beaucoup la considèrent comme allant de soi sans la discuter (Linton, 1975). On peut néanmoins l'aborder de manière un peu plus précise en constatant que les sujets ne reconnaissent comme événement que ce qui se révèle suffisamment informatif ou inattendu (Cf. Zammuner, 1982, qui parle de « discontinuité sémantique »).

Mais, le degré d'informativité — même s'il est difficile de le quantifier — ne constitue pas une propriété inhérente au référent. Il dépend d'au moins deux facteurs. D'une part, il n'y a d'événement que par opposition à des déroulements banals : scripts ou « pré-construits » (Grize, 1976). D'autre part, le destinataire — réel ou virtuel — contribue, sinon directement du moins par le biais de la représentation que s'en donne l'auteur, à faire considérer tel ou tel fait comme constituant ou non un événement.

Le récit d'un événement n'atteindra son but — distraire, informer, ... — que dans la mesure où le narrateur aura su tenir compte de ces deux paramètres. Ceux-ci définissent en effet, les conditions de « *reportabilité* (Dijk, 1983 ; Quasthoff et Nikolaus, 1982) et leur ignorance entraînerait la formulation par le destinataire du fatidique « et alors ? » qui traduit l'échec de la visée de l'auteur (Adam, 1981, 1984).'

La sélection d'un fait donné par un sujet en vue d'en fournir une narration à un auditeur-lecteur et cela en fonction d'une recherche d'effet sur ce dernier (distraire, informer, clarifier, créer un contact, faire agir, etc. ; cf. Schneuwly, 1985) ne dépend donc pas de l'individu isolé mais de la situation de communication telle qu'il se la *représente* (et non nécessairement telle qu'elle est) à un certain moment, en un certain lieu, face à un certain interlocuteur, c'est-à-dire dans une *situation d'énonciation définie*.

L'événement, une fois sélectionné en fonction de paramètres cognitifs et sociocognitifs, ne donne pas systématiquement lieu à narration. Pour qu'il en soit ainsi, d'autres conditions doivent être remplies. Tout d'abord, le sujet doit disposer d'une représentation mentale des principes d'organisation des séquences d'actions (but → plan ; raison → action ; événement → conséquence ; ...) pour saisir l'agencement des chaînes événementielles et l'expliquer. Ensuite, il lui faut, soit par rapport à son destinataire réel et ses réactions effectives, soit par rapport à une audience virtuelle (et, donc, représentée), s'assurer que l'événement choisi retient effectivement l'intérêt.

Là réside vraisemblablement la raison d'un phénomène signalé par Labov et Waletsky (1967) : très souvent, un *résumé* introduit les récits oraux d'expérience personnelle. On peut considérer qu'il s'agit là d'un moyen permettant : a) de s'enquérir de l'intérêt éventuel d'autrui en suscitant sa réaction, b) d'annoncer en la justifiant l'occupation massive du temps de parole (qui rompt avec l'alternance des tours de parole caractéristique du dialogue).

Si l'auditeur ne manifeste aucun intérêt, l'auteur s'en tient à ce seul résumé. Il se limite alors à une simple « *annonce de nouvelle* » du type « Tiens, hier, je me suis cassé la figure en vélo » (Bachman, Duro-Courdesses et Simonin, 1977). Si, au contraire il marque sa surprise ou, simplement sa curiosité (Ah bon ! »/« Oh ! raconte ! ») le narrateur s'engagera probablement dans un *rapport* ou dans un *récit*. Bien que la distinction entre ces deux types discursifs n'ait guère été explorée jusqu'alors, nous retiendrons néanmoins l'idée de Quasthoff (1985) ; le récit se caractérise par la reviviscence de l'événement vécu et s'appuie sur une remise en scène (replaying) grâce à des moyens spécifiques (présent de narration, discours direct...). En revanche, le rapport renvoie à la forme non-marquée de la narration : le degré d'implication de l'auteur y est moindre.

Or, travaillant avec des enfants auxquels elle demande dans des conditions naturelles et réalistes, de relater un événement précédemment survenu, Quasthoff découvre que le rapport apparaît toujours en premier et que le passage au récit dépend de *l'intensité de l'intérêt* manifesté par l'auditeur. On peut donc en conclure que : a) le type discursif n'est pas, au moins à l'oral, déterminé en détail dès l'annonce du récit ; b) la référence à l'auditeur-destinataire joue un rôle fondamental pour le choix entre rapport et récit.

Évidemment, à l'écrit, la procédure ne peut se dérouler de la même manière. Là, l'auteur choisit vraisemblablement un type discursif et s'y tient. Toutefois, il se représente indubitablement un destinataire, même si ce dernier ne « répond pas » réellement. Il n'empêche qu'à certains moments on assiste à des passages très nets du rapport — en général au passé composé — au récit — au passé simple ou au présent.

En résumé, l'événement une fois sélectionné, le sujet doit déterminer, en fonction de la réaction réelle ou inférée de son auditeur, s'il se limite à une « annonce de nouvelle » ou s'il amorce directement une narration. Dans le premier cas, il ne cherche qu'à *informer* son interlocuteur. Dans le second, il pourra, selon l'intérêt que manifestera ce dernier, soit s'en tenir à cette visée informative, soit chercher à *distraire* (ce serait le « but social » essentiel du récit ; cf. Brewer, 1983 ; Brewer et Lichtenstein, 1982). En somme, le passage à un type discursif reste toujours sous le contrôle d'une interaction réelle ou virtuelle entre un auteur ayant, consciemment ou non, un but et un destinataire réagissant au narré (l'histoire), à la narration (forme discursive) et à celui qui la profère.

Quasthoff (ibid) est un des rares chercheurs à avoir recueilli, par le biais d'une méthodologie particulièrement astucieuse, des preuves expérimentales du très net impact de cette interaction. Mais des arguments moins directs existent dans les analyses de récits oraux d'expérience personnelle (Bachman et al, ibid. ; Fillol et Mouchon, ibid. ; Labov et Waletzky, ibid.) ; l'auteur, à certains emplacements stratégiques, procède à des *évaluations*. C'est dire qu'il rompt la trame narrative pour faire valoir auprès de l'auditeur le bien fondé de son récit (Cf. Adam, 1981).

Il faut ainsi concevoir une instance de contrôle du discours narratif qui s'enracine dans l'interaction sociale réelle ou virtuelle et qui domine à chaque instant les autres aspects de la production et, en particulier, la gestion de celle-ci (figure 15).

2.2 La gestion de la narration

La narration, telle qu'elle se produit, repose sur au moins deux types de processus de gestion :

a) Tout d'abord une gestion de type cognitif pré-linguistique dont on peut dire qu'elle traite du narré, de la structure événementielle (« cognitive story » de Quasthoff et al, 1982). Il est possible de considérer qu'il s'agit là d'une organisation de *contrôle* qui s'apparente au « schema » et qui permet à l'auteur de « savoir » où il en est du déroulement des faits qu'il relate.

Cette instance, « schéma » ou autre dans sa forme, s'avère indispensable pour assurer à l'auteur la non répétition du déjà-dit, l'anticipation du à-dire et... la mise en relation entre les deux. Esperet (1984) dénomme ce niveau de gestion « Représentation de la Conduite de Récit » (R.C.R.) (cf. aussi Esperet et Fayol, 1982).

b) D'autre part, une gestion de type psycholinguistique qui concerne, elle, les phénomènes langagiers, globaux — choix du sujet thématique par exemple — ou plus locaux. Ce niveau a ceci de particulier qu'il lui revient de marquer ou non en surface telle ou telle relation, tel ou tel « cas grammatical » (agent, patient...). Or, ce marquage ne peut s'effectuer qu'en fonction d'un lecteur auditeur potentiel et de la visée que l'auteur assigne à son discours.

Le fonctionnement de ces deux instances probables de gestion reste, pour l'heure, largement méconnu et hypothétique. Nous manquons en effet, de données empiriques. Cependant, nous pouvons, compte tenu de celles disponibles, essayer d'envisager comment se déroulent certains des processus. Pour cela, nous admettons a priori que le sujet émetteur dispose d'une structure de contrôle assimilable au « schéma », structure qui à la fois organise le contenu événementiel et permet à l'auteur de savoir où il se situe dans sa narration (en opposant déjà dit/en cours/à dire) (5).

Le « schema » ou organisation canonique des faits n'est pas nécessaiement disponible d'emblée. Nous considérerons plutôt ici que les « catégories narratives » (but, ten-

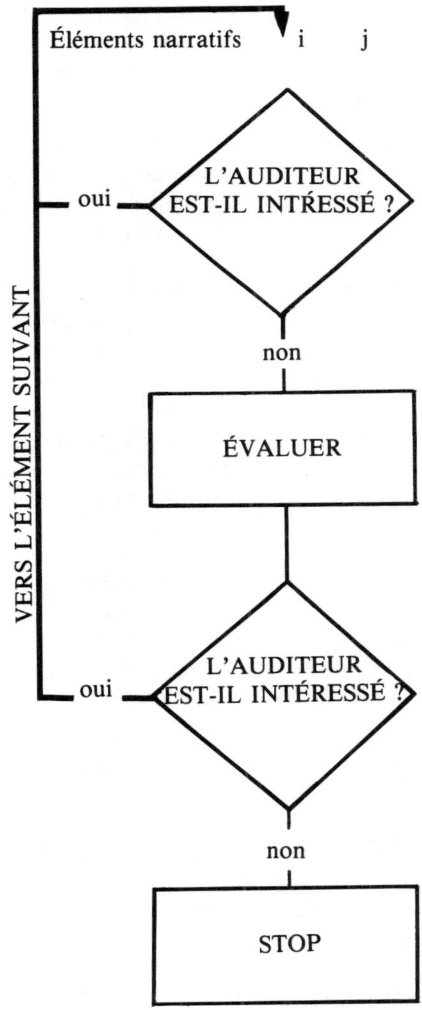

Figure 15

Instance interactive de contrôle du discours narratif

Schéma illustrant les prises de décision suivant les « questions » implicites de l'auteur relativement à l'intérêt que suscite son message. Selon la « réponse » de l'auditeur, le sujet narrant peut soit procéder à une « évaluation » (« tu sais, j'ai eu drôlement peur… ») soit poursuivre le récit soit, enfin, l'interrompre si son interlocuteur ne manifeste qu'indifférence.

tative...), se voient « appelées » au fur et à mesure de la narration avec, sans doute, une certaine anticipation. On pourrait même envisager qu'elles apparaissent en réponse à des questions implicites du type de celles formulées par Labov et Waletzky : « De quoi s'agit-il ? » pour le résumé ; « Qui ? », « Quand ? », « Quoi ? », « Où ? » pour le cadre ; « Et après ? » pour les actions successives ; etc. En fait, peu importe. L'essentiel réside dans le caractère indispensable de cette instance.

Supposons maintenant que l'auteur se situe à un moment donné au niveau d'une entité narrative quelconque. Il lui faut décider de la formuler ou, au contraire, de la taire selon la connaissance probable qu'il attribue à son interlocuteur. Ceci peut se concevoir sous forme d'une séquence de questions du type de celles inventoriées à la figure 16, et qui aboutiront à décider de marquer ou non un fait en surface. La réaction de l'interlocuteur se verra ensuite mise à l'épreuve soit par rapport à ce qui viendra d'être dit (est-il intéressé ? si oui, il suffit de continuer, si un doute subsiste, l'auteur peut introduire une évaluation) soit par rapport à ce qui ne l'aura pas été (comprend-il ? faut-il réintroduire certains éléments ?).

Ceci ne vaut pas seulement pour les informations lexicales renvoyant aux entités et aux actions. Cette procédure très générale concerne aussi d'autres éléments. Ainsi, par exemple, le sujet thématique une fois choisi, l'auteur tend à le conserver en position initiale dans les énoncés suivants. Il en résulte des agencements syntaxiques particuliers — passif par exemple (Hupet, 1983 ; Hupet et Costermans, 1976) — mais aussi un marquage peu accentué de ce même sujet (*i* vient... *i* dit... et pis *i* s'en va...) sans pourtant qu'il s'ensuive aucune ambiguïté (cf. sur ces questions, Karmiloff-Smith, 1981 ; Marlsen-Wilson, Levy et Tyler, 1982 ; Tomlin, 1983). Ce mode de fonctionnement suppose une certaine préprogrammation discursive qui, en général, n'est pas remise en cause par les ajustements locaux. Notons que le même raisonnement s'applique aux pronoms, aux articles et à tous les phénomènes de référenciation.

D'autres faits discursifs relèvent d'une gestion similaire. Ainsi en va-t-il des relations inter-événementielles. Celles-ci sont présentes dans l'organisation cognitive prélinguistique ; elles en assurent d'ailleurs la cohérence. Mais il appartient au narrateur de les marquer ou non en surface, c'est-à-dire de, a) recourir ou non à un connecteur et b) de sélectionner celui-ci dans un sous-système relativement restreint. Or, l'analyse de récits révèle que les connecteurs employés sont plutôt rares — par rapport aux relations sous-jacentes inférables — et qu'ils occupent le plus souvent des emplacements bien définis. La plupart des auteurs s'accordent pour considérer qu'ils relient non pas deux propositions successives mais plutôt des blocs de propositions par rapport auxquels ils précisent et évaluent les liaisons (Fayol, 1981 ; Mc Cutchen et Perfetti, 1982, 1983 ; Schneuwly, 1984 ; Scinto, 1983). Là encore, il semble qu'interviennent une programmation générale — déterminant des emplacements « stratégiques » de marquage des relations — et des ajustements locaux — résultant de procédure d'évaluation de la compréhensibilité et/ou de l'intérêt du discours.

Ainsi le composant psycholinguistique n'intervient qu'en dernier lieu, après que celui cognitif-représentatif ait déterminé l'élément à considérer. De plus, comme nous l'avons souligné au paragraphe précédent, ces deux niveaux de gestion se trouvent eux-mêmes sous la dépendance continuelle de l'instance évaluative réelle (interlocuteur) ou virtuelle.

La fonction du composant psycholinguistique consiste à appliquer les opérations langagières de cohésion, de thématisation, ou focalisation et, plus généralement, de tex-

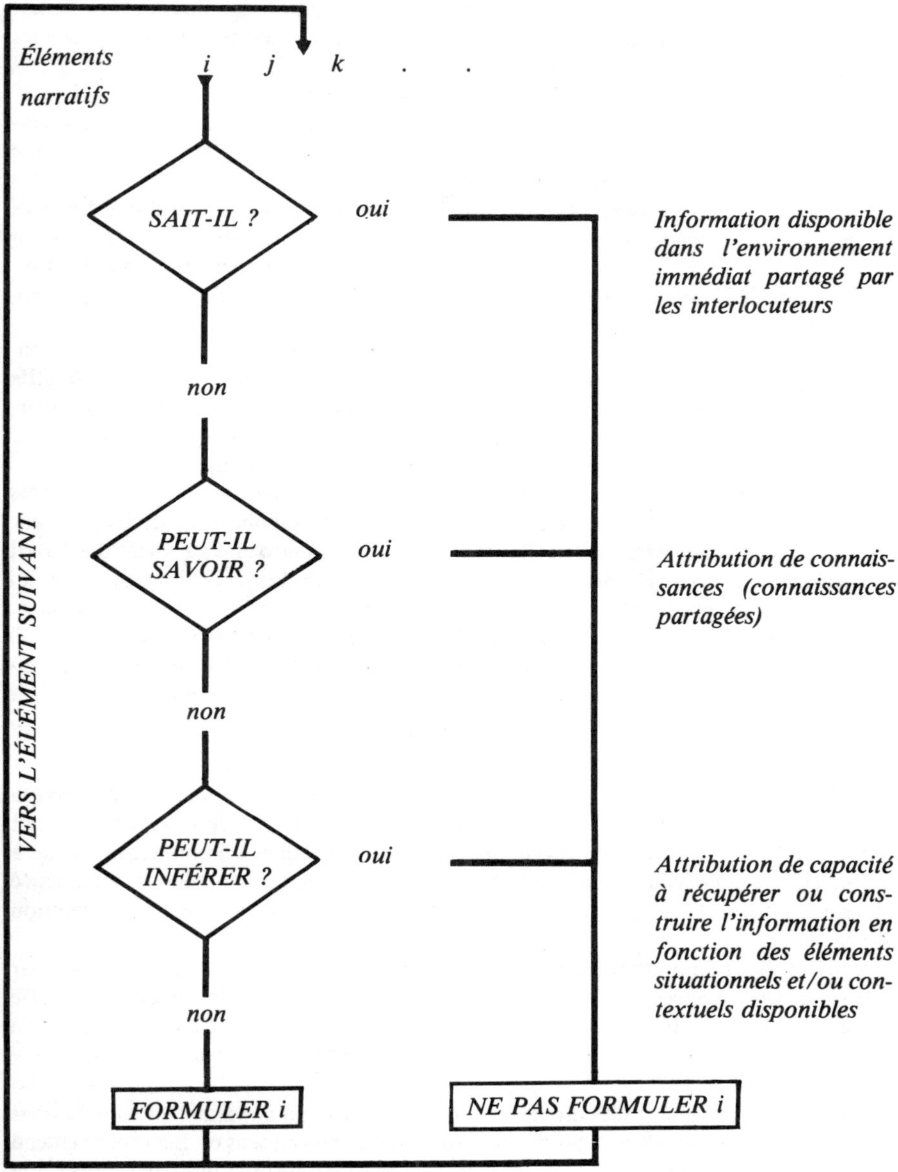

Figure 16

Schéma procédural illustrant les prises de décisions successives et les critères sur lesquels elles reposent et aboutissant à la formulation ou non d'une information donnée.

tualisation en tenant compte des contraintes psycho-sociales, cognitives et textuelles. Il s'appuie pour cela sur une organisation en mémoire du lexique et de sous-systèmes linguistiques dans lesquels il puise en fonction des divers déterminants.

Pour prendre un exemple, le choix d'un temps verbal du passé dépend :

a) Des conditions situationnelles et énonciatives qui induiront tantôt un rapport — impersonnel et objectivant — tantôt un récit — personnel et impliquant ; tantôt le passé simple (écrit), tantôt le présent de narration (oral),

b) De la « position » du procès dans la chaîne événementielle : la probabilité d'emploi de l'imparfait est beaucoup plus élevée dans le « cadre » que dans les « complication et résolution ». Plus l'histoire « avance » vers le sommet, plus fréquente devient l'utilisation du passé simple ou du présent (Fayol, 1985 ; Ganoac'h et Esperet, 1985 ; Hopper, 1979),

c) De certaines caractéristiques inhérentes au type ou procès décrit par le verbe (aktionsart) et qui tendent à favoriser le recours à certains temps (par exemple, les iteratifs — tapoter, sautiller, etc. — « attirent » l'imparfait et les résultatifs — tomber, entrer... — le passé simple) (Cf. Bronckart, 1976 ; 1985 ; Maingueneau, 1981),

d) Du ou des sous-systèmes disponibles chez un individu donné.

Les considérations que nous venons d'exprimer relativement à la gestion des récits valent tant à l'oral qu'à l'écrit. Ce dernier se révèle toutefois moins fragmenté et l'auteur s'y « implique » en général moins (Redeker, 1984). Il semble clair également que l'écrit se caratérise par un effacement de tout ou partie des marques énonciatives, ce qui lui donne un aspect plus « objectif ». Il convient toutefois de nuancer ces affirmations. En effet, on isole rarement la variable oral/écrit ; d'autres facteurs interviennent qu'il est difficile de maîtriser : contexte, but, registre (Tannen, 1982). Là encore, de nouvelles recherches se révèlent nécessaires pour mieux comprendre les phénomènes en jeu.

2.3 L'ancrage textuel

Nous avons, dans les deux paragraphes précédents, abordé le passage de la sélection de l'événement à la narration de celui-ci ainsi que le problème de la gestion du récit à deux niveaux hypothétiques. Pour cela, nous nous sommes volontairement situé à « l'intérieur » du déroulement narratif, c'est-à-dire après que l'auteur ait commencé et avant qu'il ne termine. Or, les début et fin de narration méritent une attention particulière.

En effet, pour amorcer son récit, l'auteur doit, dans un premier temps, le situer par rapport aux paramètres de la situation d'énonciation : lieu, moment, interlocuteur. De la même manière, la fin se marque très fréquemment par un retour à la perspective du ici et maintenant, rompant ainsi avec le déroulement inter-événementiel ; ce que Labov dénomme le « coda ».

Ces deux « parties », tout comme les « évaluations » qui apparaissent ici et là dans les textes narratifs, ne relèvent pas du récit mais du discours au sens où Benveniste entend cette opposition. Cela signifie que les faits relatés se trouvent situés par rapport à la situation d'énonciation. Cet « ancrage » se manifeste en surface par le recours au passé composé, par la fréquence des Je et par l'emploi d'articles définis qui présupposent une connaissance partagée avec l'interlocuteur (Fayol, 1981).

En somme, le récit commence le plus souvent dans l'instance du discours et il s'y achève. Parfois même cette dernière se manifeste en rompant le déroulement événementiel par des évaluations. Les exemples fournis par Labov et traduits par Adam (ibid) constituent une bonne illustration de ces passages continuels entre deux « mondes », deux « univers » construits : le discours et le récit (ou, selon Weinrich, 1973, le Monde commenté et le Monde raconté).

Le « produit récit » ne constitue donc pas un phénomène unitaire, sauf peut-être lorsque l'écrivain l'a « travaillé » pour effacer précisément les traces de l'activité énonciative. En règle générale, le texte obtenu constitue un amalgame de conduites discursives et narratives parfois difficiles à distinguer, mais que l'étude de la genèse met particulièrement bien en évidence (Fayol, 1981). Ceci explique pourquoi, comme nous l'avons souligné, les chercheurs travaillant sur la production éprouvent tant de peine à retrouver les catégories narratives et leurs articulations (Cf. Botvin et Sutton-Smith, ibid. ; Ganoac'h et Esperet, ibid. ; Kemper, 1984).

Comme, par ailleurs, le fait qu'un énoncé donné relève du discours plutôt que du récit (ou l'inverse) est vraisemblablement une question de degré, il faut concevoir les différentes « parties » de la narration comme étant à dominante discursive ou narrative. On peut, de ce point de vue, reprendre le schéma proposé par Adam (1981, p. 75) en l'adaptant (Cf. figure 17).

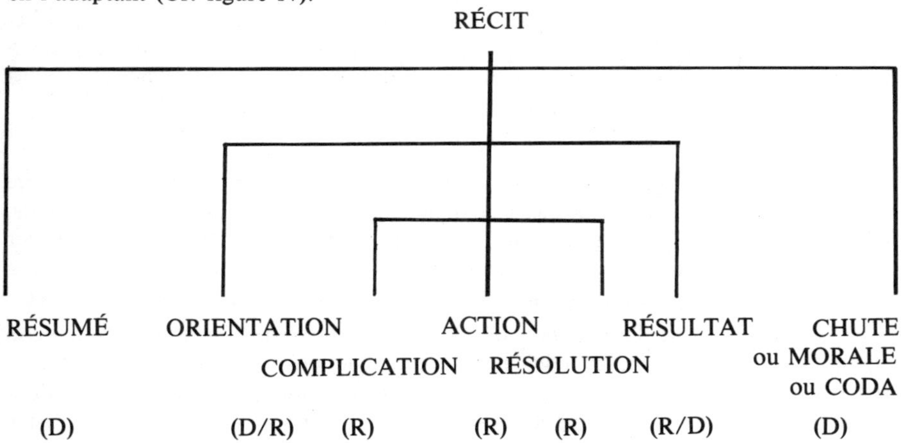

Différentes parties du récit (adaptées d'après Adam, 1981, p. 75) et type discursif dominant qui leur est associé (D = Discours ; N = Récit).

Résumé et Coda sont clairement à dominante Discours (exemples :

— Résumé : « En allant faire du vélo, j'ai attrapé un accident »

— Coda : « Nous nous sommes bien amusées aujourd'hui avec nos amies »... en fin de texte)

— Orientation et Résultat oscillent, au gré des textes et des narrateurs, entre les deux dominantes. Certains, en général ceux ayant une meilleure maîtrise de la narration, les situent dans le monde du « Récit » (emploi du passé-simple ou du présent), d'autres dans celui du « Discours » (emploi du passé-composé).

Sauf exceptions, même chez les jeunes enfants, Complication, Action et Résolution relèvent du récit. (cf. pour de nombreux exemples et analyses des marques associées à ces deux types discursifs, Fayol, 1981).

Figure 17

Le problèmes est évidemment, pour le psychologue, de tenter de savoir à quoi renvoie cette opposition récit/discours : les opérations mentales sont-elles de même type ? La « gestion » s'effectue-t-elle au même niveau ? A ces questions, les travaux actuels ne permettent pas d'apporter de réponse précise. Nous estimons toutefois plausible l'hypothèse selon laquelle les énoncés à dominante discursive seraient gérés par la composante interactive alors que ceux à dominante narrative le seraient par la représentation de la structure événementielle (R.C.R. selon Esperet). Mais de nombreux travaux seront nécessaires pour comprendre comment s'articulent les différents niveaux : ceux déjà connus — ou pressentis — et ceux que les recherches nous conduiront nécessairement à distinguer.

III — LE RÉCIT : PROBLÈMES ET PROSPECTIVE

Bien que beaucoup étudié au cours de la dernière décennie, le récit reste encore largement mystérieux pour le psychologue. Celui-ci est en effet très loin de comprendre comment procède le sujet, en compréhension et surtout en production. En fait, depuis les premiers travaux de Mandler et de Johnson (1977), les problèmes se sont singulièrement compliqués. Comme aucune synthèse ne semble pour l'heure envisageable, nous devons nous limiter à inventorier les grandes voies de recherche.

Il semble en exister actuellement quatre :

a) La première tend à traiter le récit comme une manifestation textuelle particulière liée à des conditions psycho-sociales bien définies : mode de relation, visée de l'auteur, etc. Ce courant s'efforce de mettre en relation des situations clairement contrastées sur certains paramètres avec des groupements de marques de surfaces caractéristiques des différents types de textes (Bain, Bonckart, Davaud, Pasquier et Schneuwly, 1981).

b) La seconde, actuellement plus développée, s'efforce de construire des modèles cognitifs de l'organisation mentale des séquences d'actions. Les deux théories concurrentes — le « schéma » et la « voie critique » — ne paraissent pas inconciliables. Elles répondent en fait à des questions et besoins différents. Elles sont encore loin de fournir des éléments bien avérés concernant les représentations mentales : seuls certains aspects précis font l'objet d'un large consensus.

c) La troisième voie s'intéresse en priorité aux marques linguistiques et à leur fonctionnement textuel. Son retard apparaît considérable en ce sens que des problèmes tels que ceux relatifs à l'anaphore, à l'article, aux connecteurs, etc. ont jusqu'à ces dernières années été posés uniquement en termes de relations entre couples de propositions (cf. les recherches rapportées in Bronckart, Kail et Noizet, 1983). Cependant, les conceptions évoluent rapidement en ce domaine et les travaux expérimentaux commencent à apparaître.

d) La quatrième voie reste la moins abordée — non qu'elle n'intéresse pas les chercheurs ! mais plutôt à cause des difficultés qu'elle soulève. Il s'agit en effet d'étudier les procédures et stratégies mises en œuvre par les sujets pour résoudre les tâches complexes de compréhension et production en temps réel (on-line). Cette perspective, très récente, doit à la fois disposer des apports des trois précédentes et s'efforcer de les coordonner en des modèles procéduraux prenant en considération les « compétences » du sujet, les stratégies disponibles, les contraintes situationnelles et les limites de la capacité de traitement de l'information (Bereiter, 1980 ; Bereiter et Scardamalia, 1982, 1984 ; Coulmans et Ehlich, 1983 ; Gregg et Steinberg, 1980 ; Martlew, 1983). On peut penser que les progrès émaneront, en ce secteur, de la simulation sur ordinateur, malgré toutes les réserves que l'on peut faire quant à sa pertinence (Kolers et Smythe, 1984).

Ces quatre voies sont indubitablement complémentaires même si leurs rythmes de développement diffèrent. Leur articulation est nécessaire non seulement d'un point de vue théorique mais aussi afin d'envisager des applications. Celles-ci tendent à se multiplier, particulièrement en ce qui concerne la lecture (Gold, 1983 ; Paris et Myers II, 1981 ; Sanacore, 1983, 1984). Or, pour faire face aux demandes des praticiens, les psychologues devront accélérer les recherches dans les quatre voies citées mais également mieux coordonner leurs efforts au sein d'équipes dans lesquelles seraient représentées les diverses perspectives, linguistique, littéraire, psycho-sociologique...

Montluçon, Dijon, septembre 1984

NOTES DU CHAPITRE IX

(1) La notion d'information peut avoir un sens extrêmement précis dans certains domaines du langage (phonologie, lexique...) (cf. Lienard, 1977). Il se trouve que, malheureusement, il n'en va pas de même dans le champ des actions et événements réels ou relatés. Or, en l'absence de toute possibilité de quantification, la notion d'information perd sa pertinence. Elle n'est plus alors utilisée que de manière intuitive et, à tout prendre, mieux vaudrait lui préférer celle — plus modeste mais plus réaliste — d'importance relative.

(2) Curieusement, Mandler (1983), répondant aux critiques de Wilenskyy (1983) et Black (1983), ne mentionne pas cet argument. En revanche, pour caractériser la théorie du « schema », elle note que celle-ci ne décrit pas l'ordre dans lequel les événements surviennent mais celui dans lequel ils sont mentionnés dans les récits. Il s'agit là d'une affirmation pour le moins discutable.

(3) Relativement au problème des fixations oculaires au cours de la lecture, voir Carpenter et Just (1977), Just et Carpenter (1984).

(4) Cependant, des résultats contradictoires avec ceux précédemment exposés ont été obtenus par d'autres chercheurs. Ainsi, Britton (1983), Britton, Glynn, Meyer et Penland (1982), Britton, Graesser, Glynn, Meyer et Penland (1982), Britton, Graesser, Glynn, Hamilton et Penland (1983), Britton Holdredge, Curry et Westbrook (1979), Britton, Holdredge, Westbrook et Curry (1979), Britton, Meyer, Simpson, Holdredge et Curry (1979), Britton, Piha, Davis et Wehausen (1979) et Britton, Westbrook et Holdredge (1978) ont développé une méthodologie visant à évaluer la « capacité cognitive » occupée par une tâche donnée. Alors que le sujet est occupé à un travail principal — en général lire pour comprendre — il est soumis, de manière imprévisible, à un stimulus sonore auquel il doit répondre le plus rapidement possible en appuyant sur une presselle (tâche secondaire). Plus vite cette dernière tâche est résolue moins la capacité cognitive occupée par celle principale est importante.

Les données recueillies à l'aide de cette méthode sont très vite apparues comme contre-intuitives et contradictoires avec les résultats obtenus par ailleurs. Par exemple :

— les textes dotés d'un titre occupent une « capacité cognitive » plus importante que ceux n'en ayant pas !

— les textes faciles exigent une capacité supérieure à celle mise en œuvre pour ceux difficiles !

— les narrations nécessitent plus de capacité que les descriptions !

Toutefois, les faits observés semblent, dans la plupart des cas, susceptibles d'être expliqués en termes d'« intérêt cognitif » et non à partir des difficultés de compréhension (cf. aussi Crain, Alessio, Mc Intyre et Smoke, 1983). La technique de la tâche secondaire permet d'évaluer la capacité d'attention occupée par tel ou tel texte mais l'interprétation des phénomènes pose problème (cf. Anderson, 1982 pour une discussion des rapports entre « effort cognitif » et « temps de lecture »).

(5) Le problème est identique à celui qui se pose lors des activités de dénombrement de collection. Le sujet comptant doit en effet a) disposer d'une liste mentale des nombres ; b) faire « défiler » mentalement celle-ci au fur et à mesure de la prise en considération des éléments à compter en veillant à la stricte coordination des deux activités (cf. Fayol, 1985 d, pour une revue).

BIBLIOGRAPHIE

ABDI H., Représentations arborées de l'information verbatim in J. WITTWER (Ed.) *La psycholinguistique textuelle. Bulletin de Psychologie,* 1985, *38* (371), 633-643.

ABELSON R.P., Commentary points *The Behavioral and Brain Sciences*, 1983, *6*, 591-592.

ABRAHAMSON A.A., Experimental analysis of the semantics of movement. in D.A. NORMAN & D.E. RUMELHART (Eds) *Explorations in cognition*. San Francisco : Freeman, 1975.

ADAM J.M. La cohésion des séquences de propositions dans la macro-structure narrative. *Langue Française,* 1978, n° 38, 101-117.

ADAM J.M., Les récits ordinaires. *Cahiers de Linguistique sociale,* 1981, n° 3, 1-129.

ADAM J.M., *Le récit*. Paris : P.U.F., 1984.

ALBA J.W. et HASHER L., Is memory schematic ? *Psychological Bulletin,* 1983, *93* (2), 203-231.

ALLEN J.F., Do story grammars and story points differ ? *The Behavioral and Brain Sciences,* 1983, *6*, 592-593.

ANDERSON J.M., La grammaire casuelle *Langages*, 1975, n° 38, 18-64.

ANDERSON R.C., Allocation of attention during reading. in A. FLAMMER et W. KINTSCH (Eds) *Discourse processing*. Amsterdam : North Holland, 1982.

ANDERSON A., GARROD S.C. et SANFORD A.J., The accessibility of pronominal antecedents as a function of episode shifts in narrative texts *Quarterly Journal of Experimental Psychology,* 1983, *35 A*, 427-440.

ANTINUCCI F. et MILLER R., How children talk about what happened *Journal of Child Language*, 1976, *3*, 167-189.

APPLEBEE A.N., *The child's concept of story : age two to seventeen*. Chicago : The University of Chicago Press, 1978.

BACHMAN C., DURO-COURDESSES L. et SIMONIN J. « Il les a dit devant lui il n'avait pas peur... » Analyse de conversation *Pratiques,* 1977, n° 17, 77-99.

BAIN D., BRONCKART J.P., DAVAUD C., PASQUIER A. et SCHNEUWLY B., Classification de textes pour la rédaction et l'analyse. *Cahiers de la Section des Sciences de l'Éducation : Pratiques et Théories,* 1982, n° 28.

BAIN D., BRONCKART J.P. et SCHNEUWLY B., Typologie du texte français contemporain, à paraître, 1983.

BAKER L., Processing temporal relationships in simple stories : effects of input sequence. *Journal of Verbal Learning and Verbal Behavior,* 1978, *17*, 559-572.

BAGGETT P., Structurally equivalent stories in movie and text and the effect of the medium on recall. *Journal of Verbal Learning and Verbal Behavior,* 1979, *18,* 333-356.

BARTHES R., *Le degré zéro de l'écriture*. Paris : Seuil 1953.

BARTHES R., Introduction à l'analyse structurale des récits *Communications,* 1966, *8,* 1-27.

BARTLETT F., *Remembering*. Cambridge : C.U.P., 1932, 5e éd., 1964.

BATES E., *Language and context : The acquisition of pragmatics*. New-York : Academic Press, 1976.

BATES E., KINTSCH W., FLETCHER C.R. et GIULIANI V., The role of pronominalization and ellipsis in texts : some memory experiments *Journal of Experimental Psychology : Human Learning and Memory,* 1980, *6* (6), 676-691.

BEAUDICHON J., *La communication sociale chez l'enfant*. Paris : P.U.F., 1982.

BEAUDICHON J. et BIDEAUD J. De l'utilité des notions d'égocentrisme, de décentration et de prise de rôle dans l'étude du développement. *L'Année Psychologique,* 1979, *79*, 589-622.

BEAUGRANDE R. de et COLBY B.N. Narrative models of action and interaction. *Cognitive Science,* 1979, *3*, 43-66.

BEAUGRANDE R. de et MILLER G.W. Processing models for children's story comprehension *Poetics*, 1980, *9,* 181-201.

BECKER J.D. Reflections of the formal description of behavior in D.G. BOBROW et A. COLLINS (Eds) *Representation and understanding*. New-York : Academic Press, 1975.

BELLERT I. On a condition of the coherence of texts. *Semiotica,* 1970, *2,* 335-363.

BENVENISTE E. Les relations de temps dans le verbe français *Bulletin de la Société de Linguistique,* 1959, *54* (1).

BENVENISTE E. Le langage et l'expérience humaine *Diogène,* 1965, *51,* 3-13.

BENVENISTE E. L'appareil formel de l'énonciation *Langages,* 1970, n° 17, 12-18.

BEREITER C. Development in writing, in L. W. GREGC et E.R. STEINBERG (Eds) *Cognitive processes in writing*. Hillsdale : Erlbaum, 1980.

BEREITER C. Story grammar as knowledge *The Behavioral and Brain Sciences,* 1983, *6*, 593-594.

BEREITER C. et SCARDAMALIA M. From conversation to composition : the role of instruction in a developmental process. in R. GLASER (Ed) *Advances in instructional psychology,* vol. 2. Hillsdale : Erlbaum, 1982.

BEREITER C. et SCARDAMALIA M. Information processing demand of text composition. in H. MANDL, N.L. STEIN & T. TRABASSO (Eds) *Learning and comprehension of text*. Hillsdale : Erlbaum, 1984.

BERGALA A. *Initiation à la sémiologie du récit en images*. Les cahiers de l'audio-visuel, sans date.

BERT-ERBOUL A. Les inférences : leur rôle dans la compréhension et la mémorisation. *L'Année Psychologique,* 1979, *79,* 657-680.

BLACK J.B. Are story representations good for anything ? *The Behavioral and Brain Sciences.* 1983, *6,* 594-595.

BLACK J.B. et BERN H. Causal coherence and memory for events in narratives *Journal of Verbal Learning and Verbal Behavior,* 1981, *20,* 267-275.

BLACK J.B. et BOWER G.H. Épisodes as chunks in narrative memory. *Journal of Verbal Learning and Verbal Behavior,* 1979, *18,* 309-310.

BLACK J.B. et BOWER G.H. Story understanding as problem solving *Poetics,* 1980, 2, 223-250.

BLACK J.B., TURNER J.T. et BOWER G.H. Point of view in narrative comprehension, memory, and production *Journal of Verbal Learning and Verbal Behavior,* 1979, *18*, 187-198.

BLACK J.B. et WILENSKY R. An evaluation of story grammars. *Cognitive Science,* 1979, *3*, 213-230.

BOOTH W.V. Distance et point de vue in *Poétique du récit*. Paris : Seuil, 1977.

BOTVIN G.J. et SUTTON-SMITH B. The development of structural complexity in children's fantasy narratives *Developmental Psychology,* 1977, *13*, 377-388.

BOURNEUF R. et OUELLET R. *L'univers du roman*. Paris : P.U.F., 1972.

BOWER G.H. Plans and goals in understanding episodes. in A. FLAMMER et W. KINTSCH (Eds) *Discourse processing*. Amsterdam : North-Holland, 1982.

BOWER G.H., BLACK J.B. et TURNER T.J. Scripts in memory for texts *Cognitive Psychology, 1979, 11,* 177-220.

BRAMAUD DU BOUCHERON B. de. *La mémoire sémantique de l'enfant*. Paris : P.U.F., 1981.

BRAMI-MOULING M.A. Notes sur l'adaptation de l'expression verbale de l'enfant en fonction de l'âge de son interlocuteur. *Archives de Psychologie,* 1977, *45* (175), 225-234.

BRANSFORD J.D. et FRANKS J.J. The abstraction of linguistic ideas : a review, *Cognition,* 1972, *1,* 211-249.

BRANSFORD J.D. et JOHNSON M.K. Contextual prerequisites for understanding : some investigations on comprehension and recall. *Journal of Verbal Learning and Verbal Behavior,* 1972, *11,* 717-726.

BREMOND C. La logique des possibles narratifs *Communications,* 1966, *8,* 60-76.

BREMOND C. Le rôle d'influenceur *Communications,* 1970, *16,* 60-69.

BREMOND C. Les bons récompensés et les méchants punis ; morphologie du conte merveilleux français. in C. CHABROL et al. *Sémiotique narrative et textuelle*. Paris : Larousse, 1973.

BREMOND C. *Logique du récit*. Paris : Seuil, 1973.

BRESSON F., BOUVIER N., DANEQUIN C., DEPREUX J., HARDY M. et PLATONE F. Quelques aspects du système des déterminants chez des enfants de l'école maternelle : utilisation des articles définis et indéfinis. *Cahiers du C.R.E.S.A.S.,* 1970, n° 2.

BREWER W.F. Form, content, and affect in the theory of stories *The Behavioral and Brain Sciences,* 1983, *6,* 595-596.

BREWER W.F. et LICHTENSTEIN E.H. Stories are to entertain : a structural affect theory of stories. *Journal of Pragmatics,* 1982, *6,* 473-486.

BRITTON B.K. What makes stories interesting *The Behavioral and Brain Sciences,* 1983, *6,* 596-597.

BRITTON B.K., GLYNN S.M., MEYER B.J.F. et PENLAND M.J. Effects of text structure on use of cognitive capacity during reading *Journal of Educational Psychology,* 1982, *74,* 51-61.

BRITTON B.K., GRAESSER A.C., GLYNN S.M., HAMILTON T. et PENLAND M. Use of cognitive capacity in reading : effects of some content features of texts *Discourse Processes,* 1983, *6* (1), 39-57.

BRITTON B.K., HOLDREDGE T.S., CURRY C. et WESTBROOK R.D. Use of cognitive capacity in reading identical texts with different amounts of discourse level meaning. *Journal of Experimental Psychology : Human Learning and Memory,* 1979, *5,* (3), 262-270.

BRITTON B.K., HOLDREDGE T.S., WESTBROOK R.D., CURRY C. Using cognitive capacity in reading text *Perceptual and Motor Skill,* 1979, *48,* 395-400.

BRITTON B.K., MEYER B.J.F., SIMPSON R., HOLDREDGE T.S. et CURRY C. Effects of the organization of text on memory : tests of two implications of a selective attention hypothesis *Journal of Experimental Psychology : Human Learning and Memory,* 1979, *5* (5), 496-506.

BRITTON B.K., PIHA A., DAVIS J. et WEHAUSEN E. Reading and cognitive capacity usage : adjunct question effects *Memory & Cognition,* 1978, *6* (3), 266-273.

BRITTON B.K., WESTBROOK R.D. et HOLDREDGE T. Reading and congitive capacity usage : effects of text difficulty. *Journal of Experimental Psychology : Human Learning and Memory,* 1978, *4,* 582-591.

BRONCKART J.P. *Genèse et organisation des formes verbales chez l'enfant.* Bruxelles : Dessart et Mardaga, 1976.

BRONCKART J.P. *Théories du langage. Une introduction critique.* Bruxelles : Mardaga, 1977.

BRONCKART J.P. La compréhension des structures à fonction casuelle in J.P. BRONCKART, M. KAIL et G. NOIZET (Eds) *Psycholinguistique de l'enfant.* Neuchâtel, Paris : Delachaux & Niestlé, 1983.

BRONCKART J.P. Les opérations temporelles dans deux types de textes d'enfants. in J. WITTWER (Ed) *La psycholinguistique textuelle, Bulletin de Psychologie,* 1985, *38* (371), 653-666.

BRONCKART J.P. Que dire du temps ? Essai. in *Psychologie développementale : problèmes et réalités. Hommage à P. Oleron,* sous presse.

BRONCKART J.P., GENNARI M., WECK G. de. La compréhension des phrases simples *International Journal of Psycholonguistics,* 1981, *8,* (2), 5-29.

BRONCKART J.P., KAIL M. et NOIZET G. *Psycholinguistique de l'enfant.* Neuchâtel, Paris : Delachaux & Niestlé, 1983.

BRONCKART J.P. et SCHNEUWLY B. Une approche totalitaire de la langue. Texte présenté au Colloque « Le langage de l'enfant en milieu scolaire », Paris, décembre 1981.

BRONCKART J.P. et SCHNEUWLY B. La production des organisateurs textuels chez l'enfant. in M. MOSCATO et G. PIERAUT-LE-BONNIEC (Eds) *Le langage : construction et actualisation.* Paris : P.U.F., 1984.

BROOKS L.W. et DANSEREAU D.G. Effects of structural schema training and text organization on expository prose processing *Journal of Educational Psychology,* 1983, *75* (6), 811-820.

BROSSARD M. Milieu social, situation de verbalisation et capacités linguistiques. *Revue Française de Pédagogie,* 1978, n° 44, 38-45.

BROSSARD M. Activités cognitives et conduites verbales. *Bulletin de Psychologie,* 1979, *32* (338, 1-2), 57-63.

BROWN A.L. Recognition, reconstruction and recall of narrative sequences by preoperational children *Child Development,* 1975, *46,* 156-166.

BROWN A.L. The development of memory : knowing, knowing about knowing, and knowing how to know. in H.W. REESE (Ed) *Advances in child development and behavior,* vol. 10. New York : Academic Press, 1975.

BROWN A.L. Development, schooling, and the acquisition of knowledge about knowledge. in R.C. ANDERSON, R.J. SPIRO et W.E. MONTAGUE (Eds) *Schooling and the acquisition of knowledge.* Hillsdale : Erlbaum, 1977.

BROWN A.L. et CAMPIONE J.C. The effects of knowledge and experience on the formation of retrieval plans for studying from texts. in M.M. GRUNEBERG, P.E. MORRIS et R.N. SYKES (Eds) *Practical aspects of memory.* New York : Academic Press, 1978.

BROWN A.L., DAY J.D. et JONES R.S. The development of plans for summarizing texts. University of Illinois, Center for the Study of Reading, Technical Report n° 268, 1983.

BROWN A.L. et MURPHY M.D. Reconstruction of arbitrary versus logical sequences by preschool children *Journal of Experimental Child Psychology,* 1975, *20,* 307-326.

BROWN A.L. et SMILEY S.S. Rating the importance of prose passages : a problem of metacognitive development. *Child Development,* 1977, *48,* 1-8.

BROWN A.L., SMILEY S.S., DAY J.D., TOWNSEND M.A.R. et LAWTON S.C. Intrusion of thematic idea in children's comprehension and retention of stories *Child Development,* 1977, *48,* 1454-1466.

BROWN A.L., SMILEY S.S. et LAWTON S.Q.C. The effects of experience on the selection of suitable retrieval cues for studying texts *Child Development,* 1978, *49,* 829-835.

BROWN C.J. et HURTIG R.R. Children's discourse competence : an evaluation of the development of inferential processes. *Discourses Processes,* 1983, *6,* 353-375.

BRUCE B. Analysis of interacting plans as a guide to the inderstanding of story structure. *Poetics,* 1980, *9,* 295-311.
BRUNER J.S. From communication to language : a psychological approach. *Cognition*, 1975, *3* (3), 255-287.
BRUNER J.S. *Le développement de l'enfant. Savoir faire. Savoir dire.* Paris : P.U.F., 1983.
BULLOCK M. et GELMAN R. Preschool children's assumptions about cause and effect : temporal ordering *Child Development,* 1979, *50,* 89-96.
BURGESS C., BURGESS T., CARTLAND L., CHAMBERS R., HEDGELAND J., LEVINE N., MOLE J., NEWSOME B., SMITH M. et TORBE M. *Understanding children's writing.* Harmondsworth : Penguin 1974.
BUTOR M. *Essais sur le roman.* Paris : Gallimard, 1972.
CARON J. Étude sur le langage d'enfants du cours préparatoire. *Repère* 1974, n° 26, 78-100.
CARON J. *Les régulations du discours.* Paris : P.U.F., 1983.
CARPENTER P.A. et JUST M. Reading comprehension as eyes see it. in M. JUST & P. CARPENTER (Eds) *Cognitive processes in comprehension* Hillsdale : Erlbaum, 1977.
CARPENTER P.A., JUST M.A. et SAMUELS S.J. Integrative processes in comprehension. in D. LABERGE & S.J. SAMUELS (Eds) *Basic processes in reading.* Hillsdale : Erlbaum, 1977.
CARR T.H. Event structure, interest, importance, and coherence : where does point theory fit ? *The Behavioral and Brain Sciences,* 1983, *6,* 597-598.
CASE R. Intellectual development from birth to adulthood : a neopiagetian interpretation. in R.S. SIEGLER (Ed) *Children's thinking : what develops.* Hillsdale : Erlbaum, 1978.
CASE R., KURLAND D.M. et GOLDBERG J. Operational efficiency and the growth of short term memory *Journal of Experimental Child Psychology,* 1982, *33,* 386-404.
CATACH N. (sous la direction de) La ponctuation. *Langue Française,* 1980, n° 40.
CHABROL C., ALEXANDRESCU S., BARTHES R., BREMOND C., GREIMAS A.J., MARANDA P. et SCHMIDT S.J. *Sémiotique narrative et textuelle.* Paris : Larousse, 1973.
CHAFE W.L. Givenness, contrastiveness, definiteness, subjects, topics, and point of view in C.N. LI (Ed) *Subject and topic.* New York : Academic Press, 1976.
CHARNIAK E. *Toward a model of children's story comprehension.* Philosophical thesis. Cambridge (Mas) : M.I.T., non publié.
CHAROLLES M. Introduction aux problèmes de la cohérence des textes *Langue Française,* 1978, n° 38, 7-41.
CHAROLLES M. Cohérence as a principle in the interpretation of discourse *Text*, 1983, *3* (1), 71-97.
CHI M. Knowledge structure and memory development. in R.S. SIEGLER (Ed) *Children's thinking : what develops.* Hillsdale : Erlbaum : 1978.
CHOMSKY N. *Syntatic structures.* The Hague, Paris : Mouton, 1957.
CHRISTIE D.J. et SCHUMACHER G.M. Developmental trends in the abstraction and recall of relevant versus irrelevant thematic information from connected verbal material *Child Development,* 1975, *46*, 598-602.
C.I.E.L.E. Langage et classes sociales : une étude transversale. *Psychologie et Éducation,* 1978, *2* (4).
CIRILO R.K. et FOSS D.J. Text structure and reading time for sentences *Journal of Verbal Learning and Verbal Behavior,* 1980, *19,* 96-109.
CLANCHE P. *Le texte libre, écriture des enfants.* Paris : Maspero, 1976.
CLARK E.V. et HECHT B.F. Comprehension, production, and language acquisition *Annual Review of Psychology,* 1983, *34,* 325-349.
CLARK H.H. Inferences in comprehension. in D. LABERGE & S.J. SAMUELS (Eds) *Basic processes in reading : perception and comprehension.* Hillsdale : Erlbaum, 1977.
CLARK H.H. et CLARK E.V. *Psychology and language.* New York : Harcour Brace Jovanovitch, 1977.
CLARK H.H. et HAVILAND S.E. Comprehension and the given-new contract. in R.O. FREEDLE (Ed) *Discourse production and comprehension.* Norwood : Alblex, 1977.
CLARK H.H. et LUCY P. Understanding what is meant from what is said : a study in conversationally conveyed requests, *Journal of Verbal Learning and Verbal Behavior,* 1975, *14,* 56-72.
CLARK H.H. et MURPHY G.L. La visée vers l'auditoire dans la signification et la référence. *Bulletin de Psychologie,* 1982, *35* (356), 767-776.
COIRIER P. La représentation du récit : schéma narratif de base *Psychologie et Pédagogie,* 1982, *12* (1), 1-24.
COLBY B.N. A partial grammar of eskimo folktales *American Anthropologist,* 1973, *75* (3), 645-662.

COLBY B.N. et COLE M. Culture, memory and narrative in R. HORTON & R. FINNEGAN (Eds) *Modes of thought. Essays of thinking in western ans nonwestern societies*. London : Faber & Faber, 1973.

COLE M. et SCRIBNER S. Cross-cultural studies of memory and cognition in R.V. KAIL & J.W. HAGEN (Eds) *Perspectives on the development of memory and cognition*. Hillsdale : Erlbaum, 1977.

COLLINS A. Processes in acquiring knowledge. in R.C. ANDERSON, R.J. SPIRO & W.E. MONTAGUE (Eds) *Schooling and the acquisition of knowledge*. Hillsdale : Erlbaum, 1977.

COLLINS A.W. Age related aspects of comprehension and inference from a televised dramatic narrative *Child Development*, 1978, *49*, 389-399.

COLLINS A et GENTNER D. A framework for a cognitive theory of writing in L.W. GREGG & E.R. STEINBERG (Eds) *Cognitive processes in writing*, Hillsdale : Erlbaum, 1980.

CORNISH I.M. Memory for prose : quantitative analysis of recall components *British Journal of Psychology*, 1978, *69*, 243-255.

CORRIGAN R. A scalogram analysis of the development of the use and comprehension of « because » in children. *Child Development*, 1975, *46*, 195-201.

COSTERMANS J. *Psychologie du langage*. Bruxelles : Mardaga, 1980.

COULMAS F. et EHLICH K., *Writing in focus*. Berlin : Mouton, 1983.

CRAIK F.I.M. et LOCKART R.S. Levels of processing : a framework for memory research *Journal of Verbal Learning and Verbal Behavior*, 1972, 11, 671-684.

CRAIN W.C., ALESSIO E. d', Mc INTYRE B. et SMOKE L. The impact of hearing a fairy tale on children's immediate behavior. *Journal of Genetic Psychology*, 1983, *143*, 9-17.

CROMER R. The development of the ability to decenter in time *British Journal of Psychology*, 1971, *62*, 353-365.

CULIOLI A. *Recherche en linguistique. Théorie des opérations énonciatives*. Université de Paris 7 : séminaire de D.E.A., 1976, non publié.

CUNNINGHAM D.J. The retention of connected discourse : a review *Educational Review*, 1972, 42 (1), 47-71.

DANNER F.W. Children's understanding of intersentence organization in the recall of short descriptive passages *Journal of Educational Psychology*, 1976, *68* (2), 174-183.

DANSET-LEGER J. Pour une étude psychologique de la lecture des histoires en images par l'enfant. *Journal de Psychologie*, 1978, n° 3, 279-307.

DANSET-LEGER J. *L'enfant et les images de la littérature enfantine*, Bruxelles : Mardaga, 1980.

DENIS M. *Les images mentales*. Paris : P.U.F., 1979.

DENIS M. et DUBOIS D. La représentation cognitive : quelques modèles récents *L'Année Psychologique*, 1976, *76*, 541-562.

DENHIERE G. Mémoire sémantique, cenceptuelle ou lexicale ? *Langages*, 1975, n° 40, 41-73.

DENHIERE G. Compréhension et rappel d'un récit par des enfants de six à douze ans in G. OLERON & M. DENIS *La compréhension du langage. Bulletin de Psychologie*, 1978-1979, *32* (341), 803-819.

DENHIERE G. Schéma(s) ? Vous avez dit schéma(s) ? in J.F. LE NY & KINTSCH *Langage et compréhension. Bulletin de Psychologie*, 1981-1982, *35* (356), 717-731.

DENHIERE G. *Il était une fois... Compréhension et souvenir de récits*. Lille : P.U.L., 1984.

DENHIERE G. et DUBOIS D. Recent issues in semantic memory *International Journal of Psycholinguistics*, 1978, *5* (2), 63-76.

DENHIERE G. et LE NY J.F. Relative importance of meaningful units in comprehension and recall of narratives by children and adults. *Poetics*, 1980, *9*, 147-161.

DESCLES J.P. Quelques opérations de localisation *PITFALL*, 1975, n° 17.'

DESCLES J.P. Représentation formelle de quelques déictiques français *PITFALL*, 1976, n° 22.

DIJK (T.A. van) *Some aspects of text grammars*. The Hague, Paris: Mouton, 1972.

DIJK (T.A. van) Grammaires textuelles et structures narratives. in C. CHABROL & al. *Sémiotique narrative et textuelle*. Paris : Larousse, 1973.

DIJK (T.A. van) A pointless approach to stories. *The Behavioral and Brain Sciences*, 1983, *6*, 598-599.

DIJK (T.A. van) Discourse analysis : its development and application to the structure of news. *Journal of Communication*, 1983, *33* (2), 20-43.

DIJK (T.A. van) et KINTSCH W. *Strategies of discourse comprehension*. New York : Academic Press, 1983.

DI VESTA F.J., HAYWARD K.G. et ORLANDO V.P. Developmental trends in monitoring text for comprehension *Child Development*, 1979, *50*, 97-105.

DOISE W. et MUGNY G. *Le développement social de l'intelligence.* Paris : Interéditions, 1981.
DONALDSON M. *Children's mind.* London : Fontana, 1978, éd. 1980.
DOOLING D.J. et CHRISTIAANSEN R.E. Levels of encoding and retention of prose in G.H. BOWER (Ed) *The psychology of learning and motivation.* New York : Academic Press, 1977.
DUBOIS-CHARLIER F. Les premiers articles de Fillmore, *Langages,* 1975, n° 38, 3-17.
DUCROT O., *Dire et ne pas dire.* Paris : Hermann, 1972.
DUCROT O. et TODOROV T. *Dictionnaire encyclopédique des sciences du langage.* Paris : Seuil, 1972.
DUSS L. *La méthode des fables en psychanalyse infantile.* Paris : L'Arche, 1950, 2e éd. 1971.
DYER M.G. The point of thematic abstraction unit. *The Behavorial and Brain Sciences,* 1983, *6,* 599-600.
EHRLICH M.F. Apprentissage et mémoire de textes : problèmes théoriques et méthodologiques. in S. EHRLICH & E. TULVING (Eds) *La mémoire sémantique. Bulletin de Psychologie,* 1976, 314-326.
EHRLICH M.F. Approche expérimentale des rapports entre compréhension et mémorisation d'un texte. in J.F. LE NY & W. KINTSCH (Eds) *Langage et compréhension. Bulletin de Psychologie,* 1981-1982, *35* (356), 659-671.
EHRLICH S. Construction des représentations sémantiques : le fonctionnement du sujet in M. MOSCATO & G. PIERAUT-LE-BONNIEC (Eds) *Le langage : construction et actualisation.* Rouen, P.U.R., 1984.
EHRLICH S., BRAMAUD-DU-BOUCHERON G. et FLORIN A. *Le développement des connaissances lexicales à l'école primaire.* Poitiers : P.U.F., 1978.
EHRLICH S., FLORIN A. *Compréhension et production d'un récit par des enfants de trois à onze ans.* Bordeaux : C.N.R.S., 1981.
EMLER N.P. Children's development and use of inferences about intentions and motives in moral judgment *British Journal of Educational Psychology,* 1978, *48,* 201-209.
ESPERET E. Processus de production : genèse et rôle du schéma narratif dans la conduite de récit. in M. MOSCATO & G. PIERAUT-LE-BONNIEC (Eds). *Le langage : construction et actualisation.* Rouen, P.U.R., 1984.
ESPERET E. et FAYOL M. Éléments pour un modèle génétique de la conduite de récit. Poitiers : Laboratoire de Psychologie & Dijon : Laboratoire de Psychologie, 1982, ronéo.
FARIOLI F. L'identification de la coréférence pronominale chez les enfants de cinq à onze ans. *L'Année Psychologique,* 1979, *79,* 87-104.
FARIOLI F. Comprendre une phrase avec pronom ou identifier une coréférence ? in J.P. BRONCKART, M. KAIL & G. NOIZET (Eds) *Psycholinguistique de l'enfant.* Neuchâtel, Paris : Delachaux & Niestlé, 1983.
FAYOL M. Les conservations narratives chez l'enfant. *Enfance,* 1978, n° 4-5, 247-259.
FAYOL M. A propos de la clôture des récits : Éléments pour une approche expérimentale du problème. *Psychologie Française,* 1980, *25* (2), 139-147.
FAYOL M. *L'organisation du récit écrit chez l'enfant. Son évolution de six à dix ans.* Université de Bordeaux II : Thèse de Doctorat d'État, 1981, ronéo.
FAYOL M. Le récit écrit d'expérience personnelle, son évolution chez l'enfant de six à dix ans. *Bulletin de Psychologie,* 1981-1982, *35,* 261-265.
FAYOL M. Approche des productions narratives en termes d'opérations sous-jacentes. *Cahiers du C.I.E.L.E.,* 1982, n° 1, 67-86.
FAYOL M. le plus-que-parfait : étude génétique en compréhension et production chez l'enfant de quatre à dix ans. *Archives de Psychologie,* 1982, *50,* 261-283.
FAYOL M. L'acquisition du récit : un bilan des recherches. *Revue Française de Pédagogie,* 1983, n° 62, 65-82.
FAYOL M. La distanciation dans le langage : l'exemple du calcul de l'origine dans le récit écrit d'expérience personnelle. *Enfance,* 1984, n° 1, 5-19.
FAYOL M. L'approche cognitive de la rédaction : une perspective nouvelle. *Repère,* 1984, n° 63, 65-69.
FAYOL M. Cohérence et cohésion : une revue des travaux français de psychologie expérimentale. in M. CHAROLLES, J.S. PETOFI & E. SOZER (Eds) *Research in text connexity and text coherence : a survey.* Hamburg : Buske, sous presse 1985 a.
FAYOL M. Vers une psycholonguistique textuelle génétique : le cas de l'acquisition du récit. in M. MOSCATO & G. PIERAUT-LE-BONNIEC (Eds) *Points de vue sur le langage,* sous presse 1985 b.

FAYOL M. L'emploi des temps verbaux dans les récits écrits. Études chez l'enfant, l'adulte et l'adolescent. in J. WITTWER (Ed). *La psycholinguistique textuelle. Bulletin de Psychologie,* 1985, *38* (371), 683-703, c.

FAYOL M. Nombre, numération et dénombrement : que sait-on de leur acquisition. *Revue Française de Pédagogie,* 1985, n° 71, d.

FEAGANS L. The development and importance of narratives for school adaptation. in L. FEAGANS & D.C. FARRAN (Eds) *The language of children reared in poverty.* New York : Academic Press, 1982.

FEAGANS L. et FARRAN D.C. How demonstrated comprehension can get muddled in production. *Developmental Psychology,* 1981, *17* (6), 718-727.

FELDMAN N.S., KLOSSON E.C., PARSONS J.E., RHOLES W.S. et RUBBLE D.N. Children's moral judgments *Child Development,* 1976, *47,* 556-559.

FERGUSON C.A. et SLOBIN D.I. *Studies of Child language development.* New York : Holt, Rinehart & Winston, 1973.

FERREIRO E. *Les relations temporelles dans le langage de l'enfant,* Genève : Droz, 1971.

FILLENBAUM S. Memory for gist : some relevant variables. *Language and Speech,* 1966, *9* (4), 217-227.

FILLMORE C.J. Quelques problèmes posés à la grammaire casuelle. *Langages,* 1975, n° 38, 65-80.

FILLOL F. et MOUCHON J. Les éléments organisateurs du récit oral. *Pratiques,* 1977 ; n° 17, 100-127.

FIRBAS J. On defining the theme in functional sentence analysis. *Travaux Linguistiques de Prague,* 1964, *1,* 267-280.

FITZGERALD J. The relationship between reading ability and expectations for story structures *Discourse Processes,* 1984, *7,* 21-41.

FLAVELL J.H. Cognitive monitoring. in W.P. DICKSON (Ed) *Children's oral communication skills.* New York : Academic Press, 1981.

FLOWER L.S. et HAYES J.R. The dynamics of composing : making plans and juggling constraints. in L.W. GREGG & E.R. STEINBERG (Eds) *Cognitive processes in writing.* Hillsdale : Erlbaum, 1980.

FOSS B. *New horizons in psychology.* Harmondsworth : Penguin, 1966.

FOSS B. *New perspectives in child development.* Harmondsworth : Penguin, 1974.

FOURMENT M.C. Utilisation des voix active ou passive dans des tâches de choix ou de production de phrases. *L'Année Psychologique,* 1978, *78,* 391-406.

FRANCKEL J.J. *Introduction à l'étude de l'organisation et de la genèse du système aspectuel en Français.* Paris : E.H.E.S.S.-C.E.P.G.L., 1976, ronéo.

FRANCKEL J.J. et LE ROUZO M.L. Psycholinguistique et enseignement du Français à l'école primaire. *Langue Française,* 1974, n° 22, 107-119.

FRANÇOIS F., FRANÇOIS D., SABEAU-JOUANNET E. et SOURDOT M. *La syntaxe de l'enfant avant cinq ans.* Paris : Larousse, 1977.

FRASE L.T. Learning from prose material : length of passage, knowledge of the results, and position of questions *Journal of Educational Psychology,* 1967, *58* (5), 266-272.

FREDERIKSEN C.H. Acquisition of semantic information from discourse : effects of repeated exposures *Journal of Verbal Learning and Verbal Behavior,* 1975, 14, 158-169.

FREEBODY P. et ANDERSON R.C. Effects of vocabulary difficulty, text cohesion, and schema availability on reading comprehension. *Reading Research Quarterly,* 1983, *18* (3), 277-294.

FREEDLE R.O. et HALE G. Acquisition of new comprehension schemata for expository prose by transfer of a narrative schema in R.O. FREEDLE (Ed) *New directions in discourse processing.* Norwood : Ablex, 1979.

FRISCH A.M. et PERLIS D. A re-evaluation of story-grammars *Cognitive Science,* 1981, *5,* 79-86.

FUCHS C. et LEONARD A.M. *Vers une théorie des aspects.* Paris, La Haye : Mouton & Ehess, 1979.

GALET Y. Passé simple et passé composé *Le Français Moderne,* 1974, n° 1, 13-19.

GALMICHE M. *Sémantique générative.* Paris : Larousse, 1975.

GAONAC'H D. et ESPERET E. Fonctions des temps verbaux dans la production de récits libres. Évolution génétique entre quatre et huit ans. in. J. WITTWER (Ed) *La psycholinguistique textuelle, Bulletin de Psychologie,* 1985, *38* (371), 705-716.

GARNHAM A., OAKHILL J. et JOHNSON-LAIRD P.N. Referential continuity and the coherence of discourse *Cognition,* 1982, *11,* 29-46.

GARROD S. et SANFORD A. Interpreting anaphoric relations : the integration of semantic information while reading *Journal of verbal Learning and Verbal Behavior,* 1977, *16,* 77-90.

GAULD A. et STEPHENSON G.M. Some experiments relating to Bartlett's theory of remenbering *British Journal of Psychology,* 1967, *58* (1-2), 39-49.

GEE J.P. et GROSJEAN F. Empirical evidence for narrative structure. *Cognitive Science,* 1984, *8* (1), 59-85.

GEE J.P. et KEGL J.A. Narrative story-structure, pausing, and american sign language *Discourse Processes,* 1983, *6,* 243-258.

GENETTE G. Frontières du récit *Communications,* 1966, *8,* 152-163.

GENTNER D. Evidence for the psychological reality of semantic components. in D.A. NORMAN & D.E. RUMELHART (Eds) *Explorations in cognition :* San Francisco : Freeman, 1975.

GENTNER D. On relational meaning : the acquisition of verb meaning *Child Development,* 1978, *49,* 988-998.

GIBBS R.W. et TENNEY Y.J. The concept of script in understanding stories *Journal of Psycholinguistic Research,* 1980, *9* (3), 275-284.

GLEITMAN L.R., GLEITMAN R. et SHIPLEY E.F. The emergence of the child as a grammarian *Cognition,* 1972, *1* (2-3), 137-163.

GLENN C. The role of episodic structure and of story length in children's recall of simple stories *Journal of Verbal Learning and Verbal Behavior,* 1978, *17,* 224-247.

GLOWALLA U. et COLONIUS H. Toward a model of macrostructure search in A. FLAMMER & W. KINTSCH (Eds) *Discourse processing.* Amsterdam : North-Holland, 1982.

GOLD R. Recall of story schema categories by reading disabled adults : effects of mode of presentation *Perceptual and Motor Skills,* 1983, *56,* 387-396.

GOLDMAN S.R. et VARNHAGEN C.K. Comprehension of stories with no obstacle and obstacle endings *Childs Development,* 1983, *54,* 980-992.

GOULD J.D. Experiments on composing letters : some facts, some myths, and some observations. in L.W. GREGG & E.R. STEINBERG (Eds) *Cognitive processes in writing.* Hillsdale : Erlbaum, 1980.

GRAESSER A.C. How to develop a theory of story points *The Behavioral and Brain Sciences,* 1983, *6,* 600-601.

GRAESSER A.C., HOFFMAN N.L. et CLARK L.F. Structural components of reading time. *Journal of Verbal Learning and Verbal Behavior,* 1980, *19,* 135-151.

GRAESSER A.C., ROBERTSON S.P. et ANDERSON P.A. Incorporating inferences in narrative representations : a study of how and why *Cognitive Psychology,* 1981, *13,* 1-26.

GREENE J. *Psycholinguistics.* Harmondsworth : Penguin, 1972.

GREIMAS A.J. *Sémantique structurale.* Paris : Larousse, 1966.

GREIMAS A.J. Les actants, les acteurs et les figures in C. CHABROL & al. *Sémiotique narrative et textuelle.* Paris : Larousse, 1973.

GRICE H.P. Logic and conversation, in P. COLE & J.L. MORGAN (Eds) *Syntax and semantics 3 : speech acts,* New York : Academic Press, 1975.

GRIZE J.B. Argumentation, schématisation et logique naturelle. *Revue Européenne des Sciences Sociales,* 1974, *12* (32), 183-199.

GRIZE J.B. Logique et organisation du discours, in J. DAVID & R. MARTIN (Eds) *Modéles logiques et niveaux d'analyse linguistique.* Paris : Klincksieck, 1976.

GRIZE J.B. Pour aborder l'étude des structures du discours quotidien. *Langue Française,* 1981, *50,* 7-19.

GROOT A.D. de. *Thought and choice in chess.* The Hague : Mouton, 1965.

GROSJEAN F. et DOMMERGUES J.Y. Les structures de performance en psycho-linguistique *L'Année Psychologique,* 1983, *83,* 513-536.

GROSJEAN F., GROSJEAN L. et LANE A. The patterns of silence : performance structures in sentence production. *Cognitive Psychology,* 1979, *11,* 58-81.

GUTKIN D.C. The effect of systematic story change on intentionality in children's moral judgments *Child Development,* 1972, *43,* 187-195.

HABERLANDT K. Story grammar and reading time of story constituents *Poetics,* 1980, *9,* 99-116.

HABERLANDT K. Les expectations du lecteur dans la compréhension du texte in J.F. LE NY & W. KINTSCH (Eds) *La compréhension du langage. Bulletin de Psychologie,* 1981-1982, *35* (356), 733-740.

HABERLANDT K., BERIAN C. et SANDSON J. The episode schema in story processing *Journal of Verbal Learning and Verbal Behavior,* 1980, *19,* 635-650.

HABERLANDT K. et BINGHAM M. Verbs contribute to the coherence of brief narratives : reading related and unrelated sentences triples *Journal of Verbal Learning and Verbal Behavior,* 1978, 17, 419-425.

HABERLANDT K. et BINGHAM G. The effect of input direction on the processing of scripts statements. *Journal of Verbal Learning and Verbal Behavior,* 1984, *23,* 162-177.

HABERLANDT K. et KENNARD M. Causal and adversative connectives facilitate text comprehension. Annual meeting of the Psychonomic Society, Philadelphia, November 1981.

HALLIDAY M.A.K. Language structure and language function. in J. LYONS (Ed) *New horizons in linguistics.* Harmondsworth : Penguin, 1970, éd. 1977.

HALLIDAY M.A.K. *Learning how to mean.* London : Arnold, 1975.

HALLIDAY M.A.K. et HASAN R. *Cohesion in English.* London : Longman, 1976.

HAMON P. Pour un statut sémiologique du personnage. in Collectif. *Poétique du récit.* Paris : Seuil, 1977.

HAVILAND S.E. et CLARK H.H. What's new ? Acquiring new information as a process in comprehension *Journal of Verbal Learning and Verbal Behavior,* 1974, *13,* 512-521.

HAYES J.R. et FLOWER L.S. Identifying the organisation of the writing process. in L.W. GREGG & E.R. STEINBERG (Eds) *Cognitive processes in writing.* Hillsdale : Erlbaum, 1980.

HAYES J.R., WATERMAN D.A. et ROBINSON C.S. Identifying the relevant aspects of a problem text. *Cognitive Science,* 1977, *1,* 297-313.

HAYES-ROTH B. et THORNDYKE P.W. Integration of knowledge from text *Journal of Verbal Learning and Verbal Behavior,* 1979, *18,* 91-108.

HEBBLE P.W. The development of elementary children's judgement of intent *Child Development,* 1971, *42,* 1203-1215.

HIDI S., BAIRD W. et HILDYARD A. That's important but is it interesting ? Two factors in text processing. in A. FLAMMER & W. KINTSCH (Eds) *Discourse processsing.* Amsterdam : North-Holland Pub, 1982.

HIDI S. et HILLDYARD A. The comparison of oral and written productions in two discourse types *Discourse Processes,* 1983, *6,* 91-105.

HILLDYARD A. Children's production of inferences from oral texts *Discourse Processes,* 1979, *2,* 33-56.

HONECK P.R. A study of paraphrases *Journal of Verbal Learning and Verbal Behavior,* 1971, *10,* 367-381.

HOOD L. et BLOOM L. What, when, and how about why : a longitudinal study of early expressions of causality *Monographs of the Society for Research in Child Development,* 1979, *44* (181).

HOPPER P.J. Aspect and foregrounding in discourse in T. GIVON (Ed) *Syntax and Semantic,* vol. 12, *Discourse and syntax.* New York : Academic Press, 1979.

HORNBY P.A. Surface structure and the topic-comment distinction : a developmental study *Child Development,* 1971, 42, 1975-1988.

HORNBY P.A. The psychological subject and predicate *Cognitive Psychology,* 1972, *3,* 632-642.

HORNBY P.A. Surface structure and presupposition *Journal of verbal Learning and Verbal Behavior,* 1974, *13,* 530-538.

HUDSON J. et NELSON K. Effects of script structure in children's story recall *Developmental Psychology,* 1983, *19* (4), 625-635.

HUNTER I.M.L. *Memory.* Harmondsworth : Penguin, 1957.

HUPET M. Des conditions d'usage des structures à fonction casuelle in J.P. BRONCKART, M. KAIL & G. NOIZET (Eds) *Psycholinguistique de l'enfant.* Neuchâtel, Paris : Delachaux & Niestlé, 1983.

HUPET M. et LE BOUEDEC B. The given-new contrat and the constructive aspect of memory. *Journal of Verbal Learning and Verbal Behavior,* 1977, *16,* 69-75.

HUPET M. et COSTERMANS J. Un passif : pour quoi faire ? Quinze années de travaux psycholinguistiques *La Linguistique,* 1976, *12* (2), 3-26.

HUPET M. et COSTERMANS J. Et que ferons-nous du contexte pragmatique de l'énonciation ? in J.F. LE NY & W. KINTSCH (Eds). *Langage et compréhension. Bulletin de Psychologie,* 1981-1982, *35* (356), 759-766.

HURSTEL F. Étude des conditions d'apparition de la notion d'ordre des événements chez l'enfant de trois à six ans à partir d'une série d'images en désordre *Enfance,* 1966, n° 4-5, 115-127.

INHELDER B. et PIAGET J. *De la logique de l'enfant à la logique de l'adolescent*. Paris : P.U.F., 1955.

INHOFF A.W. Attentional strategies during the reading of short stories in K. RAYNER (Ed) *Eye movements in reading*. New York : Academic Press, 1983.

IRONSMITH M. et WHITEHURST G.J. The development of listener abilities in communication : how children deal with ambiguous information *Child Development*, 1978, *49*, 348-352.

JACOB J.N. *L'enfant devant le film*. Montréal, Paris : Didier, 1969.

JAKOBSON R. *Essais de linguistique générale*. Paris : Minuit, 1963.

JARVELLA R.J. Syntactic processing of connected speech. *Journal of Verbal Learning and Verbal Behavior*, 1971, *10*, 409-416.

JARVELLA R.J. Coreference and short term memory for discourse *Journal of Experimental Psychology*, 1973, *98* (2), 426-428.

JARVELLA R.J. et COLLAS J.G. Memory for the intentions of sentences *Memory and Cognition*, 1974, *2*, 185-188.

JOHANSSON B.S. et SJOLIN B. Preschool children's understanding of the coordinators « and » and « or » *Journal of Experimental Child Psychology*, 1975, *19*, 233-240.

JOHNSON H.L. The meaning of « before » and « after » for preschool children *Journal of Experimental Child Psychology*, 1975, *19*, 88-99.

JOHNSON N.S. et MANDLER J.M. A tale of two structures : underlying and surface forms in stories, *Poetics*, 1980, *9*, 51-86.

JOHNSON R.E. Recall of prose as a function of the structural importance of linguistic units *Journal of Verbal Learning and Verbal Behavior*, 1970, *9*, 12-20.

JUST M.A. et CARPENTER P.A. A theory of reading : from eye fixations to comprehension. *Psychological Review*, 1980, *87*, 329-354.

KAIL M. Coréférence et thématisation *L'Année Psychologique*, 1979, *79*, 411-427.

KAIL M. La coréférence des pronoms : pertinence de la stratégie des fonctions parallèles. in J.P. BRONCKART, M. KAIL & G. NOIZET (Eds) *Psycholinguistique de l'enfant*. Neuchâtel, Paris : Delachaux & Niestlé, 1983.

KAIL R. *The development of memory in children*. San Francisco : Freeman, 1979.

KAISER W. Qui raconte le roman ? (trad. française) in Collectif *Poetique du récit*. Paris : Seuil, 1977.

KAMINSKA-FELDMAN M. Studies on effectiveness of memorization of events in the lights of cognitive script theory *Polish Psychological Bulletin*, 1982, *13* (2), 113-121.

KARMILOFF-SMITH A. Développement cognitif et acquisition de la pluri-fonctionnalité des déterminants. in Symposium de l'A.P.S.L.F. *La genèse de la parole*. Paris : P.U.F., 1977.

KARMILOFF-SMITH A. *A functional approach to child language. A study of determiners and reference*. Cambridge (Mass.) ; C.U.P., 1979.

KARMILOFF-SMITH A. The grammatical marking of thematic structure in the development of language production in W. DEUTSCH (Ed) *The child's construction of language*. New York : Academic Press, 1981.

KARMILOFF-SMITH A. A note on the concept of « metaprocedural processes » in linguistic and non linguistic development. *Archives de Psychologie*, 1983, *51*, 35-40.

KASSAI G. A propos de la linguistique du texte *La Linguistique*, 1976, *12* (2), 119-128.

KATZ E.W. et BRENT S.B. Understanding connectives *Journal of Verbal Learning and Verbal Behavior*, 1968, *7*, 501-509.

KEENAN E.O. et KLEIN E. Coherency in children's discourse *Journal of Psycholinguistic Research*, 1975, *4* (4), 365-380.

KEMPER S. The development of narrative skills : explanations and entertainements in S.A. KUCZAJ II (Ed) *Discourse development*. New York : Springer Verlag, 1984.

KIERAS D.E. Good and bad structure in simple paragraphs : effect on apparent theme, reading time and recall *Journal of Verbal Learning and Verbal Behavior*, 1978, *17*, 13-28.

KIERAS D.E. Initial mention as a signal to thematic content in technical passages *Memory and Cognition*, 1980, *8* (4), 345-353.

KINTSCH W. Bases conceptuelles et mémoire de texte in S. EHRLICH & E. TULVING (Eds). *La mémoire sémantique. Bulletin de Psychologie*, 1976, numéro spécial, 327-334.

KINTSCH W. Learning from text, levels of comprehension, or : why anyone would read a story anyway *Poetics*, 1980, *9*, 87-98.

KINTSCH . Memory for text. in A. FLAMMER & W. KINTSCH (Eds) *Discourse processing*. Amsterdam : North-Holland, 1982.

KINTSCH W. et BATES E. Recognition memory for statements from a classroom lecture *Journal of Experimental Psychology : Human Learning and Memory,* 1977, *3* , 150-159.
KINTSCH W. et DIJK T.A. van. Comment on se rappelle et on résume une histoire *Langages,* 1975, n° 40, 98-116.
KINTSCH W. et DIJK T.A. van Toward a model of text comprehension and production *Psychological Review,* 1978, *85* (5), 363-394.
KINTSCH W. et KEENAN J. Reading rate and retention as a function of the number of propositions in the base structure of sentences. *Cognitive Psychology,* 1973, *5,* 257-274.
KINTSCH W. et KOZMINSKY E. Summarizing stories after reading and listening *Journal of Educational Psychology,* 1977, *69* (5), 491-499.
KINTSCH W., KOZMINSKY E., STREBY W.J., Mc KOON G. et KEENAN J.M. Comprehension and recall of text as a function of content variables *Journal of Verbal Learning and Verbal Behavior,* 1975, *14,* 196-214.
KINTSCH W., MANDEL T.S. et KOZMINSKY E. Summarizing scrambled stories, *Memory and Cognition,* 1977, *5* (5), 547-552.
KINTSCH W. et MONK D. Storage of complex information in memory : some implications of the speed with which inferences can be made *Journal of Experimental Psychology,* 1972, *94,* 25-32.
KNAPP J.S. Narrative syntax. *Rackam Literary Studies,* 1976, Winter 9-18.
KOBLINSKY S.G., CRUSE D.F. et SUNGAWARA A.I. Sex-role stereotypes and children's memory for story content *Child Development,* 1978, *49,* 452-458.
KOEN F., BECKER A. et YOUNG R. The psychological reality of the paragraph. *Journal of Verbal Learning and Verbal Behavior,* 1969, *8,* 49-53.
KOLERS P.A. et SMYTHE W.E. Symbol manipulation : alternatives to the computational view of mind. *Journal of Verbal Learning and Verbal Behavior,* 1984, *23,* 289-314.
KOZMINSKY E. Altering comprehension : the effect ob biasing titles on text comprehension. *Memory and Cognition,* 1977, *5* (4), 482-490.
KRAFFT H. et PIAGET J. La notion de l'ordre des événements et le test des images en désordre chez l'enfant de six à dix ans. *Archives de Psychologie,* 1924, *19,* 306-349.
KRISTEVA J. Narration et transformation *Semiotica,* 1969, *1* (4), 422-448.
KRISTEVA J., MILNER J.C. et RUWET N. *Langue, discours, société.* Paris : Seuil, 1975.
KURODA Y. Réflexion sur les fondements de la théorie de la narration. in J. KRISTEVA & al. *Langue, discours, société.* Paris : Seuil, 1975.
LABOV W. *Language in the inner city : study in the black English vernacular.* Philadelphia : University of Pensylvanie Press, 1972.
LABOV W. et WALETZKY J. Narrative analysis : oral versions of personal experience. in J. HELM (Ed) *Essays of the verbal and the visual arts.* Seattle and London : University of Washington Press, 1967.
LAKOFF R. Tense and its relation to participants *Language,* 1970, *46* (4), 838-849.
LANDIS T.Y. Interactions between text and prior knowledge in children's memory for prose *Child Development,* 1982, *53,* 811-814.
LARIVAILLE P. L'analyse (morpho) logique du récit *Poétique,* 1974, n° 19, 368-388.
LAROCHETTE J. L'imparfait et le passé simple *Les Études Classiques,* 1945, *13,* 55-87.
LEHNERT W.G. Plot units and narrative summarization *Cognitive Science,* 1981, *4,* 293-331.
LEHNERT W.G. Moving toward a point of some return *The Behavorial and Brain Sciences,* 1983, *6,* 602-603.
LEMONNIER-SCHALLERT D. Improving memory of prose : the relationship between depth of processing and context *Journal of Verbal Learning and Verbal Behavior,* 1976, *15,* 621-632.
LE NY J.F. Sémantique et psychologie. *Langages,* 1975, *40,* 3-29.
LE NY J.F. *La sémantique psychologique.* Paris : P.U.F., 1979.
LESGOLD A.M. Pronominalization : a device for unifying sentences in memory *Journal of Verbal Learning and Verbal Behavior,* 1972, *11,* 316-323.
LICHTENSTEIN E.H. et BREWER W.F. Memory for goal directed events *Cognitive Psychology,* 1980, *12,* 412-445.
LIENARD J.S. *Les processus de la communication parlée.* Paris : Masson 1977.
LIEURY A. *La mémoire.* Bruxelles : Mardaga, 1981, 2e éd.
LIEURY A., RICHIER E. et WEEGER I. Les événements privés et publics dans les souvenirs *Bulletin de Psychologie,* 1978-1979, *32* (338), 41-48.
LINDSAY P.H. et NORMAN D.A. *Human information processing.* New York : Academic press, 1977.

LINTON M. Memory for real-world events. in D.A. NORMAN & D.E. RUMELHART (Eds) *Explorations in cognition*. San Francisco : Freeman, 1975.
LOFTUS E.F. Leading questions and the eyewitness report *Cognitive Psychology,* 1975, *7,* 560-572.
LOVELACE E.A. et SOUTHALL S.D. Memory for words in prose and their locations on the page *Memory and Cognition,* 1983, *11* (5), 429-434.
MAGEE M.A. et SUTTON-SMITH B. The art of storytelling : how do children learn it *Young Children,* 1983, May, 4-12.
MAINGUENEAU D. *Introduction aux méthodes de l'analyse du discours*. Paris : Hachette, 1976.
MAINGUENEAU D. *Approche de l'énonciation en linguistique française*. Paris : Hachette, 1981.
MANDLER J.M. A code in the node : the use of a story schema in retrieval *Discourse Processes,* 1978, *1,* 14-35.
MANDLER J.M. Recent research on story grammars. in J.F. LE NY & W. KINTSCH (Eds) *Language and comprehension*. Amsterdam : North-Holland, 1982.
MANDLER J.M. What a story is *The Behavioral and Brain Sciences,* 1983, *6,* 603-604.
MANDLER J.M. et DE FOREST M. Is there more than one way to recall a story *Child Development,* 1979, *50,* 886-889.
MANDLER J.M. et GOODMAN M.S. On the psychological validity of story structure *Journal of Verbal Learning and Verbal Behavior,* 1982, *21,* 507-523.
MANDLER J.M. et JOHNSON N.S. Remembrance of things parsed : story structure and recall *Cognitive Psychology,* 1977, *9,* 111-151.
MANDLER J.M. et JOHNSON N.S. On throwing out the baby with the bathwater : a reply to Black and Wilensky's evaluation of story grammars *Cognitive Science,* 1980, *4,* 305-312.
MANDLER J.M. et MURPHY C.M. Subjective judgements of script structure *Journal of Experimental Psychology : Learning, Memory and Cognition,* 1983, *9* (3), 534-543.
MANDLER J.M., SCRIBNER S., COLE M. et DEFOREST M. Cross cultural invariance in story recall. *Child Development,* 1980, *51,* 19-26.
MARCHAND F. *Le Français tel qu'on l'enseigne*. Paris : Larousse, 1971.
MARGAIRAZ E. et PIAGET J. La structure des récits et l'interprétation des images de David chez l'enfant *Archives de Psychologie,* 1924, *19,* 211-239.
MARKMAN E.M. Realizing that you don't understand : elementary school children's awareness of inconsistencies *Child Development,* 1979, *50,* 643-655.
MARLSEN-WILSON W., LEVY E. et TYLER L.K. Producing interpretable discourse : the establishment and maintenance of reference. in R.J. JARVELLA & W. KLEIN (Eds) *Speech, place, and action*. New York : Wiley, 1982.
MARTLEW M. *The psychology of written language*. Chichester : Wiley, 1983.
MAYER R.E. *Thinking and problem-solving*. Glenview : Scott, Foresman, 1977.
Mc CLURE E., MASON J. et BARNITZ J. An exploratory study of story structure and age effects on children's ability to sequence stories. *Discourse Processes,* 1979, *2,* 213-249.
Mc CLURE E., MASON J. et WILLIAM J. Sociocultural variables in children's sequencing of stories *Discourse Processes,* 1983, *6,* 131-143.
Mc CUTCHEN D. et PERFETTI C.A. Coherence and connectedness in the development of discourse production *Text,* 1982, *2,* 113-139.
Mc CUTCHEN D. et PERFETTI C.A. Local coherence : helping young writers manage a complex task. *The Elementary School Journal,* 1983, *84,* 11-15.
Mc DANIEL M.A. The role of elaborative and schema processes in memory *Memory and Cognition,* 1984, *12* (1), 46-51.
Mc KOON G. Organisation of information in text memory *Journal of Verbal Learning and Verbal Behavior,* 1977, *16,* 247-260.
Mc KOON G. et RATCLIFF R. Priming in item recognition : the organization of propositions in memory for text *Journal of Verbal Learning and Verbal Behavior,* 1980, *19,* 369-386.
MEIJSING M. Expectations in understanding complex stories *Poetics,* 1980, *9,* 213-221.
MERESSE-POLAERT J. *Étude sur le langage des enfants de six ans*. Neuchâtel, Paris : Delachaux & Niestlé, 1969.
METZ C. Histoire/discours. in J. KRISTEVA, J.C. MILNER & N. RUWET (Eds) *Langue, discours, société*. Paris : Seuil, 1975.
MEYER B.J.F. The structure of prose : effects on learning and memory and implications for educational practice. in R.C. ANDERSON, R.J. SPIRO & W.E. MONTAGUE (Eds) *Schooling and the acquisition of knowledge*. Hillsdale : Erlbaum, 1977.

MEYER B.J.F. What is remembered from prose : a function of passage structure. in R.O. FREEDLE (Ed) *Discourse production and comprehension*. Norwood : Ablex, 1977.

MIALARET G. et MALANDAIN C. Étude de la reconstitution d'un récit chez l'enfant à partir d'un film fixe *Enfance,* 1962, n° 2, 169-190.

MICKO H.C. Text divisions and story grammars. in A. FLAMMER & W. KINTSCH (Eds) *Discourse processing*. Amsterdam : North-Holland, 1982.

MILLER G.A. The magical number seven plus or minor two : some limits on our capacity for processing information *Psychological Review,* 1956, *63,* 81-97.

MINSKY M.A. A framework for representing knowledge. in WINSTON (Ed) *The psychology of computer vision*. New York : Mc Graw Hill, 1975.

MOLES A.A. et ROHMER E. *Théorie des actes. Vers une écologie des actions*. Paris : Casterman, 1977.

MONTAGUE W.E. et CARTER J.F. Vividness of imagery in recalling connected discourse *Journal of Educational Psychology,* 1973, *64* (1), 72-75.

MONTANGERO J. *La notion de durée chez l'enfant de cinq à neuf ans*. Paris : P.U.F., 1977.

MOSCATO G. et WITTWER J. *La psychologie du langage*. Paris : P.U.F., 1978.

MOUNIN G. *Clefs pour la linguistique*. Paris : Seghers, 1968.

MUKERJI R. L'utilisation de la télévision à la maison au cours des premières années de l'enfance. *Média,* 1975, *4* (4), 33-35.

NELSON K. Concept, word, and sentence : interelations in acquisition and development *Psychological Review,* 1974, *81* (4), 267-285.

NELSON K. Some attributes of adjectives used by children *Cognition,* 1976, *4,* 13-30.

NELSON K. Cognitive development and the acquisition of concepts. in R.C. ANDERSON, A.J. SPIRO & W.E. MONTAGUE (Eds) *Schooling and the acquisition of knowledge*. Hillsdale : Erlbaum, 1977.

NELSON K. How children represent knowledge of their world in and out of language : a preliminary report. in R.S. SIEGLER (Ed) *Children's thinking : what develops*. Hillsdale : Erlbaum, 1978.

NEWELL A. et SIMON H.A. *Human problem solving*. Englewood Cliffs : Prentice Hall, 1972.

NEZWORSKI T., STEIN N.L. et TRABASSO T. Story structure versus content in children's recall *Journal of Verbal learning and Verbal Behavior,* 1982, *21,* 196-206.

NIQUE C. et LELIEVRE C. Le texte écrit d'élève : production d'un sujet ou produit de déterminations ? *Langue Française,* 1978, n° 38, 42-57.

NOIZET G. *De la perception à la compréhension du langage*. Paris : P.U.F., 1980.

NOIZET G. Le traitement de la coréférence : problèmes et perspectives. in J.P. BRONCKART, M. KAIL & G. NOIZET (Eds) *Psycholinguistique de l'enfant*. Neuchâtel, Paris : Delachaux & Niestlé, 1983.

NORMAN D.A. *Memory and attention*. New York : Wiley, 1969.

NORMAN D.A. et RUMELHART D.E. Memory and knowledge. in D.A. NORMAN & qd.e. rumelhart (Eds) *Explorations in cognition*. San Francisco : Freeman, 1975.

NORMAN D.A. et RUMELHART D.E. Reference and comprehension. in D.A. NORMAN & D.E. RUMELHART (Eds) *Explorations in cognition*. San Francisco : Freeman 1975.

OAKHILL J. Inferential and memory skills in children's comprehension of stories *British Journal of Educational Psychology,* 1984, *54,* 31-39.

ODELL L. Teaching writing by teaching the process of discovery : and interdisciplinary enterprise. in. L.W. GREGG & E.R. STEINBERG (Eds) *Cognitive processes in writing*. Hillsdale : Erlbaum, 1980.

OLERON G. Compréhension d'un texte et liaison entre les mots. *L'Année Psychologique,* 1961, *61* (2), 377-395.

OLSON D.R. Language and thought : aspects of a cognitive theory of semantics. *Psychological Review,* 1970, *77* (4), 257-273.

OMANSON R.C., WARREN W.H. et TRABASSO T. Goals, inferential comprehension, and recall of stories by children. *Discourse Processes,* 1978, *1,* 337-354.

PARIS S.G. Integration and inference in children's comprehension and memory in F. RESTLE & R.M. SHIFFRIN (Eds) *Cognitive theory*. Vol. 1. Hillsdale : Erlbaum, 1975.

PARIS S.G. et MYERS II M. Comprehension monitoring, memory and study strategies of good and poor readers *Journal of Reading Behavior,* 1981, *13* (1), 5-22.

PARIS S.G. et UPTON L.B. Children's memory for inferential relationships in prose *Child Development,* 1976, *47,* 660-663.

PAROT F. et KAIL M. Topicalisation et thématisation dans le rappel des phrases (étude chez l'adulte et l'enfant). *L'Année Psychologique,* 1980, *80,* 99-120.

PASCUAL-LEONE J. A mathematical model for the transition rule in Piaget's developmental stages *Acta Psychologica,* 1970, *32,* 301-345.

PATILLON M. *Précis d'analyse littéraire. Les structures de la fiction.* Paris : Nathan, 1974.

PELLEGRINI A.D. The construction of cohesive text by preschoolers in two play contexts *Discourse Processes,* 1982, *5,* 101-108.

PIAGET J. *Le langage et la pensée chez l'enfant.* Neuchâtel, Paris : Delachaux & Niestlé, 1923.

PIAGET J. *Le jugement et le raisonnement chez l'enfant.* Neuchâtel, Paris : Delachaux & Niestlé, 1924, 5e éd., 1963.

PIAGET J. *La causalité physique chez l'enfant.* Paris : Alcan, 1927.

PIAGET J. *Le jugement moral chez l'enfant.* Paris : Alcan, 1932.

PIAGET J. *La formation du symbole chez l'enfant.* Neuchâtel, Paris : Delachaux & Niestlé, 1945, éd. 1970.

PIAGET J. *Le développement de la notion de temps chez l'enfant.* Paris P.U.F., 1946.

PIAGET J. *La psychologie de l'intelligence.* Paris : Colin, 1947.

PIAGET J. *La prise de conscience.* Paris : P.U.F., 1974.

PIAGET J. *L'équilibration des structures cognitives : problème central du développement.* Paris : P.U.F., 1975.

PIAGET J. et INHELDER B. *Le développement des quantités physiques chez l'enfant.* Neuchâtel, Paris : Delachaux & Niestlé, 1941.

PICHERT J.W. et ANDERSON R.C. Taking different perspectives on a story *Journal of Educational Psychology,* 1977, *69* (4), 309-315.

PIERAUT-LE-BONIEC G. *le raisonnement modal.* Paris, The Hague : Mouton, 1974.

PINCHON J. L'homme dans la langue. L'expression du temps. *Langue Française,* 1974, n° 21, 43-54.

PITCHER E.G. et PRELINGER E. *Children tell stories : an analysis of fantasy.* New York : International Universities Press, 1963.

PITRAT J. La programmation informatique du langage. *La Recherche,* 1978, *93,* 876-881.

PLEH C., LASZLO J., SIKLAKI I. et TERESTYENI T. What's the point in points without a grammar ? *The Behavorial and Brain Sciences,* 1983, *6,* 607-608.

POHL R.F. Acceptability of story continuations. In A. FLAMMER & W. KINRSCH (Eds) *Discourse processing.* Amsterdam : North-Holland, 1982.

POLLART-GOTT L., Mc CLOSKEY M. et TODRES A.K. Subjective story structure *Discourse Processes,* 1979, *2,* 251-281.

PORCHER L. *La photographie et ses usages pédagogiques.* Paris : Colin, 1974.

PRINCE G. *A grammar of stories.* The Hague, paris : Mouton, 1973.

PRINCE G. Introduction à l'étude du narrataire. *Poétique,* 1973, *14,* 178-196.

PROPP V. *Morphologie du conte* (Trad. Franç.) Paris : Seuil, 1965, éd. 1970.

PYNTE J. et DENHIERE G. Influence de la thématisation et du statut syntaxique des propositions sur le traitement des récits. *L'Année Psychologique,* 1982, *82,* 101-129.

QUASTHOFF U.M. Modèles de discours enfantin dans la représentation événementielle : savoir social ou procédure interactive. in J. WITTWER (Ed) *La psycholinguistique textuelle. Bulletin de Psychologie,* 1985, *38* (371), 759-774.

QUASTHOFF U.M. et NIKOLAUS K. What makes a good story ? Toward the production of conversational narratives. in A. FLAMMER & W. KINTSCH (Eds) *Discourse processing.* Amsterdam : North Holland, 1982.

QUIN S. Recherche sur la compréhension de séries d'images par les enfants *Enfance,* 1976 ; n° 1-2, 171-199.

REDEKER G. On differences between spoken and written language. *Discourse Processes,* 1984, *7,* 43-55.

REID L.S. Toward a grammar of the image *Psychological Bulletin,* 1974, *81* (6), 319-334.

REPINA T.A. Development of imagination. in A.V. ZAPOROZHETS & D.B. ELKONIN (Eds) *The psychology of preschool children* (Trad. Angl.). Cambridge : M.I.T. Press, 1971.

RESTLE F. Answering questions from cognitive structures. in F. RESTLE & R.M. SHIFFRIN (Eds) *Cognitive theory.* Vol. 1. Hillsdale Erlbaum, 1975.

RIHS-MIDDEL M. Expectancy structures in prose-reading. in A. FLAMMER & W. KINTSCH (Eds) *Discourse processing.* Amsterdam : North-Holland, 1982.

ROGOFF B. et WADDELL K.J. Memory for information organized in a scene by children from two cultures *Child Development,* 1982, *53,* 1224-1228.
ROMBERG B. *Studies in the narrative technique of the first-personnovel.* Stockholm : Almqvist & Wiksell, 1962.
ROSCH E. Cognitive reference points *Cognitive Psychology,* 1975, *7,* 532-547.
ROSCH E. Classification d'objets du monde réel : origines et représentations dans la cognition in S. EHRLICH & E. TULVING (Eds) *La mémoire sémantique. Bulletin de Psychologie,* 1976, 242-250.
ROSCH E. Principles of categorization. in E. ROSCH & B.B. LLOYD (Eds) *Cognition and categorization.* Hillsdale : Erlbaum, 1978.
ROSSIGNOL C. Phénomène de rumeur, processus d'association et étude de représentations sociales. *Psychologie Française,* 1973, *18* (1), 23-29.
ROTONDO J.A. Clustering analysis of subjective partitions of text. *Discourse Processes,* 1984, *7,* 69-88.
RUBIN D.C. Very long-term memory for prose and verse. *Journal of Verbal Learning and Verbal Behavior,* 1977, *16,* 611-621.
RUBIN D.C. A unit analysis of prose memory *Journal of Verbal Learning and Verbal Behavior,* 1978, *17,* 599-620.
RUMELHART D.E. Notes on a schema for stories. in D.G. BOBROW & A. COLLINS (Eds) *Representation and understanding.* New York : Academic Press, 1975.
RUMELHART D.E. Understanding and summarizing brief stories. in D. LABERGE & S.J. SAMUELS (Eds) *Basic processes in reading : perception and comprehension.* Hillsdale : Erlbaum, 1977.
RUMELHART D.E. et ORTONY A. The representation of knowledge in memory. in R.C. ANDERSON, R.J. SPIRO & W.E. MONTAGUE (Eds) *Schooling and the acquisition of knowledge.* Hillsdale : Erlbaum, 1977.
RUSSEL G.W. et SEWALL E.C. Serial-position effect and organisation of recall of connected meaningful verbal material. *Psychological Reports,* 1972, *30,* 443-446.
RUWET N. *Introduction à la grammaire générative.* Paris : Plon, 1968.
SABEAU-JOUANNET E. Conduite de récit et genèse des relations inter-énoncés in F. FRANÇOIS & al. (Eds) *La syntaxe de l'enfant avant cinq ans.* Paris : Larousse, 1977.
SACHS J.S. Recognition memory for syntactic and semantic aspects of connected discourse *Perception & Psychophysics,* 1967, *2* (9), 437-442.
SACKS H. On the analyzability of stories by children in J.J. GUMPERZ & D. HYMES (Eds) *Directions in sociolinguistics.* New York : Holt, Rinehart & Winston, 1972.
SANACORE J. Improving reading through prior knowledge and writing *Journal of Reading,* 1983, *26* (8), 714-720.
SANACORE J. Metacognition and the improvment of reading : some important links *Journal of Reading,* 1984, *27,* 706-712.
SANFORD A.J., GARROD S.C. Toward a processing account of reference. in A. FLAMMER & W. KINTSCH (Eds) *Discourse processing.* Amsterdam : North-Holland, 1982.
SANFORD A.J. et GARROD S. Vers la construction d'un modèle psychologique de la compréhension du langage écrit. in J.F. LE NY & W. KINTSCH (Eds) *Langage et compréhension. Bulletin de Psychologie,* 1981-1982, *35* (356), 643-648.
SARRASIN R. *Psycholinguistique expérimentale et théorique.* Montréal : Presses de l'Université de Québec, 1977.
SAUSSURE F. de. *Cours de linguistique générale.* Paris : Payot, 1915, 3e éd. 1962.
SCHANK R.C. The structure of episodes in memory. in D.G. BOBROW & A. COLLINS (Eds) *Representation and understanding.* New York : Academic Press, 1975.
SCHANCK R.C. Language and memory *Cognitive Science,* 1980, *4,* 243-284.
SCHANK R.C. et ABELSON R.P. *Scripts, plans, goals and understanding.* Hillsdale : Erlbaum, 1977.
SCHANK R.C. et LEBOWITZ M. Levels of understanding in computers and people. *Poetics,* 1980, *9,* 251-273.
SCHEGLOFF E.A. Notes on a conversational practice : formulating place. in D. SUDNOW (Ed) *Studies in social interaction.* New York : Free press, 1971.
SCHIFFRIN D. Tense variation in narrative. *Language,* 1981, *57,* 45-62.
SCHMERLING S.F. Asymetric conjunction and rules of conversation. in P. COLE & J.L. MORGAN (Eds) *Syntax and semantics.* Vol. 3. *Speech acts.* New York : Academic Press, 1975.

SCHMIDT S.R. The effects of recall and recognition test expectancies on the retention of prose *Memory and Cognition,* 1983, *11* (2), 172-180.
SCHNEUWLY B. De la phrase au texte. *Cahiers de la Section des Sciences de l'Éducation,* Genève : F.P.S.E., 1982, n° 3.
SCHNEUWLY B. *Le texte discursif écrit à l'école.* Thèse pour le Doctorat. Université de Genève, F.P.S.E., 1984.
SCHNEUWLY B. Le texte : activité langagière ou action langagière complexe. Discussions et recherches allemandes in J. WITTWER (Ed) *La psycholinguistique textuelle. Bulletin de Psychologie,* 1985, *38* (371), 595-606.
SCINTO L.F.M. The development of text production. in J. FINE & R.O. FREEDLE (Eds) *Developmental issues in discourse.* Norwood : Ablex, 1983.
SGALL P. A remark on stories, texts, and sentences. *The Behavioral and Brain Sciences,* 1983, *6,* 608-609.
SHIMMERLICK S.M. et NOLAN J.D. Reorganization and the recall of prose *Journal of Educational Psychology,* 1976, *68* (6), 779-786.
SIDNER C.L. Focusing and discourse *Discourse Processes,* 1983, *6,* 107-130.
SIMON J. La ponctuation dans l'expression écrite chez l'enfant. *Bulletin de psychologie,* 1966, *19* (247), 525-535.
SIMON J. *La langue écrite de l'enfant.* Paris : P.U.F., 1973.
SIMONIN-GRUMBACH J. Pour une typologie des discours, in J. KRISTEVA, J.C. MILNER & N. RUWET (Eds) *Langue, discours, société.* Paris : Seuil, 1975.
SIMONSEN M. *Le conte populaire français.* Paris : P.U.F., 1981.
SINGER M. et FERREIRA F. Infering consequences in story comprehension *Journal of Verbal Learning and Verbal Behavior,* 1983, *22,* 437-448.
SLATKA D. L'ordre du texte. *Études de Linguistique Appliquée,* 1975, *19,* 30-42.
SMILEY S., OAKLEY D.D., WORTHEN D., CAMPIONE J.C. et BROWN A.L. Recall of thematically relevant material by adolescent good and poor readers as a function of written versus oral presentation. *Journal of Educational Psychology,* 1977, *69* (4), 381-387.
SPERBER D. Twenty four centuries of literary studies recapitulated in ten years of cognitive science : and now what ? *The Behavioral and Brain Sciences,* 1983, *6,* 610-611.
STEIN N.L. What's the point ? *The Behavioral and Brain Sciences,* 1983, *6,* 611-612.
STEIN N.L. et GLENN C.G. An analysis of story comprehension in elementary school children. in R.O. FREEDLE (Ed) *New directions in discourse processing.* Norwood : Ablex, 1979.
STEIN N.L. et GLENN C.G. Children's concept of time : the development of a story schema. in W.J. FRIEDMAN (Ed) *The developmental psychology of time.* New York : Academic Press, 1982.
STEIN N.L. et NEŻWORSKI T. The effects of organization and instructional set on story memory *Discourse Processes,* 1978, *1,* 177-193.
STEIN N.L. et TRABASSO T. What's in a story : an approach to comprehension and instruction. in R. GLASER (Ed) *Advances in instructional psychology.* Vol. 2 Hillsdale : Erlbaum, 1982.
STEINBERG E.R. A garden of opportunities and a thicket of danger. in L.W. GREGG & E.R. STEINBERG (Eds) *Cognitive processes in writing.* Hillsdale : Erlbaum, 1980.
STROHNER H., RICKHEIT G. et WEINGARTEN R. Children's knowledge of social action : effects on comprehension and recall of simple stories. in A FLAMMER & W. KINTSCH (Eds) *Discourse processing.* Amsterdam : North Holland, 1982.
SULIN R.A. et DOOLING D.J. Intrusion of a thematic idea in retention of prose. *Journal of Experimental Psychology,* 1974, *103* (2), 255-262.
TABOURET-KELLER A. L'usage écrit des formes temporelles du verbe chez les enfants. *Enfance,* 1960, n° 2, 143-171.
TANNEN D. Oral and literate strategies in spoken and written narrative *Language,* 1982, *58* (1), 1-21.
TARDY M. *Le professeur et les images.* Paris : P.U.F., 1966.
TAYLOR B.M. et SAMUELS S.J. Children's use of text structure in the recall of expository material *Americain Educational Research Journal,* 1983, *20* (4), 517-528.
THORNDYKE P.W. Cognitive structures in comprehension and memory of narrative discourse *Cognitive Psychology* 1977, *9,* 77-110.
THORNDYKE P.W. et YEKOVITCH F.R. A critique of schema-based theories of human story memory *Poetics,* 1980, *9,* 23-49.
TODOROV C. Logique et temps narratif *Information sur les Sciences Sociales,* 1968, *7* (6), 41-49.
TODOROV C. La hiérarchie des liens dans le récit *Semiotica,* 1971, *3* (2), 121-139.

TODOROV T. Les catégories du récit littéraire *Communications,* 1966, *8,* 125-151.
TODOROV T. Problèmes de l'énonciation *Langages,* 1970, *17,* 3-11.
TOMLIN R.S. On the interaction of syntactic subject, thematic information and agent in English. *Journal of Pragmatics,* 1983, *7,* 411-432.
TOWNSEND D.J. Thematic processing in sentences and texts *Cognition,* 1983, *13,* 223-261.
TOWNSEND M.A.R. Schema activation in memory for prose *Journal of Reading Behavior,* 1980, *12* (1), 49-53.
TOWNSEND M.A.R. Intrusions of prior knowledge in prose recall as a function of age and exhortations to remember *Psychological Reports,* 1982, *51,* 291-294.
TOWNSEND M.A.R. Flexibility of schema shifting in good and poor readers. *Journal of Reading Behavior,* 1982, *14* (2), 169-177.
TOWNSEND M.A.R. Schema shifting : children's monitoring of the prose-schema interaction in comprehension *Journal of Experimental Child Psychology,* 1983, *36,* 139-149.
TRABASSO T. et NICHOLAS D.W. Memory and inferences in the comprehension of narratives. in F. WILKENING, J. BECKER & T. TRABASSO (Eds) *Information integration by children.* Hillsdale : Erlbaum, 1980.
UMIKER-SEBEOK D.J. Preschool children's intraconversational narratives *Journal of Child Language,* 1979, *6,* 91-109.
UYL M.D. et OOSTENDORP H.V. The use of scripts in text comprehension *Poetics,* 1980, *9,* 175-294.
VALLASEKOYA M. L'enfant et le conte de fées *Média,* 1975, *4* (4), 38-42.
VEZIN J.F. et SAULES R. Activités d'étude et vue d'ensemble en fonction de la modalité de présentation des énoncés d'un texte *Le Travail Humain,* 1979, *42* (1), 57-70.
VEZIN J.F. et VEZIN L. Compréhension de textes et intégration cognitive in J.F. LE NY et W. KINTSCH (Eds) *Langage et compréhension. Bulletin de Psychologie,* 1981-1982, *35* (356), 649-657.
VILLIERS P.A. de Imagery and theme in the recall of connected discourse *Journal of Experimental Psychology,* 1974, *103* (2), 263-268.
VILLIERS P.A. de et VILLIERS J.G. *Early language.* London : Fontana, 1979.
WALKER C.H. et MEYER B.J.F. Integrating different types of information in text *Journal of Verbal Learning and Verbal Behavior,* 1980, *19,* 263-275.
WALKER C.H. et MEYER B.J.F. Integrating information from text : an evaluation of current theories *Review of Educational Research,* 1980, *50* (3), 421-437.
WALTZ D.L. et DORFMAN R.H. The holes in points *The Behavorial and Brain Sciences,* 1983, *6,* 612-613.
WARREN W.H., NICHOLAS D.W. et TRABASSO T. Event chains and inferences in understanding narratives. in R.O. FREEDLE (Ed) *New directions in discourse processing.* Norwood : Ablex, 1979.
WATERS H.S. Superordinate-subordinate structure in prose passages and the importance of propositions *Journal of Experimental Psychology : Learning, Memory and Cognition,* 1983, *9,* 294-299.
WEINRICH H. *Le temps* (trad. franç.) Paris : Seuil, 1973.
WILENSKY R. Why John married Mary : understanding stories involving recuring goals *Cognitive Science,* 1978, *2,* 235-266.
WILENSKY R. Story grammars versus story points *The Behavioral and Brain Sciences,* 1983, *6,* 579-591.
WIMMER H. Children's understanding of stories : assimilation by a general schema for actions or coordination of temporal relations ? in F. WILKENING, J. BECKER & T. TRABASSO (Eds) *Information integration in children.* Hillsdale : Erlbaum, 1980.
WITTWER J. De l'organisation narrative de trois historiettes formellement analogues *Revue de Laryngologie,* 1973, *5* (94), 281-292.
YEKOVICH F.R. et THORNDYKE P.W. An evaluation of alternative functional models of narrative schemata *Journal of Verbal Learning and Verbal Behavior,* 1981, *20,* 454-469.
YENDOVITSKAYA T.V. Development of memory. in A. ZAPOROZHETS & D.B. ELKONIN (Eds) *The psychology of preschool children.* Cambridge (Mass) : C.U.P., 1971.
YUSSEN S.R., MATHEWS II S.R., BUSS R.R. et KANE P.T. Developmental changes in judging important and critical elements of stories *Developmental Psychology,* 1980, *16* (3), 213-219.
ZAMMUNER V.L. Semantic discontinuities as text production strategies in A. FLAMMER & W. KINTSCH (Eds) *Discourse processing.* Amsterdam : North-Holland, 1982.

TABLE DES MATIÈRES

PRÉFACE 5

CHAPITRE I - Définir le récit 9
I. L'approche sémiotique 9
1.1 Les « frontières » du récit 9
1.2 L'organisation interne du récit 11
1.2.1 L'analyse séquentielle 11
1.2.2 L'opposition début-fin 15
II. L'approche empirique 16
III. Conclusion 20

CHAPITRE II - L'approche linguistique 23
I. Le récit d'expérience personnelle 23
II. Vers une théorie de la narration 30
III. Conclusion 32

CHAPITRE III - L'approche empirique en psychologie .. 35
I. Les travaux de Bartlett 35
II. Les intrusions thématiques et l'imagerie 39
III. La hiérarchie des propositions narratives 41
IV. Conclusion 43

CHAPITRE IV - Le « schéma » narratif 45
I. Un ou des schémas ? 45
1.1 Le schéma de Mandler 46
1.2 Le « schéma » de Stein et Glenn 47
1.3 Les chaînes événementielles de Warren, Nicholas et Trabasso 47
II. Le problème de la validité psychologique 50
III. L'analyse subjective des récits 58
IV. Conclusion 60

CHAPITRE V - Les apports de l'intelligence artificielle . 63
I. L'organisation de la représentation du monde 64
II. La validité psychologique des scripts 70
III. Conclusion 73

CHAPITRE VI - L'acquisition du récit 77
I. Genèse de la production de récits 78
II. Compréhension et mémorisation des récits 82
2.1 Les patrons de rappel et leur évolution 83
2.2 Études relatives à la compréhension 85
III. Le récit comme objet de connaissance 90
IV. Conclusion 93

CHAPITRE VII - La théorie du « schéma » en difficulté 97
I. Le « noyau dur » de la théorie du « schéma » en difficulté ... 97
II. De quelques problèmes 99
III. Conclusion 107

CHAPITRE VIII - Les problèmes de la mise en texte 110
I. Cohérence et cohésion 111
II. L'accroissement d'information 116
III. Conclusion 118

CHAPITRE IX - Comprendre et produire des récits 121
I. Comprendre des récits 121
1.1 La représentation mentale des récits 121
1.2 La compréhension comme remplissage de cases 126
1.3 La compréhension comme traitement ascendant 128
1.4 Vers un modèle interactif de la compréhension des récits . 129
II. Produire des récits 130
2.1 De l'événement à la narration 130
2.2 La gestion de la narration 132
2.3 L'ancrage textuel 136
III. Le récit : problèmes et prospective 138
Bibliographie 141

Achevé d'imprimer
pour le compte des éditions Delachaux & Niestlé S.A.
Lausanne - Paris
sur les presses des Remparts SA,
Arts graphiques
à Yverdon-les-Bains (Suisse)

1er trimestre 1994

Imprimé en Suisse